朱培庚撰譯

文史典故

上好短篇選

文史哲出版社印行

上好短篇選 目錄

卷前小喋——請先瀏覽一下與書有關的兩椿史例吧！

清末民初時代，有位學者王闓運，自幼就很好學。但他資質魯鈍，每天讀不了一百個字。他懊惱不已，於是立下大志，強迫自己力行：早上讀的書如背不熟，就不准吃飯。晚上讀的書如解不透，就不肯睡覺。這樣熬到二十四歲，便熟透了經史百家，後來擔任了多處書院的山長，就是大學校長。著作很豐，對後人的啟示很大。事見《清史》卷四百八十一、儒林傳。

宋代王巖叟，參加縣試、省試、及京試都獲得第一名。宋哲宗時，他是皇帝的老師。講課之餘，奏問道：「陛下退朝之後，作何消遣？」宋哲宗說：「看文字，唸唸書。」王巖叟贊道：「陛下能有心讀書，太好了！但學問不是一天就可速成的。求學的正道，務在積累。積累的條件，在專與勤。少貪玩樂，這就叫專。持久不懈，這就叫勤。孔子說過：『學如不及，猶恐失之。』請多記住這些好話！」見《宋史》卷三百四十二、列傳第一百一。

一　上有好者下必有甚焉

你如身爲首長，不論是政府領導人、財務決策人、企業主導人、商貿掌權人、或工廠管理人，當你要推出一種新制度，或廢止一項舊措施時，都得想一想它會產生甚麼後果，會不會就此而導向興旺？或由此而引致覆亡？

《孟子．滕文公上篇》說得好：「上有好者，下必有甚焉。」這意思是說上級領導者喜歡甚麼，他的屬員們會跟著喜歡甚麼，而且常會超過或者深化。這不是危言聳聽，而是有史例可資參證的。請看：

第一、《墨子．兼愛中》說：「昔者、楚靈王好朝士而有細腰者。故楚靈王之臣，皆以一飯爲節（每頓只吃一碗或每天只吃一頓飯）。脇息然後帶（屏氣斂息收腹才可繫上腰帶），扶牆然後起（扶著牆壁才能站起）。」

第二、《韓非子．二柄篇》也說：「楚王好細腰，國人多餓死（楚國人都想以瘦身細腰爲美，大家節食，以致營養不良而死）。」

第三、范曄《後漢書．卷五十四、列傳第十四、馬援傳》載：馬援兒子馬廖，在朝爲官，上奏疏說：「吳王好劍客，百姓多瘡瘢（百姓跟著喜歡鬥劍，因互砍受傷而多瘡瘢）。楚王好細腰，宮中多餓死（皇宮裡嬪妃貪瘦減食而死）。」宋、姚寬《西溪叢語》引唐代劉禹錫「踏歌行」詞曰：「爲是襄王故宮地，至今猶是細腰多。」可作旁證。

第四、《後漢書》同卷中又說：「長安流行語曰（當時的民諺說）：『城中好高髻，四方高一尺（束髮於頭頂，結紮愈高愈美，竟有高到一尺的）。城中好廣眉，四方且半額（認爲濃而厚的眉毛最美，就有畫上半個額頭的）。城中好大袖，四方全匹帛（衣袖愈大愈好看，長安京城既然喜歡大袖子，全國人民便用整匹綢帛縫製）。』」

第五、《晏子春秋．內篇雜下》說：「景公好婦人而服丈夫衣飾者，國人盡服之。景公使吏禁之曰：『女子而男子衣飾者，裂其衣，斷其帶。』裂衣斷帶相望而不止也。」

第六、《韓非子．外儲說左上》記曰：「鄒君（春秋時代小國，即邾國，邾鄒是音轉）好服長纓（冠帽兩邊綴繫的彩帶，結在頷下，叫纓。愈長愈漂亮），左右及國人皆服，長纓甚貴（帽帶貴得離譜）。鄒君因先自斷其纓而出，國中乃皆不服纓（君王先自剪短，國人跟著學短）。」

第七、《韓非子．外儲說左上》又說：「齊桓公好服紫裳（穿紫色衣服），一國盡服紫。當是時，五素不得一紫（五匹白素的絹布，換不到一匹紫色的絹布，因爲紫絹太俏了）。桓公患之。管仲曰：『君何不試勿衣紫也。』桓公於是不衣紫，國中亦莫衣紫焉。」

因此，孔子在《論語．顏淵》篇中告誡我們：「君子（在朝居高位者）之德、風（指自然之風，但也含風節、氣度之義）。小人（在野的受治者）之德、草。草上之風必偃（草受風吹，隨風向而偃倒）。」我們能不深思嗎？（《孟子》滕文公上篇亦同有此「德、風」之語）

二　好似楊妃新浴罷

清代鄭燮（一六九二—一七六五）號板橋，乾隆進士。作過范縣濰縣縣長，因得罪了大官，罷職。他詩詞兩長。書法則合隸楷行爲一體，自成一派，有人說他寫字像「亂石鋪街」，實則甚含逸趣（見附圖）。他又善於繪畫，所畫的蘭、竹、石等，運筆都疏放挺秀。但他性情孤傲，被稱爲「揚州八怪」之首，吟有「三絕詩書畫，一官歸去來」之句。

他自種蘭花百十盆，親手修剪照拂，故他畫蘭特能傳其神韻。《鄭板橋全集・五》還提到他向畫友石濤和尚（一六四二—一七一八，又號苦瓜和尚）學其畫蘭之妙。

他畫各式的蘭，有破盆蘭花、半盆蘭蕊、折枝蘭、嶠壁蘭、和荊棘蘭花等無數，每幅都有題詩，每詩都含深意。其中一幅「折枝蘭」題詩曰：

曉風含露不曾乾　誰插晶瓶一箭蘭
好似楊妃新浴罷　薄羅裙繫怯君看

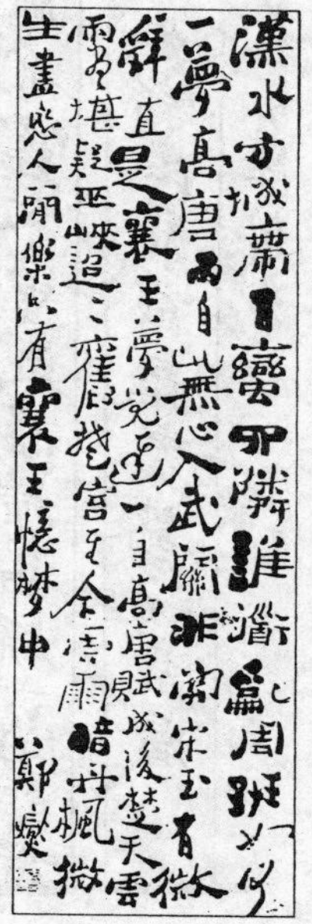

鄭板橋的書法，怪詭而可愛。文曰：漢水方城帶百蠻，四鄰誰道亂周班；如何一夢高唐雨，自此無心入武關。……

將這嫩枝芳蘭的清新嬌貴，比作楊貴妃在華清池出浴，鄭大師的想像力太神太幻了。大概是他想起了白居易《長恨歌》詠楊玉環貴妃的警句「春寒賜浴華清池，泉溫水滑洗凝脂；侍兒扶起嬌無力，始是新承恩澤時」而引發的超玄聯想罷。

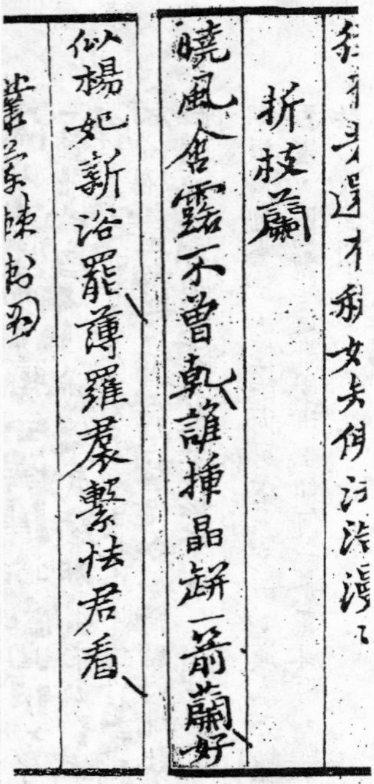
折枝蘭
曉風含露不曾乾誰插晶瓶一箭蘭好
似楊妃新浴罷薄羅裙繫怯君看

不過，唐明皇與楊貴妃究竟是純貞的愛或肉體的愛，似乎仍各有說詞呢。（取材自《鄭板橋全集─木刻手寫版》。又本書所有各篇，都係引用各種原文，再由筆者撰譯組合諸種資料而成。雖經整理潤飾，但絕未無中生有，偏離事實，請讀者惠鑒）。

筆者按：清代洪昇《長生殿劇本第二齣「定情」中有一段楊貴妃的唱腔：「恩波自喜從天降（她被天子降恩冊封為貴妃），浴罷妝成趨綵仗（在華清池洗浴後，梳妝完成，有五彩儀仗來簇擁她）。」又宋代樂史字子正《楊太眞外傳》唐明皇說：「朕得楊貴妃，如獲至寶也。」我們查得楊女士小名玉環（七一九─七五六）本是唐明皇第十八兒子壽王李瑁的妃子，唐明皇看上了她，召她入宮，號為太眞，華清池賜浴承寵，冊封為貴妃，但後來在馬嵬坡縊死。白居易寫了《長恨歌》。也見《新唐書·后妃》楊貴妃傳。

三　短長都是實事

政治本多是污濁的。身處亂世，任職高官，竟然能坦蕩地接受別人在背後的講小話，而且認爲是當然的事，眞不愧是謙謙君子。歷史上有此清流，値得一記。

我國南北朝時代，北方有個東魏，國家大政，都由大丞相高澄處理。那時有位大臣崔暹，字季倫，做了左丞相。高澄很看重他，委以心腹之任。

崔暹喜歡薦舉人才，多次對高澄建議說：「邢邵（字子才）聰明博學，文詞典麗，是個人才，足可任爲丞相府（高澄的官府）的僚臣，還可兼管機密政務。」

高澄接納了崔暹的推介，便召來邢邵在相府中任職，果然十分精幹，很得丞相高澄的信任。邢邵兼管機密，有機會常與高澄接近，言談之際，邢邵多在背後向丞相高澄講崔暹的壞話。

有一次，高澄與崔暹在討論政務之餘，乘便問道：「崔大人你總是說邢邵的長處，但邢邵卻每每說你的短處，你眞是個憨厚的癡儒呀！」

崔暹坦然應道：「邢邵說我的短處，我說邢邵的長處，兩人講的都是實話（史書原文即爲：「短長皆是實事」），這沒有甚麼不對勁的嘛。」（唐、李百藥《北齊書》卷三十、列傳

第二十二。又見：唐、李垕《南北史續世說》卷五、雅量）

筆者按：另一例，宋代王旦，官居宰相。宋眞宗對朝中政事，必先問王旦認爲如何？但寇準私下對宋眞宗常講王旦的壞話，而王旦一直稱贊寇準。宋眞宗說：你每次講他好，他每次講你壞呢。王旦答：這是當然的。我做宰相久了，政事難免會有錯失，他對陛下講直話，正顯出他的忠誠，所以我敬服他。宋眞宗此後更看重王旦了。此事見證王旦和崔暹同一胸懷，請閱《宋史》卷二百八十二、列傳第四十一。

四　篇幅雖少文意反多

社會進步神速，一切講求輕薄短小。林語堂說：「演講要像女人的裙子，愈短愈好。」寫文章何獨不然？

精彩的短文，比長篇容易熟記，也利於傳誦。試看韓愈那篇《雜說四》，論述的是千里馬。全文僅一五一字（古人撰文無標點）。盡見翻騰起伏。文意轉折了八次，千里兩字用了七次，也不會嫌它囉唆累贅。確是雄奇：

「世有伯樂，然後有千里馬（先立主旨）。千里馬常有，而伯樂不常有（二轉）。故雖有名馬，祇辱於奴隸人之手，駢死於槽櫪之間，不以千里稱也（三轉）。馬之千里者，一食或盡粟一石（四轉）。食（飼）馬者，不知其能千里而食也（五轉）。是馬也，雖有千里之能，食不飽，力不足，才美不外見，且欲與常馬等不可得，安求其能千里也（六

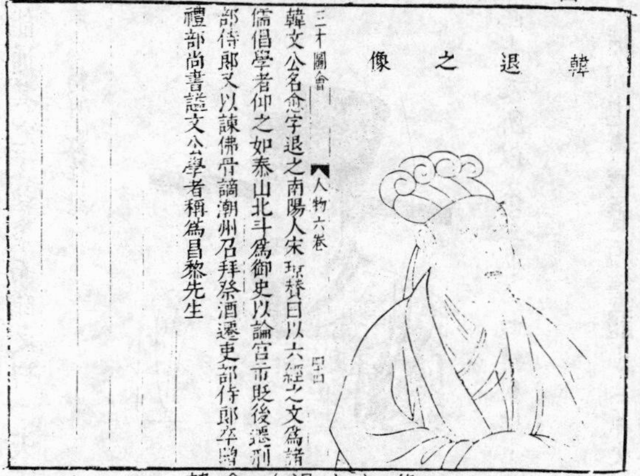

韓愈（退之）像

轉）？策之不以其道，食之不能盡其材，鳴之而不能通其意，執策而臨之曰：天下無馬（七轉）。嗚呼！其眞無馬耶？其眞不知馬也（八轉慨歎作結）！」

再看王安石撰的《讀孟嘗君傳》，辯的是招賢納士。全文僅八十八字，文意四轉，而抑揚吞吐，曲盡其妙，眞是字字警策之篇。原文曰：

「世皆稱孟嘗君能得士，士以故歸之，而卒賴其力以脫於虎豹之秦（立意）。嗟呼！孟嘗君特雞鳴狗盜之雄耳，豈足以言得士（二轉論定）？不然，擅齊之強，得一士焉，宜可以南面而制秦，尚取雞鳴狗盜之力哉（三轉反問）？雞鳴狗盜之出其門，此士之所以不至也（四轉判結，急轉急收）。」

王安石像

筆者欣賞短篇，大家都偏愛短篇，故本書特選短篇，諒你也會喜愛短篇罷！（原文引自《古文觀止》、卷四、宋文）

五　選女婿雀屏中目

唐高祖李淵（五六六—六三五，即唐太宗李世民之父），他的妻子（李淵登帝位後就稱皇后）竇氏，父親是竇毅（做過大司馬），母親是南北朝時代北周武帝的姐姐。周武帝特別珍愛這位乖姪女，帶到皇宮裡給她最好的教養。

她父親竇毅屢次說：「我這個女兒，才高貌美。不但生來有奇相，而且見識非比凡人。大家都寵愛她，自不可輕易許配於人，應該特爲幫她找個好丈夫。」爲父的於是在門屏上彩繪了兩隻孔雀，對凡是來府求親的諸多公子王孫，都先發給兩支箭，讓他射向屏風（射箭爲昔時六藝之一，人人都習），竇毅內心暗地決定要射中孔雀眼睛的少年才入選。前後試了幾十個人，都未中目。

李淵（那時還未作皇帝）最後也來了，依例讓他試射。他的兩支箭都各射中了孔雀的眼目。竇毅大喜，認爲李淵技藝最高，選爲女婿。（晉、劉昫《舊唐書》卷五十一、列傳第一、高祖太穆竇皇后）

唐高祖圖

自此以後，就把選婿許婚稱之爲雀屏中選。

元代高明撰有《琵琶記》戲曲，敘述趙五娘抱著琵琶進京尋找丈夫蔡邕，字伯喈（一三三—一九二）。其中一齣「奉旨招婿」，也就有「絲牽繡幕，射中雀屏」的話。

六　左公眼中無曾

清代左宗棠，字季高（一八一二—一八八五），湖南湘陰人。敗太平天國，西征回亂，平定新疆，立功甚偉。

曾國藩，號滌生（一八一一—一八七二），湖南湘鄉人。辦團練，組湘軍，滅太平天國，爲清代同治中興第一功臣。他的道德、文章、事功、修養，都受到後人尊仰。

曾左生於同一時代，兩雄並立，雖然同爲救國保民，難免會有不洽的時候。據說曾國藩曾經擬了一聯來譏諷左宗棠，聯曰：「『季』子敢言『高』？與吾意見常相『左』（左宗棠字季高，嵌季高左三字）。」左宗棠不甘示弱，也擬一聯回敬，聯曰：「『藩』臣多誤『國』，問君經濟有何『曾』？」這是稗史傳聞，由它姑妄言之吧。

左宗棠

左宗棠平定新疆，重開了絲路，自嘉峪關以西，沿途遍栽柳樹，久之成蔭，把萬里沙漠的淒涼景色，改變成綠柳垂楊，後人乃稱之爲「左公柳」。陝甘總督湘陰楊昌濬有詩贊道：「大將西征久未還，湖湘子弟滿天山；新栽楊柳三千里，引得春風度玉關。」左宗棠征服了天山南北道，又闢路種樹，確是莫大功勳，他自己也躊躇滿志，在十分高興之餘，問一位知己朋友道：「世人都稱『曾左』，而不稱『左曾』，何也？」

那位直友沉吟了好一會，才答道：「這似是因爲曾公眼中有左，左公眼中無曾！」左宗棠一加思索，大約認爲這位朋友的評論一語中的，不禁哈哈大笑起來。（清、朱秋雲《秋暉雲影錄》）

筆者按：曾左兩雄並立，初期奮鬥目標同是剿滅太平天國，自難免有時見解不同。但大人物的行事，該是救國拯民，些微細故，無非是君子之爭，過了也就算了。左宗棠出道較晚，只考取了舉人，沒上進士榜，不是他的詩文不行，而是閱卷高官不識貨也。他因才高，故爾氣傲。但曾國藩死後，左撰輓聯曰：「謀國之忠，知人之明，自愧不如元輔。同心若金，攻錯若石，相期無負平生。」充分顯出自己的謙虛，和兩人交誼的篤厚。左宗棠此際說的自是眞心話。

七 法之正VS心之仁

世事的眞理，原應只有一個。但因各人的觀點不同，得出的結論便也互異。如要你來評斷，你該怎樣說呢？說甲是乙非嗎？說兩個都對嗎？這就難了。而且有因此而惹禍的，本篇給你一個實例。

明太祖朱元璋（一三二八—一三九八）由小和尙小乞丐而建立明朝，艱苦遍嚐。即皇帝位之後，行事嚴苛，大臣若有過失，決不寬貸。

一樁有疑問的大獄案，明太祖審問後，判決要斬首（太祖作成甲案，結論要殺頭。是笞杖徒流死五等刑罰中的最重級）。明太祖將審案筆錄與判決書，交御史袁凱（字景文，博學有才辯，撰有《海叟集》）且先送給太子覆看（太子朱標，不幸後來因病死了）。哪知太子竟把內容刪了，判詞也給改了，罪刑減輕爲笞（太子作成乙案，結論只用笞刑就可。是用荊條鞭打臂腿，屬於最輕級）。

太祖高皇帝像
（朱元璋）

袁凱取回，再呈皇上覆閱。

明太祖問他：「你說說看，誰的判決正確？」

這種事怎能評斷？一個是現今皇帝，一個是未來皇帝，兩方都不敢得罪。但若不表示意見，也會有藐視皇上和抗命不遵之罪的。袁凱腦筋動得快，俯伏婉轉回奏道：「陛下欲殺之，法之正也（皇上你決定要誅斬他，這是從嚴正執法著眼，當然正確）。太子欲宥之，心之仁也（太子決定要寬恕他，這是從慈愛仁心著眼，也是正確的）。」

明太祖最討厭講話兩面討好的人，認爲袁凱滑頭取巧，奸狡黠詐，將他也關入獄中。嚇得袁凱三天不吃飯，才釋放他不追究了。（清、柴萼《梵天廬叢錄》卷一）

朋友，如果你是袁凱，碰到這個難題，你將怎樣評斷回答呢？（此事並未了結，明太祖仍想殺他，逼得袁凱裝瘋吃狗屎，請閱拙撰《古事今鑑》下冊四三〇篇，文史哲出版）

筆者按：vs 是 versus 的簡寫，爲法律訴訟或運動比賽的用語，意思是與某某相比或與某某相對抗之意。例如：乘飛機與坐火車旅行之「比較」，或是哈佛與耶魯大學籃球隊的「對抗」賽。

八　再讀三十年書

清代大儒汪中（一七四四—一七九四），字容甫。由於博學，故選派在江蘇鎮江的文宗閣（又名文宗閣，乾隆四十四年建，藏四庫全書）校閱四庫全書。著有《左氏春秋釋疑》等書，而《述學內外篇》尤其有名，是清代著名的駢文大師。他對當時的儒家學者，很不輕易給予贊語。

汪中在揚州時，同時代的程晉芳、任大椿、顧九苞（三人都是乾隆進士，程任二人且爲四庫全書纂修官）頗有名氣，三人聲望都不錯。

汪中有一次拍著胸膛對朋友說：「揚州一府，通文學的有三人，不通的也有三人。王念孫（精聲韻訓詁）、劉台拱（文字學獨深）和我，是通的三人。程晉芳、任大椿、顧九苞，則是不通的三人。」

剛好有位朋友某君也在座，他笑著問汪中：「那麼我呢？」

汪中回答道：「閣下不在『不通』之列。」

朋友某君，大喜過望。

汪中補充一句：「閣下再讀三十年書，或許可以躋身於『不通』之列罷。」（現代、林明峪《歷代名流趣談》清朝名流）

九　錢塘蘇小是鄉親

清代才子袁枚（一七一六—一七九八），字子才，號隨園，杭州人，乾隆進士。他做過溧水知縣、江浦知縣、沭陽知縣。四十歲時，辭官回鄉，築隨園於江寧小倉山下，過著優遊生活。

遠在南北朝的南齊時代，錢塘（即今杭州）有個著名的歌妓叫蘇小小，姿容絕代，才高貌美。《樂府詩集》卷八十五有「蘇小小歌」。這首歌也納入了《玉臺

袁枚

新咏》卷十。唐朝韓翃《送王少府歸杭州》詩曰：「吳郡陸機稱地主，錢塘蘇小是鄉親。」白居易詩說：「欲解多情尋小小，綠楊深處是蘇家。」柳中庸《幽院早春》詩云：「欲尋蘇小小，何處覓錢塘？」李賀的《七夕》詩也說：「錢塘蘇小小，更值一年秋。」都是歎咏她、懷念她。西湖之濱，還有蘇小小墓。

袁枚與蘇小小同里，便刻了一顆閒章「錢塘蘇小是鄉親」（不是刻上姓名的印章叫閒章，蓋在書畫邊上用的。鄭板橋就刻了一顆閒章，文曰「康熙秀才雍正舉人乾隆進士」，饒有怪趣）。當朝的一位尚書（等於部長），經過江寧時，看到這顆印章，覺得與前代歌妓攀親扯故，有失身分，教訓了袁枚一頓。

袁枚氣惱了，亢聲回辯道：「尚書大人認爲這顆印不倫不類嗎？就現時說，閣下高官極品，威權赫赫；蘇小小身分低賤，不入流品。但只怕幾百年後，大家只記得有個蘇小小，再也不知道還有閣下你這號人物了！」（取材自：現代、林明峪《歷代名流趣談》清朝）

筆者按：官大不必神氣，所謂尚書，亦不過有似部長而已。自古到今，何止萬千？留名的百中無一。即使是貴爲中華民國的行政院長，乃是內閣總理，爲最高行政首腦，我們能數得出幾個來呢？（「請你猜猜」第10題答案請在本篇中找出）

十　刮骨療毒

樊城之戰，關羽（關雲長，西元？—二一九）右臂中了毒箭，青腫疼痛。有一人方巾闊服，自稱華陀（西元？—二〇八，名醫），因聞關將軍是天下英雄，不幸受了毒箭之傷，特來看診醫治。

此時關羽正與馬良（一八七—二二二，諺曰：馬氏五常，白眉最良）下棋解悶。華陀察看臂傷後說：「這是烏頭劇毒（用烏頭草的毒汁，餵染於箭鏃上，便製成了毒箭），直透入骨；若不早治，此臂無用了！」

問如何治？華陀說：「要立一大柱，上釘大環，將傷臂穿過環中，用繩紮緊，然後以被單蒙頭。我用快刀割開皮肉，刮盡骨上毒質，塗藥縫口，將息以待痊癒。但恐關爺難受且害怕耳。」

關帥笑道：「這個容易，何必用柱環？」一面繼續下棋，一面即時伸臂請華陀開刀，並命一小兵捧一空盆在臂下接血。

華陀

華陀說：「我就要下刀了，將軍切莫驚慌，以致切割偏了。」

關公答道：「任由你剜割切刮都行，我豈是凡夫俗子，縮臂喊痛的人嗎？」

華陀下刀，割開臂肉，直見骨骼。骨面已青，華陀用刀刮骨，悉悉有聲。旁侍的人都驚懼失魄，關爺卻談笑走棋，全無疼苦之色，而污血已滴滿一盆。

華陀刮盡箭毒，敷上生肌靈藥，縫合傷口，手術完成了。

關公笑道：「這手臂輕快多矣，先生眞是神醫。」

華陀贊歎道：「自我行醫以來，未見如此能堅毅強忍者，關爺眞天神也。」

手術既畢，臂痛消失了，關公設席，款謝華陀。並以黃金百兩，奉作酬勞。華陀堅辭不受，留藥數帖，辭別而去。

後人有詩歎曰：「治病原分內外科，世間妙藝苦無多；神威罕及唯關帥，聖手神醫贊華陀。」

（明、羅貫中《三國演義》第七十五回、刮骨療毒。又見《三國志》蜀志關羽傳）

筆者按：本書各篇，篇篇獨立，可從任何一篇讀起。若認爲第一篇嚴肅，請看第二篇「楊貴妃出浴」，或第二十篇「元明善拒金」，或第二〇〇篇「明朝大將滅明朝」。無論選讀或跳讀，都請適性。既可怡情，也能礪志。

十一 我渴了喝口海水

大海多深不可知，學海無涯不可測。

春秋時代，五霸之一的晉國，出了一位當權大臣趙簡子（晉卿趙鞅，卒謚簡，故叫趙簡子）。有一天，他請教孔子的學生子貢（元前五二〇—前四五六，姓端木，名賜，字子貢）說：「你的老師孔夫子是魯國聖人，你看他的人品和學養怎樣？」

至聖先師孔夫子聖像

子貢答道：「這個、我還鑒識得不夠，不能回答你咧。」

趙簡子以爲子貢有意敷衍，臉色不悅，質問道：「孔子是你尊師，你跟隨他學習十幾年，而且你是孔門四科中的高才生（按《論語先進》說：德行顏淵，言語子貢，政事冉有，文學子游，稱爲四科），學成才離開。今天我問你，你卻說還不知道，豈不是搪塞我嗎？」

子貢解釋道：「非也。我投入孔子門下，爲的是追求學問。這好比我口渴了，到長江江畔或大海海邊去喝口水，喝夠了就心滿意足了。我的老師孔夫子就好比長江大海，我哪能知道那江海究竟有多深多闊呢？」

趙簡子沉思了一會兒，回道：「比喻倒也很切，你端木先生眞會講話（他是言語科的傑出者），這番見解也滿有道理的。」（漢、劉向《說苑》卷十一、善說。又見：清、允祿《子史精華》卷一二六、言語二、比喻）

筆者按：《莊子．逍遙遊》說：「鼴鼠飲河，不過滿腹。」意義正與本篇同。又北宋書畫家米芾《孔子贊》曰：「孔子孔子，大哉孔子。孔子以前，未有孔子。孔子以後，更無孔子。孔子孔子，大哉孔子。」重覆詠歎，頌讚允當。

十二　畫蘭不畫土

南宋鄭思肖（一二四一—一三一八）字憶翁，以太學上舍應博學宏詞科。他是詩人，又是畫家。元朝滅了宋朝，他就隱居蘇州，改題書齋叫「本穴世界」。別人問他本穴是何含義？他說：「本穴就是把大宋二字的筆劃移動，這是隱語。」以示不忘趙宋之意。

他又常南向痛哭（南宋首都杭州在南方），因此又號所南。他善繪國畫蘭花，而且著有《蘭譜》。大宋亡後，他畫的墨蘭全都露出根部，不畫土壤。

旁人問他何故，所南先生答道：「國土都已被北來的韃子強搶去了，你難道還不知道嗎？」因此他又著有《鐵函心史》，記述宋朝亡國之痛。（明代．不著撰人《遺民錄》）

筆者按：鄭思肖也長於詩，有《所南翁一百二十圖詩集》。今引述他的《德祐二年歲旦詩》二首。其一：「力不勝於膽。逢人空淚垂；一心中國夢，萬古下泉詩。日近望猶見，天高問豈知；朝朝向南拜，願睹漢旌旗。」其二：「有懷長不釋，一語一酸辛；此地暫胡馬，終身只宋民。讀書成底事，報國是何人。恥見干戈裡，荒城梅又春。」語語沉痛。

十三　請另外換考題

北宋晏殊（九九一—一〇五五）字同叔，七歲就能寫文章。景德年間，以神童名義赴京參加考試，通過了，賜進士出身。做過翰林學士，同中書門下平章事（等於宰相）。死後諡曰元獻，有《珠玉詞》傳世。

宋沈括《夢溪筆談》說：晏文獻爲童子時，張文節推薦給朝廷，皇上召他到皇宮，正好是皇帝親自殿試進士，就要晏殊參加御前考試。

晏殊一見題目，就啓奏道：「微臣在十天之前，就用這個題目寫成了一篇駢體賦文，此時草稿猶在，請求另外命題。」

皇上極爲愛贊他的誠實。（宋、張思巖《詞林紀事》卷三、宋一）

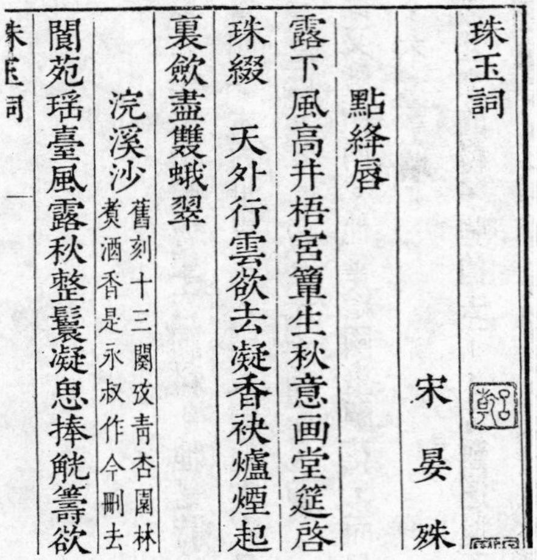
珠玉詞　宋　晏殊
點絳唇
露下風高井梧宮簟生秋意画堂筵啓珠綴　天外行雲欲去凝香袂爐煙起裏飲盡雙蛾翠
浣溪沙　舊刻十三闋攷青杏園林煑酒香是永叔作今刪去
閬苑瑤臺風露秋整鬟凝思捧觥籌欲
珠玉詞　一

明代毛晉汲古閣刻版晏殊〈珠玉詞〉

十四　我有短處是必然

別人說我的壞話，我該如何對付？第一法：否認及闢謠，指出那些錯都是胡說和莫須有。第二法：反唇相譏，挖出對方的錯，以其人之道，還治其人之身。第三法：和他對吵對罵，責怪他爲何要揭發我的瘡疤？罵他不是人，要和他勢不兩立。但是、以上三法，似乎都非善策。今另舉一實例，請大家參考。

北宋王旦（九五七—一〇一七），在宋眞宗（九六八—一〇二二）時，擔任宰相十多年。每遇其他大臣奏議國事，宋眞宗都一定要問：「去請示宰相王旦，看他對這事的意見是怎樣？」可見眞宗倚仗信賴他是何等的深切。

同朝另有位大臣寇準，宋眞宗時任同中書門下平章事，共議朝政（九六一—一〇二三，力主眞宗御駕親征，與遼主訂澶淵之盟，有功），幾次私下對眞宗講王旦的壞話。可是王旦則屢次專講寇準的好話，稱贊寇準是國之忠臣。

眞宗有一回忍不住了，對王旦說：「你可知道？你每回都贊譽寇準的長處，但寇準卻每回都指責你的短處，你難道不覺得有欠公平嗎？」

王旦回答道：「寇大人的這些話當然是眞的，而且也是必然的。由於我在宰相官位上做太久了，處理國家大事難免會有失誤。寇準不予隱瞞，都向皇上報告，這更顯出他的忠誠耿直。從這點，也就是我看重他的原因呀！」

由此一番解釋，宋眞宗反而倍加寵信王旦的虛懷和不怪別人的寬宏氣量了。

高明的讀者們看了這一短篇，會不會萌生「讀後感」？（元、托克托《宋史》卷二八二，列傳四十一）

？？？

“猜你猜猜”

答案

一、(A)見 117 篇
二、(B)見 138 篇
三、(C)見 92 篇
四、(B)見 222 篇
五、(C)見 129 篇
六、(A)見 16 篇
七、(C)見 179 篇
八、(A)見 186 篇
九、(C)見 115 篇
十、(B)見 9 篇
十一、(C)見 119 篇
十二、(C)見 152 篇
十三、(B)見 143 篇
十四、(A)見 127 篇

（原題見 365 頁）

十五　假裝沒有聽到

不與妄人計較，要有多大肚量？平日若欠修養，急時哪會顯出？當衆給予寬容，才是眞正君子。

宋代呂蒙正（九四六—一〇一一）字聖功，進士第一名。以後升官爲參知政事，等於是朝中副宰相，居一人之下，臨萬人之上。

新官上任，參加皇殿朝會。百官群列之中，有人大聲抗言道：「這個呂某人也夠資格當參知政事嗎？」大家都聽見了。

呂蒙正假裝沒事，全未理會。他的好友同僚不服氣，想要追問那人的姓名。呂蒙正勸止說：「不必了，一旦知曉姓名，便會終身不忘，還是不問的好！」

（唐、李垕《續世說》宋紀、眞宗。又見《宋史》卷二百六十五、列傳第二十四）

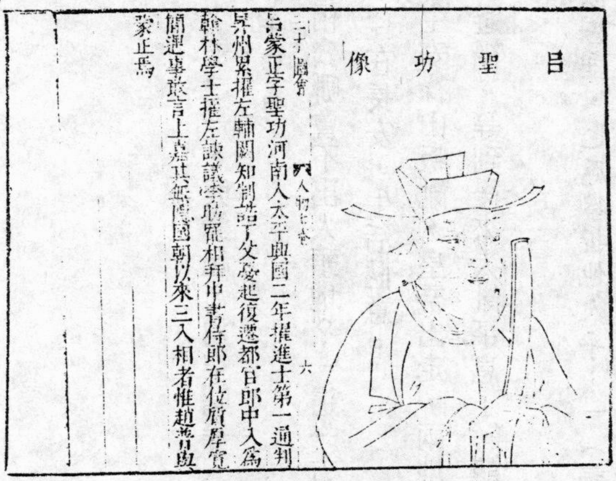

呂蒙正字聖功像

十六　縱使君來豈堪折

唐代詩人韓翃，字君平。官至中書舍人，是大曆十才子之一，與錢起、司空曙等人齊名，有《韓君平集》傳世（唐德宗很賞識他，請見本書第七十四篇）。

當初，有一美女柳氏，從門後窺見韓翃，說：「韓相公哪會不出人頭地？」這一方仰慕韓翃才高，那一方喜愛柳氏貌美，兩人便結爲連理，住在長安，生活愜意。

後來，韓翃獨自返回老家清池省親，首都長安卻發生安祿山叛亂，皇帝出走，兩地音訊斷絕。柳氏因太美艷，且又獨居，就剪髮住進法靈寺避禍。等到後來大亂平息了，韓翃才得寫信派人來京探尋柳氏，信中有詞曰：

「章臺柳，章臺柳，昔日青青今在否？縱使長條似舊垂，也應攀折他人手！」（詞牌就叫《章臺柳》。也是「請你猜猜」第6題的答案）

詞意是說：長安故都章臺的柳樹，當初青翠的枝葉，如今仍然在嗎？即使今天柳條仍像舊日的垂垂柔柔，恐怕也會被別人攀折損傷了罷？這是借用綠柳來比喻美人，憂心她麗名太盛，恐難保護自己。

柳氏讀後，不勝悲悽，也執筆回寄一首詞云：

「楊柳枝，芳菲節，所恨年年贈離別；一葉隨風忽報秋，縱使君來豈堪折。」（詞牌為《楊柳枝》，兩首都已入《詞選》）

不久，有個蕃將叫沙吒利，把柳氏搶去，禁居在將軍府裡，充爲侍姬。後來韓翃重回長安，已無法和柳氏見面，正如另位詩人唐代崔郊所云「侯門一入深如海，從此蕭郎是路人」（請參看本書第十八篇）。憂思無計之餘，幸有一位勇武的俠士許俊，得知此事，忿然不平，慨伸援手，誓言奪得美人歸。

許俊騎上快馬，又牽一匹空馬，趁蕃將沙吒利遠出府衙後，排闥闖入將軍府，見到柳氏，低語說是韓翃派來，挾著她跨上鞍馬，快奔回來，將柳氏交與韓翃道：「幸而沒有虧負使命！」（原文請見：宋、李昉《太平廣記》四百八十五、雜傳、柳氏。又見：唐、許佐堯《柳氏傳》。又見：唐、孟棨《本事詩》情感類。按以上三書對這個故事，都記載得很詳細。描述之中，既有溫柔，又富俠義，值得一讀。本篇因要遵守「簡短」之原則，不便衍爲長文，以致若干細膩的情節不見了，要多請諒詧。）

十七　鴨子會說話

唐代陸龜蒙（？—八八一）住在震澤，養了一群鬥鴨。有位官府差員路過澤邊，一時高興，用彈弓彈丸將池中最大最美的一隻鴨子射死了。陸龜蒙認爲這位官差太不應該，損毀了別人財物，一點歉意都無，總當給他一些教訓。就阻住他說：「這隻鴨子會說話，已經稟報蘇州官府，不久要進貢給皇帝。今天它死了，怎麼善後呢？」

這官差一聽是隻進貢寶鴨，嚇得面色如土，一反先前輕慢不在乎的傲態，跪下求請保命。陸龜蒙無奈的說：「如今只好再花錢鈔，另外訓練一隻，否則無法補救。」官差見有法解危，花錢就行。連忙把身上所有的錢鈔，全數掏出作爲賠償，只求免禍就行了。

臨別之前，官差說：「難得有鴨子會說話，眞是奇蹟！」陸龜蒙說：「是呀！這隻鴨子會呼喚自己的名字，常常呱呱地叫著『鴨！鴨！』天天如是。」氣得那官差冷笑一聲，拂袖上馬，自覺是上當了，冤枉白送不少銀兩。但也是自家甘願的，唯有自認晦氣。

陸龜蒙叫他且慢走，退還他的賠償金，告誡他道：「以後切記不可如此妄爲！」官差知過，從此痛改前非了。（明、李暉吉《龍文鞭影》二集下卷、龜蒙鬥鴨）

嚇唬最爲有效，錯誤馬上改掉。

十八　侯門一入深如海

唐代有位文士崔郊（唐憲宗元和年間秀才）擅長文學。他與姑姑的婢女私通，婢女端明淑麗，美慧能文，且懂音律，兩人感情篤好。可是，姑姑家貧，竟然將這婢女賣給了連元帥于頔作丫頭。連帥喜歡她的俏麗，給價四十萬錢，買去了。

崔郊思慕不已，每日騎馬在帥府附近巡迴，想碰見那婢女一面。湊巧那婢女因寒食節（清明節前一天，這天禁火，爲哀念介之推，只吃冷食）出府辦事，崔郊在柳蔭下候見了。兩人都哭出了淚來，崔郊且賦以「贈別詩」云：

公子王孫逐後塵，
綠珠垂淚滴羅巾；
侯門一入深如海，
從此蕭郎是路人。

詩中後塵是指追隨在後，希望能趕上相會。綠珠是石崇的愛妾被孫秀強奪的故事。侯門是指連帥府，豪衙深院，無由探視。蕭郎是指女子所愛的男士，或是美男子的代稱。歎息從此不能見面了。

有人妒嫉崔郊，故意將這詩抄錄置於連帥的座桌上。連帥見了，便傳令召崔郊來見。崔郊又悔又怕，無法躲避，只好投見。

連帥向他握手示好，問道：「這『侯門一入深如海，從此蕭郎是路人』是你的大作嗎？四百千（一千錢爲一吊，四百千就是賣身價四十萬錢）小數目嘛，何以不早相告？」竟然將這女婢贈與崔郊，一同歸去，而且一併將妝奩衣裳被帳等物，都增添陪送，讓兩小口過著康適的生活。（唐、范攄《雲溪友議》）

筆者按：本書諸多短篇，三兩分鐘，即可閱畢。但請勿一瞥就過，一過就忘。若能掩卷回味，三思篇中深意，庶幾能獲助益焉。

十九　無錢付酒帳

話說燕白頷獨自信步來到城外一個鎮上，想打探山小姐的消息，卻一無所獲。時間久了，覺得肚餓，便進入一家村店，叫了酒菜，自斟自飲。良久，日已西沉，天色不早了，店主人問道：「相公尊寓如是城裡，與本鎮相隔七八里，該要回府了。」

燕白頷道：「既是晚了，那就回去吧！」他已有八分醉意，逕自起身直往店外走去。

店主人攔住道：「相公慢行，且算了酒錢再走！」

燕白頷問道：「酒錢多少？」

「共該五錢。」

「五錢不爲多。只是我今日不曾帶錢，明日著人送來還你如何？」

「這是笑話吧！我又不認識相公，怎可賒帳？」

「你若不肯賒，就跟我回城去取錢吧！」

「城鄉來回十多里，誰有閒人閒功夫跟你去取？」

「送來你不肯，跟我去拿也不肯，難道叫我變出來給你？」

「相公若沒帶錢，可隨便留下些當頭，明日你來取去。」

「我隨身只穿兩件衣服，叫我留甚麼作當頭？」

「就是衣服，脫來留下也將就罷了。」

「你敢脫我的衣服？」

「相公，我一動粗，你便沒有面子了！」店主一怒，用手扯住燕白頷的衣袖，緊抓不放，必得給個了斷。

正沒奈何，忽見同寓好友平如衡帶著家人尋來。問明緣由，乃是出門忘記帶錢，欠了酒食帳。即時代他付清，兩人一同回城去了。（明、天花藏主人《平山冷燕》第十五回）

二〇　受金拒金都有理

一位外交副大使，極會講話。對交趾國的贈金，正大使收受了，他說正使有理。他是副大使，拒絕收受，他也說自己有理。他說出了受與不受的正反大道理，衛護了正使，安慰了交趾，潔愛了己身，十分難得。

元代的元明善，字復初，讀書過目不忘。在元仁宗朝中任翰林直學士。元朝國勢甚強，常派特使與外國交往。元明善被派爲外交副大使，去訪聘交趾國（即今越南北部地區）。至於正大使，則是一位元朝本族的蒙古人。

訪問過程圓滿結束了，回程臨行前，交趾國王挑選出成色最足的黃金，作爲餽贐禮物，分贈正副大使，正大使收下了，副大使元明善卻拒受。

交趾國王向元明善說：「這是敝小國的薄禮，獻給上國欽使，聊表敬意。如今正大使已經全收了，你元公以副使之尊，禮物理當相同，誠心祈請笑納！」

元明善回道：「這事應有不同的解釋：我們的正使收受了贈金，那是不想峻拒你的美意，好安撫小國的心；他的接受是有理由的。至於我嘛，我可不應收受。因爲我身爲副使，代表元朝上國，自當彰顯泱泱大國的風度和保全中原上國的體統，也就是不能收取那

不該要的額外禮贈。因此我這拒不受金的理由，不也是釁充足堂皇的嗎？」（明、蕭良友《龍文鞭影》初集卷下、明善辭金）

筆者按：《論語・子路》孔子說：「行己有恥（守廉明恥，不受賂遺），使於四方（代表國家，出使他國），不辱君命（宣揚國威，達成使命），可謂士矣。」又《孟子・離婁下》孟子說：「可以取，可以無取，取傷廉。」（在可以拿與不可以拿之間作決斷，仍是不拿爲好，如果拿了，會傷害清廉的）元明善豈止會講話，他潔身守正的品德，比別人高多了。

二一 言與司合

宋代趙明誠（一〇八一—一一二九），字德父，是趙挺之子，曾任官湖州軍州事。與妻子李清照兩人都雅好金石圖書，他倆將所藏三代彝器及漢唐以來石刻，編成《金石錄》三十卷，甚有價值。

趙明誠幼時，他父親要爲他選擇媳婦。一日，趙明誠白天晝寢，夢中似乎在唸一本奇書，醒來後，僅只記得三句：

「言與司合，安上已脫，芝芙草拔。」

趙明誠將這怪夢告訴父親。父親趙挺之解開迷團說：「孩子，你會得到一位能文擅詞的妻子了。你看：言與司合，便成『詞』字；安上已脫，乃是『女』字；芝芙草拔，是不要草頭，剩下『之夫』二字，豈不是說你是『詞女之夫』了嗎？」

之後，有位著名學者李格非，進士出身，累官禮部員外郎，將女兒李清照（一〇八四—約一一五一）

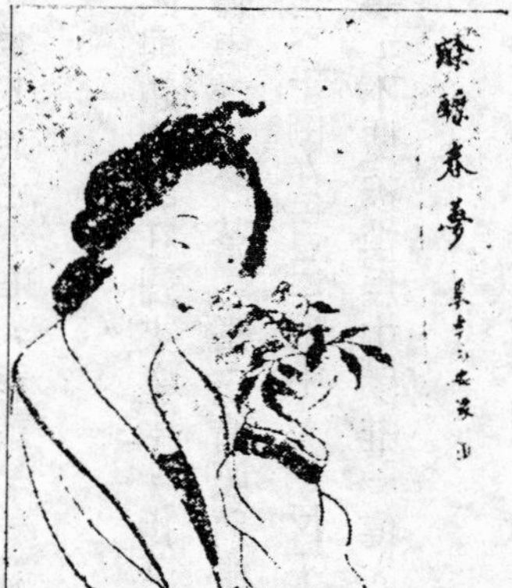

李清照

嫁給趙明誠，應驗了兒時奇夢，李清照擅於塡詞，自號易安居士。有《詞論》一篇，強調詞的音律。（元、伊士珍《瑯嬛記》）

附敘一事：《金石錄・後序》說：有一天，李清照與趙明誠在歸來堂中，指著堆集的書冊，說某件事在某某書的第幾卷第幾頁第幾行，誰猜中誰先飲茶。當李清照猜中時，懷著勝利者的心情，捧杯大笑，一個不當心，那杯茶竟失手倒在自己懷中，「反不得飲而起。」她顯示出如此強記之能，又寫下了如此鬥趣之事，不愧被稱為中國唯一偉大的女詞人了。

筆者按：伊士珍《瑯環記》又說：李清照寫了《醉花陰—重陽》詞，末三句云：「莫道不消魂，簾捲西風，人比黃花瘦。」寄給丈夫趙明誠。趙自愧弗如，又不服氣，想了三天三夜，另外寫成了十五首詞，把李清照的詞故意混雜在裡面，抄給陸德夫看。陸德夫反覆端詳，才說：「這許多詞兒中，只有『莫道不消魂』這三句絕佳。」

二二　無人知是荔枝來

〔末扮使臣上〕：咱家乃涪州使臣是也。只為皇宮貴妃楊娘娘愛吃鮮荔枝，令四川涪州年年進貢。看！此去長安京城路遠，我得飛馳驛馬，趕快前去。〔下〕

〔副淨扮使者上〕：喒家乃海南道使者。今因楊貴妃娘娘愛吃新鮮荔枝，俺海南所產，勝過涪州，因此下旨進貢。但俺海南的路兒更遠，這荔枝過了七日，香味便減。只得催著驛馬，迅捷趕路去也。〔下〕

〔丑扮驛卒上〕：自家是渭城官驛站中驛卒。乃因楊娘娘喜吃鮮荔枝，涪州及海南兩處進貢使臣，俱要趕由本驛經過，換乘驛馬趕路。怎奈驛中只剩瘦馬一匹。站長懼罪，逃了。剩我一人，不知如何是好也。

〔末飛馬上〕：驛卒，快換馬來！

〔副淨飛馬上〕：驛卒，快快換馬，任務緊急，我得趕路！

清代洪昇〈長生殿〉楊貴妃

(丑)：兩位大爺在上，本驛站只剩弱馬一匹，但憑騎去就是。

(末)：我四川來的先到，應該由我換騎先跑。(末上馬，揚鞭下)

(副淨)：我海南的來路更遠，還該讓我換騎！怎麼他先騎跑了？……也罷，趕路要緊，我還是騎上原馬，到前面驛站去換吧！(下)

(丑)：唉！楊娘娘呀楊娘娘，只不過是為了這幾顆荔枝呀！眞個是：鐵關金鎖徹明開（崔液），黃紙初飛敕字回（元稹）；驛卒鞭聲砉流電（李郢），無人知是荔枝來（杜牧）。（清、洪昇《長生殿》戲曲、第十五齣、進果。此外，宋史官樂史《楊太眞外傳》也謂：妃子嗜荔枝，南海產荔枝，勝於蜀產，故每歲馳驛以進貢）

筆者按：此是《長生殿》戲劇的摘錄。書中插畫詩曰：「驛卒逃亡驛馬瘠，荔枝方得供天廚；可憐萬里奔波苦，博得佳人一笑無？」杜牧也有佳句曰：「長安回望繡成堆，山頂千門次第開；一騎紅塵妃子笑，無人知是荔枝來。」這都極寫皇宮的奢侈逸樂。所述的「快馬驛傳」，本當是為軍國急事而設，今卻快遞荔枝，哪得不有馬嵬坡之變？

楊貴妃之墓

二三　默讀不准出聲

曾國藩（一八一一—一八七二）平定了太平天國，是清代的中興名臣，道德學問文章，一時無兩。

當他求學時，曾在湖南長沙「岳麓書院」（湖南大學前身）攻書，和另一位文士同室。那位文士的書桌，原本離窗戶有好幾尺遠，曾國藩因將自己的書桌安置在窗前。豈知那位同學大爲光火，怒道：「我案頭的光線，都被你攔住了。」

曾國藩問：「那要我把書桌擺在哪兒才好呢？」

那同學指著曾的床頭說：「擺放在那裡不就好了！」曾國藩依著，不予計較。

但曾治學很勤，雖到半夜，還在誦書。那位同窗又罵道：「平時不唸，半夜還在唸，打擾別人睡覺，眞是豈有此理！」

曾國藩只好默讀，不再出聲，因而磨鍊了忍耐工夫，乃能成不世之業。以後治軍，即使遇到挫敗，也能從容堅忍對付。（清、湘潭、易宗夔《新世說》紕漏）

曾國藩

一四　我妻與三白都有緣

清代沈復，字三白，娶妻陳芸，夫妻篤愛。一日，芸問曰：「各種古文，應尊哪一派才是？」

沈三白答道：「國策南華靈快（劉向撰戰國策，莊子撰南華經），史記漢書博大（司馬遷撰史記，班固撰漢書），韓愈雄渾，柳宗元險峭，三蘇雄辯（蘇洵蘇軾蘇轍），各有所長，唯在我們用慧心去領悟而已。」

芸說：「古文全在識高氣壯，女人學來甚難，雖欲求博大雄渾，或許竟畫虎類犬。唯有詩之一道，我尚稍有領悟。」

沈問：「唐代以詩取士，能者輩出，你尊崇何人？」

芸說：「杜甫精鍊，李白瀟洒。不過我私心崇愛李白深些。」

沈笑道：「料不到陳芸女史竟是李青蓮（李白字太白，號青蓮居士）的知己！」

芸也笑說：「我還有位啓蒙老師白樂天（白居易字樂天），時縈心中，未敢或忘！」

沈問：「這是甚麼緣故？」

芸答：「他不是有一篇《琵琶行》嗎（七言古詩，共八十八句，見唐詩三百首）？我牙牙學語時，父親口授那首詩，我就學會了，是我啓蒙老師的啓蒙詩。」

沈笑道：「這就奇了！李太白是你知己，白樂天給你啓蒙，我沈三白是你夫婿，瞧！你與『白』字何其有緣呀！」

芸也笑道：「雖與白字有緣，只恐怕將來白字連篇啦！」（清、沈復《浮生六記》卷一、閨房記樂）

筆者按：沈三白撰《浮生六記》，採自敘體，是一部文學傑作，能令讀者心醉。書分六卷：卷一閨房記「樂」，卷二閑情記「趣」，卷三坎坷記「愁」，卷四浪遊記「快」，卷五中山記「歷」，卷六養生記「道」。全都娓娓道來，恬淡可愛。林語堂且將該書譯爲英文，書名「Six Chapters of a Floating Life」，暢銷，每令英國讀者感動。

二五　鄭板橋評文論詩

鄭板橋（一六九三—一七六五）論事說理，都很深刻。今轉錄兩段小文，供同好欣賞。爲存眞起見，照引原文，才可體會他的思想原味和行文氣勢。如果譯爲語體，必然辭不達意，遜色多多，有愧於這位怪人也。

㈠他說劉向揚雄等人的著作，衹是蒼蠅嗡嗡而已。板橋先生除了四書五經之外，僅推崇左史莊騷、賈董諸葛、韓文杜詩。說只此數書，終身讀之，受用不盡。他說：

「魏晉而下，迄於唐宋，著書者數千百家，其間風雲月露之詞，悖理傷道之作，不可勝數，恨不得始皇復起而焚之。……劉向說苑新序、韓詩外傳、陸賈新語、揚雄太玄法言、王充論衡、蔡邕獨斷，皆漢儒之矯矯者也。雖有些零碎道理，譬之六經，猶蒼蠅聲耳，豈得爲日月經天，江河行地也哉？」

鄭板橋繪像

㈡他佩服杜甫與陸游，說陸放翁（陸游號放翁。他的《劍南詩稿》有詩九千二百多首）足可與高絕千古的杜甫並列。但瞧不起那些市井詩人，挖苦得好不痛快。他說：

「近世詩家題目，非賞花、即讌集，非喜晤，即贈行，滿紙人名，某軒、某園、某亭、某齋、某樓、某叟、某村、某墅，皆市井流俗不堪之豎子。今日纔立別號，明日便上詩箋。其題如此，其詩可知。其詩如此，其人品又可知。吾弟可以終歲不作，不可以一字苟吟。所以端人品、厲風教也。」（清、鄭燮：《鄭板橋全集》、家書、寄舍弟墨）

以上摘引的這兩段短文，就足以供作代表了。鄭板橋對文學的要求標準極高，他恨那些風花雪月的書，想要秦始皇再燒掉。他又不歡喜那些低俗詩人，愛取別號，盡寫些不入流品的歪詩，因而勸他弟弟作詩要一字不苟。這些都是很有心得而觀察入微的肺腑眞話，我們都該想想。

筆者按：鄭板橋是康熙秀才，雍正舉人，乾隆進士，辭官後，以書畫自謀生活，又長於詩詞，故有「三絕」之譽。他的詩，發自內心，言近旨遠。他的文章，痛快淋漓，感人至深。徐世昌《晚晴簃清詩匯》稱贊他的詩書畫都是「自出手眼，實皆胎息於古。詩文多見性情，荒率之處，眞摯有味。世人以狂怪看待於他，那是太膚淺了。」這才是正確之論。

二六　交友的原則

孔子有兩個學生，一是子夏（姓卜名商，字子夏），一是子張（姓顓孫名師，字子張），同屬於孔門七十二賢人之列，而且很有名氣。

有位子夏的學生，去見子張，請問他有關交朋友的原則。

子張反問道：「你的老師子夏，他是怎樣教導你的呢？」

這位學生答道：「我的尊師子夏訓誡我們說：『可以交的，才結交爲友；那些不夠資格交往的，就當拒絕跟他做朋友。』對嗎？」

子張說道：「這和我所想的完全不同嘛。你想想：『一個有才有德的君子，應當尊敬賢良的人，接納衆多的人，嘉獎善良的人，也同情無能力的人。』對自己而言：如果我是個大賢者，那麼我對甚麼人不能包容呢？但如果我是個不肖者，別人都將會拒絕我，不願同我做朋友；我怎麼敢先就去抗拒別人呢？」（《論語》子張第十九）

筆者按：明代莊元臣《叔苴子》說：「賢人友勝己者，聖人友不如己者（賢人結交比自己強的人爲友，聖人結交比自己弱的人爲友）。雖不如己，必有己不如者也（人非萬能，別人總有超過我的長處的。孔子聖人也說過吾不如老農的話）。若聖人待勝己而友，天下無友矣（聖人若要找超過自己的人爲友，世界上找不到朋友了）。」可與子夏子張互相發明。

二七　猜透陰謀會惹禍

猜出對方秘奧，陰謀被我料到；
還是裝傻爲妙，以免禍由自造。

戰國時代，齊國大夫隰斯彌（隰音習，是姓），到同朝共事的當權大臣田成子（史記作田常，左傳作陳恒，諡成子）的府上去拜訪。

兩人敘談之餘，田成子邀他同登家中樓臺，憑欄眺望風景。只見東西北三面都很空曠，可以望遠，令人舒暢。只有南面爲高樹遮住了。那正是隰斯彌家裡院中的幾株大樟樹，攔住了視線。隰斯彌內心察覺到了，但田成子始終未表示任何意見。

隰斯彌回到家裡，便叫匠人來砍樹，以便除掉田成子登樓眺遠的障礙。已經砍下了幾斧頭，隰斯彌又叫不要砍了。

家中佐事的官員，感到奇怪，問道：「剛才你下令要砍樹，沒過一會又下令不砍，爲何改變得這樣快呢？」

隰斯彌解答道：「古來有句諺語說：『察見淵中之魚者不祥。』意思是：體察得過分精明，連深水下的魚兒都被你看到了，這會惹來禍殃的。我近來覺得，田成子好像暗地裡懷著某種鬼胎（史書說他要殺同朝大臣闞止），只是還沒有祭出行動罷了。

「這次我去他家拜訪，是我私自察覺到我家的大樹妨礙了他的視線。這事他當然早就心知，只是沒有說出來而已。如果我主動砍掉大樹，便顯得我太過精明，居然猜透了他的心事，這是自暴危險。如今，他正要進行某種大陰謀，卻發現我竟能察微知細，他若疑心一起，我的性命就會遭殃了。今者，我不砍倒大樹，這沒有甚麼罪過。如果我料中了別人還沒有顯現出來的大圖謀，這可能會有殺身之禍，故此我不砍樹了。」（戰國、韓非《韓非子》說林上）

筆者按：暗地裡去探測高官大人的隱私，還想趁此巴結一下，殊不知犯了大錯。今舉一類似之例：宋代秦檜，在他宰相府裡起造「一德格天閣」，這是引自書經「純一之德，可以格天」之意。有位大官（未指出姓名，但陸深《儼山外集》中則說是宣撫使鄭仲）想要討好，而且方式要與眾不同。就花了大錢，買通建築商，取得了格天閣樓堂地板的長寬尺碼，特意定製了華貴的錦花織絨地毯，送呈宰相府，舖上恰巧密合，分寸不差。這樁美事，本當兩皆歡喜，但秦檜心中極惱。想到我家門牆之內的私秘，他都窺探得一清二楚，我那麼多其他的奸謀，還會有隱密可言嗎？防人之心不可無，斷然把那大官革了職，永絕後患。此事參見《增廣智囊補》卷下、術智。

二八　救人免於上吊

暗中做好事，才叫眞善士；救回命一條，後福天必賜。

明初時代，浙江省台州府有位姓應的生員，後來官拜尙書。當他壯年時，隱居在深山茅舍中勤讀。夜裡山中鬼魅頗多，嘯叫喧談，應生都不害怕。一夜，聽到一鬼說道：「山下村裡某家媳婦，因丈夫遠去他縣，長久不回，想必已經死了，翁姑逼媳婦改嫁，媳婦守節不肯。明天夜裡，這媳婦會來此山中上吊。正好是我找到了她做替身，我可以轉世投胎了。」

應生聽到這番鬼話，惻然起了救人之念。他暗地裡湊出白銀四兩，寫了一封假信，用這個兒子的名義，寄錢到家。那父母雖認爲信中筆跡不符，但一想，也可能是請人代筆的。字跡雖可疑，銀兩卻是眞的，證明兒子仍舊活著，便不逼迫改嫁了。過後，兒子果然回家來了，夫妻喜慶團圓。（明、袁了凡：《了凡四訓》積善之方）

一九　殺盡江南百萬兵

志在掃平天下，出口自是不凡。

明太祖朱元璋（一三二八—一三九八）出身貧窮，竟由乞食遊僧而開創明朝天下，其成就實爲空前絕後。

他深知學問的重要，在軍旅中有暇便發憤讀書。定都南京後，就在南京奉天門之東，建造了文淵閣，典藏天下書籍。他抽空就勤翻書本，終日忘倦。朝中大臣如宋濂等人，都親口歎服其學識不在他們之下。

朱元璋且常親撰皇誥詔書，他能寫四六駢體文。在他的《御製文集》中，收有詩聯百多首。例如他的《咏菊花》詩：

百花發時我不發，我若發時都嚇殺；
要與西風戰一場，遍身穿就黃金甲。

這是何等的氣概！

他在未登帝位之前，某次路過太平府的般若庵

明太祖朱元璋像

（般若是梵語prajna的音譯，又譯作般賴若），心有所感，在墻上題詩「般若庵示僧」一首：

殺盡江南百萬兵，腰間寶劍血猶腥；

山僧不識英雄漢，只管嘵嘵問姓名。

此詩寫得氣吞山河，驚天動地。做了皇帝之後，憶起這樁往事，便召來該庵僧人，垂問當年題詩仍在否？僧人奏道：「已經沒有了。」朱元璋大怒，幾乎要開殺戒。幸而陪來的一位機敏和尚，吟詩回奏道：

御筆題詩不敢留，留時只恐鬼神愁；

嘗將法水輕輕洗，猶有餘光射斗牛。

朱元璋聽後，才輕怒爲喜。（取材自：清、柴萼《梵天廬叢錄》卷一）

有一年除夕，朱元璋微服到街坊觀賞春聯。發現有一家閹豬戶沒有掛聯。他一時興起，代爲寫下一聯：

雙手劈開生死路

一刀割斷是非根

隔天，他又巡行，這付春聯竟未掛出。一問之下，主人奏道：「此聯乃皇上御書，小民已高懸正堂，燃香拜聖。」朱元璋滿心歡喜，令另賞銀五十兩，傳爲佳話。（取材自：現代、未具名：《朱元璋》正展出版）

三〇　爲何不早問

（一）

宋朝張丞相（張商英）喜好以草字寫文章，但筆劃漫無標準。朋友們有時或者會譏笑他，他卻認爲無所謂。

一天，張丞相靈感突來，文思驟湧，即刻提筆，趕緊寫成了一大張草稿，滿紙如龍蛇飛動，交給姪兒謄錄抄正。

隔了兩日，姪兒有功夫來抄稿了，但遇到那扭曲轉折的飛筆，認不出究是何字，只好拿著原稿來問他。張丞相審視了半天，自己也不認識，反而責怪姪兒說：「爲何不早問，以致我都忘了。」（宋、釋惠洪《冷齋夜話》卷九）

（二）

從前有位文人，隨自己的心意信筆草寫成一篇論文，交給錄士抄爲楷體。錄士對其中若干字認不出，屢次指著某字請問：「這是甚麼字？」

這位文士瞪眼看了許久，生氣地說：「何不早問？」這便是所謂熱寫冷不識，令人發笑；寫了等於白寫。（《小柴桑．喃喃錄》）

三一　橫眉冷對千夫指

魯迅（一八八一—一九三六），本名周樹人，父親周鳳儀，母親魯瑞，浙江紹興人，魯迅是筆名。

他們昆仲三人，魯迅居長，二弟周作人，三弟周建人。魯迅曾留學日本，回國後歷任北京大學、師範大學、廈門大學、中山大學教授，是左派文壇領袖。他的墳墓於民國四十五年（一九五六）遷葬上海虹口公園時，毛澤東親題碑文「魯迅先生之墓」。

魯迅作詩，常犯「打油」，寫文則長於「罵人」。今舉一事如下：

約在民國二十一年左右，「創造社」社員郁達夫（一八九六—一九四五）請吃飯，魯迅也被邀。他即席寫了一首題名「自嘲」的七律，送給同桌的「南社」社員柳亞子（一八八六—一九五八）看。詩曰：

魯迅

「運交華蓋復何求，未敢翻身已碰頭；
舊帽遮顏過鬧市，破船載酒泛中流。

橫眉冷對千夫指，俯首甘爲孺子牛；（這兩句常被人傳抄）
躲進小樓成一統，管他冬夏與春秋。」

原稿詩後，魯迅還附寫四句說明：「達夫賞飯，閒人打油；偷得半聯，湊成一律。」他自認「打油」，算是有自知之明。「偷得半聯」，也是他坦承從清代詩人洪亮吉（一七四六—一八〇九）作品中偷用。（近代、王覺源《近代中國人物》滄海叢刊）

魯迅的著作，有《阿Q正傳》《吶喊》《徬徨》等書，筆端多帶刺激。例如這首詩，似乎也將他那獨行其是的個性凸顯出來了。

筆者按：篇中所提到的幾位文人：㈠郁達夫，在上海組織「創造社」，發行創造週報，魯迅是社友。㈡柳亞子，組織「南社」。解放後任人民政府委員，與毛先生迭有詩詞唱和，曾自署爲活埋庵主人。他回詠《魯迅「躲進小樓成一統」詩》曰：「長夜何曾換好春，樹翁（魯迅筆名周樹人）生死詎非辰？喜君痂嗜能成癖，累我毫揮感已頻。詩獄蘇黃愁禁版，黨魂李杜有傳薪。南來快晤陳無己，倘共傾觴奠水濱。」㈢清代洪亮吉，於書無所不窺，詩文尤有奇氣。此外，魯迅這首詩，好像多少帶了一些勞騷意味。但其中「橫眉冷對千夫指」一語，似乎還比不上陳寅恪《丙中六十七歲生日》「平生所學唯埋骨，晚歲爲詩欠砍頭」的憤世之慨吧？再者，據洪亮吉《北江詩話》記載，魯迅下一句「俯首甘爲孺子牛」一語，是不是也沿襲了清代錢李重「酒酣或化莊生蝶，飯飽甘爲孺子牛」的句子呢？

三二　趙匡胤砸碎寶尿壺

宋朝之前是唐朝，唐朝末年有五代十國。十國中有個「後蜀」，其第二代君主是孟昶（九一九—九六五）據有四川。君臣都好奢侈，終於兵敗投降宋朝。

在繳獲擄自蜀主的戰利品中，竟有一隻孟昶御用的鑲嵌有七色珠寶的小便壺。宋太祖趙匡胤看了，十分震怒，當著投降的孟昶之面，拿起一根粗鐵棍，幾下就把它砸成碎塊。說道：「你用這七種珍珠寶石鑲飾的小便壺來撒尿，那你該用甚麼樣的珍奇寶器來盛飯呢？個人享受如此豪奢，若不亡國，是無天理！」

其後又有鏤金床，請看下篇。

（元、托克托《宋史》卷三、本紀第三）

宋太祖像

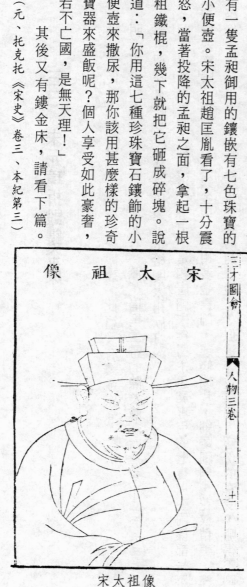

過分奢侈，下場都慘。前篇有七寶尿壺，此篇又有鏤金床。

三三　朱元璋拆毀鏤金床

明太祖朱元璋（一三二八—一三九八）滅了僭稱皇帝的陳友諒（一三二〇—一三六三）之後，部將把陳友諒御用的鏤金床運來呈給明太祖欣賞。

明太祖審視一過，評論道：「這不是和唐朝末年蜀主孟昶專用的七寶尿壺同樣都是不該有的器物嗎？你們看看這鏤金床，全用黃金爲飾，或條或片，細雕細刻，花紋精美，鏤嵌絕倫。由此足以證明陳友諒是何等的窮奢極侈？似這等貪圖個人超份的享受，哪得不國亡身死呢？」即時下令毀掉它。（明、李暉吉《龍文鞭影》二集下卷、太祖毀床）

筆者按：此外，唐代段文昌，唐穆宗時官任宰相。他享用奢僭，打造「金蓮盆」盛水洗脚。見《歷代名流趣談》。附錄於此，以供警惕。

三四　朱子怎麼會知道

讀書要追根究柢，才可有成。如果做學問缺少思辨功夫（《中庸》說：博學之，審問之，愼思之，明辨之，篤行之），那只是人云亦云，隨波逐流，徒然是一個活的字紙簍而已，不會有長進的。

清代戴震（一七二三—一七七七）字東原。讀書過目不忘，是清代的名儒，著作很多，又是《四庫全書》特別召准的纂修官，很有名望。

小時候，他唸私塾。老師教他讀《大學》，這是四書中的第一本。《大學》第一章的經文之後，有一段「釋詞」，是理學家朱熹加寫的，也要讀，也要背。文曰：

「右經一章，蓋孔子之言，而曾子述之。其傳十章，則曾子之意，而門人記之也……」

戴震問老師道：「這一段話，怎麼知道是孔子說的？怎麼知道是曾子轉述的？又怎麼知道那是曾子的意思而由他的學生記下來的呢？」

朱熹

老師說：「這是朱夫子朱晦菴先哲這樣說的。」

戴震又問：「朱子是甚麼時代的人？」

老師說：「南宋時人。」（按朱熹生於公元一一三〇年，即南宋高宗建炎四年；卒於一二〇〇年）

又問：「曾子是甚麼時代的人？」

老師說：「東周時人。」（按曾子生於公元前五〇五年，即周敬王十五年，也是魯定公五年；卒於公元前四三六年）

又問：「南宋相隔東周有多久？」

老師說：「幾乎快有兩千年了罷！」

戴震再問：「既然相隔這麼久遠，那朱子怎麼會知道得如此肯定呢？」

老師也解答不了。（清、江藩《國朝漢學師承記》卷五、記之五）

曾子

筆者按：清儒戴震，另有一段文章，同是反駁朱熹的話。戴震說：『㈠《大學》開卷「經一章」注解說「虛靈不昧」（這是朱熹解釋「明明德」的注釋），便涉異學。㈡「以具眾理而應萬事」（是朱熹對「明明德」的注釋），非心字之旨。㈢《論語》開卷說「可以明善而復其初」（朱熹對「學而時習之」的注釋），出《莊子》，非擴充言學之意。㈣《中庸》開卷說「性即理也」（朱熹對首句「天命之謂性」的注釋），如何說性即是理？』附記於此，作用在提醒我們要從懷疑中去求知。

三五　親恩難報

《詩經》「蓼莪」篇，是子女追憶父母，對亡故的雙親懷念的詩篇。悃悃深情，令人感動，原文曰：

蓼蓼者莪，匪莪伊蒿（長得高高的莪呀，由我這憂思的人看來，它不像是莪，而像是蒿呀。注：蓼者大也，匪者不也，伊者是也）

哀哀父母，生我劬勞（我哀哀的歎息我那未能終養的亡父亡母，我無法報答父母生我的辛勞之恩呀）

父兮生我，母兮鞠我（父親生我，母親養育我。注：鞠者養也）

拊我畜我，長我育我（母親輕撫我，滋養我，護我生長，給我化育。注：拊者撫摸也，畜者養育也）

顧我復我，出入腹我（時時回顧我，反復看視我，出外或回家，都抱持我。注：顧者旋視也，復者反覆也，腹者懷抱也）

欲報之德，昊天罔極（我要報答父母的大恩大德，像遼闊皓天般的無窮，不知如何來回報也。注：昊天者迥廣之天也，罔者無也，罔極者無窮也）

這是毛詩小雅、蓼莪章。原文說是「二親病亡，孝子不得終養爾。」

筆者按：本篇是錄自《詩經》卷第十三、小雅、蓼莪篇。後人因哀傷父母的亡故而不忍讀不忍講蓼莪篇。例如《晉書王裒傳》：「及讀『哀哀父母……』，未嘗不三復流涕，門人並廢蓼莪之篇。」又《南齊書顧歡傳》：「歡早孤，每讀『哀哀父母』之句，輒慟泣，由是廢蓼莪篇不復講。」至於追念亡父亡母恩澤的文章，則有宋代歐陽修的《瀧岡阡表》，已收入《古文觀止》卷四。他率眞寫出，語語入情，其中有「祭而豐，不如養之薄也。」這乃是「與其死後祭饌豐盛，不如生前奉養微薄之爲得」之意，動人悲思，增人涕淚，是好文章。

三六　莊生曉夢迷蝴蝶

唐代李商隱《錦瑟》詩說：

「錦瑟無端五十弦，
一弦一柱思華年，
莊生曉夢迷蝴蝶，
望帝春心托杜鵑。」

詩中的莊生蝴蝶夢，就是引自戰國時代莊周所著《莊子》又叫《南華經》莊周自述的精彩寓言：

從前，我莊周曾經做一奇夢，夢到自己變成了一隻蝴蝶，居然是一隻栩栩如生拍翅飛舞的蝴蝶。自己好不高興，恣意的高下飛翔，十分快樂。那時節，我已不曉得自己原來本是莊周了。

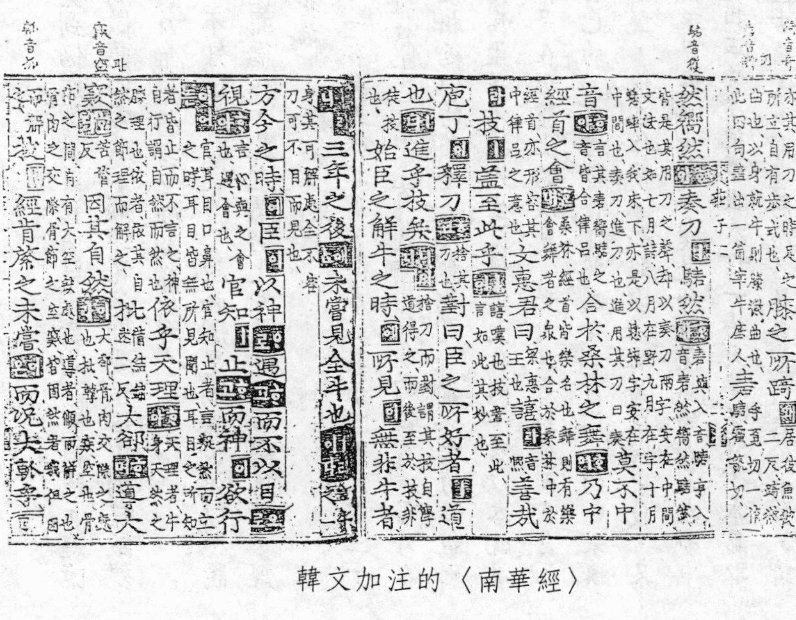
庖丁為文惠君解牛，手之所觸，肩之所倚，足之所履，膝之所踦，砉然嚮然，奏刀騞然，莫不中音。合於桑林之舞，乃中經首之會。文惠君曰：譆，善哉！技蓋至此乎？庖丁釋刀對曰：臣之所好者道也，進乎技矣。始臣之解牛之時，所見無非牛者。三年之後，未嘗見全牛也。方今之時，臣以神遇而不以目視，官知止而神欲行。依乎天理，批大郤，導大窾，因其固然。技經肯綮之未嘗，而況大軱乎！

韓文加注的〈南華經〉

正在我快適之際，忽然這奇夢醒了，驚覺到仍然還是具有這臭皮囊的莊周自己。追憶起來，倒是滿腹胡疑，弄不清究竟是我這莊周做夢而變成了蝴蝶呢？抑或是這隻蝴蝶做夢而變成了莊周呢？蝴蝶耶？莊周耶？誰是本尊？誰是替身？孰能識辨？

莊周和蝴蝶，定然必有分別。但在夢中，不知道有分別呀！說莊周是蝴蝶也可以，說蝴蝶是莊周也可以。這就將莊周和蝴蝶二者化而為一，此之謂物化。這便是《南華經、齊物論》的極境。（戰國、莊周《莊子》內篇、齊物論）

筆者按：《漢書・藝文志》說《莊子》一書有五十二篇，今本《莊子》則只有三十三篇。包括內篇七篇，外篇十五篇，雜篇十一篇。有關莊周作夢的寓言，另外在《莊子內篇・大宗師》裡，也還有一段相近似的夢述。大意是說：孟孫才的母親死了，他哭時都沒有眼淚。為甚麼呢？因為孟孫才把死生交付給大自然，所以本就沒有實在的死，也就是說無所謂生死，僅是在形體上的改變。世人只看到今天我自己具有活著的形體，就以為這個形體是自己的。哪裡曉得這認為是「自己」的，果眞是自己的嗎？或許不是自己的呢？譬如說：你在作夢，夢到你變為鳥在空中飛，又變成魚在水裡游，那末究竟不知道那魚鳥是在夢中呢？還是那說魚鳥的人是在夢中呢？（這可以稱為「魚鳥夢」吧？）莊周藉孟孫才把塵世看作一場大夢了呀！本篇取材自《莊子》又名《南華經》。又我國古籍，多有書同而名異者，列表於下頁，請參考：

書同而名異對照表

以下爲依據清代章學誠《校讎通義・辨嫌名第五・五之三》篇中列舉者：

1. 老子→道德經
2. 屈原賦→楚辭→屈賦
3. 戰國策→國策→短長書
4. 呂氏春秋→呂覽
5. 世說新語→世說→世說新書
6. 風俗通義→風俗通
7. 白虎通德論→白虎通義→白虎通
8. 淮南鴻烈→淮南子→鴻烈→淮南

此外，我們日常熟知的還有：

9. 尚書→書經→書
10. 文子→通玄眞經
11. 列子→沖虛至德眞經
12. 商子→商君書
13. 韓非子→韓子
14. 孔叢子→連叢子
15. 資治通鑑→通鑑
16. 聊齋誌異→聊齋→狐鬼傳
17. 海內十洲記→十洲記
18. 六祖大師法寶壇經→六祖壇經
19. 莊子→南華眞經→南華經
20. 孫子→孫子兵法
21. 亢倉子→庚桑子→洞靈眞經
22. 吳子→吳子兵法
23. 晏子春秋→晏子
24. 左傳→左氏春秋→春秋左氏傳
25. 紅樓夢→石頭記→情僧錄→風月寶鑑→金陵十二釵

三七　裝病要死了

三國時代司馬懿（一七九—二五一）字仲達，有幹才，多權變。魏明帝臨終時，將八歲太子曹芳，托孤與司馬懿和曹爽，共同輔國。那曹爽握有兵權，威勢極盛，暗想篡位。司馬懿爲避禍，假裝有病，居家不問國事。曹爽想要探知虛實，就派自己的心腹人，也是新任命爲青州刺史的李勝，前往打探消息。

司馬懿預知來意，故意披頭散髮，坐在床上，怕冷，半蓋厚被，請李勝逕入臥室見面。

李勝行了拜禮，說：「不知太傅如此病重。我已任命爲青州刺史，行前特來拜辭。」

司馬懿故意答道：「并州地近北方，北虜國勢強盛，你要小心守備呀。」

李勝解釋說：「是到青州，不是去并州！」

司馬懿重行問道：「啊，你是剛從并州回來的嘛？那汾水沒有氾濫成災吧？」

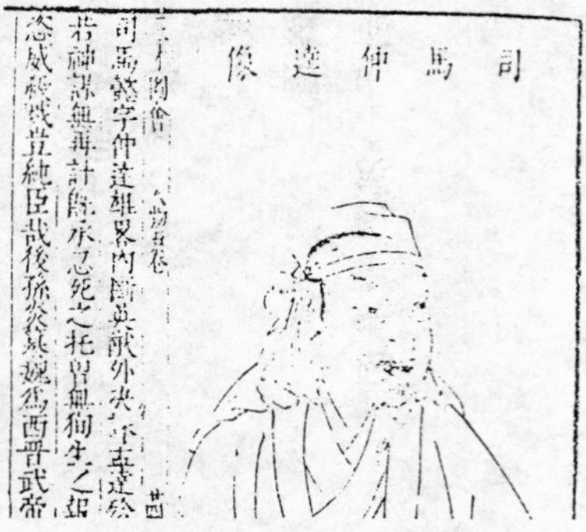

司馬懿，字仲達像

李勝說：「我是要去山東青州上任，不是從河北幷州回來。太傅怎麼病成這樣了？」這時司馬懿用手指口，侍婢端來參湯餵他。但嘴巴開合不緊，湯流滿衣，還說：「我病很重，不久會死了。請回報曹公，照顧我兩個幼子（司馬師和司馬昭）。」說畢仰倒床上，不斷喘氣。

李勝報告曹爽，不必再提防。後來竟反被司馬懿設計斬首了。（羅貫中《三國演義》第一〇六回。又見：房玄齡《晉書》宣帝紀）

筆者按：清、柴萼《梵天廬叢錄．卷一》說：明太祖朱元璋厭惡御史袁凱，要殺他。袁凱只好裝成瘋顛症，在家養病。明太祖派人去察看，只見袁凱蓬頭垢面，在户外園圃的籬巴旁草地裡爬來爬去，見到地上的狗屎，竟然抓來往嘴裡送，吃下去了。這人回報明太祖，覺得他眞是神智迷糊，免究了。實則是袁凱預先叫親人將麵粉炒熟，拌入黑砂糖，調成漿糊狀，從鑽了孔的竹筒底部擠出，散佈在草地上，雖不太清潔，但也無大礙，以假亂眞，逃過了殺戒。

三八　孔子誕辰有四說

中華《辭海》、商務《辭源》及三民《大辭典》都說：孔子生於周代的周靈王庚戌廿一年（公元前五五一年，即魯國的魯襄公廿二年）八月廿七日。

孔子是東方聖人，耶穌是西方聖人，兩聖不可混同。為分辨計，耶穌誕辰應叫「耶誕」，孔子誕辰才是「聖誕」，如此才不會錯亂。

八月二十七日這一天既是孔子聖誕，又是教師節，原是國定假日。他歿於周代的周敬王壬戌四十一年即公元前四七九年。（《春秋．附錄經傳．魯哀公十六年》記曰：「夏四月己丑，孔丘卒。」）。

但是，孔子誕生的年和月，另有異說。戰國公羊高的《公羊傳》記載：「魯襄公廿一年（按即周靈王廿年）十一月，孔子生。」（只記月，未記日。但比上段所述早了一年，月份也不符）

戰國穀梁赤《穀梁傳》則說：「魯襄公廿一年冬十月，孔子生。」（比辭海早了一年，比公羊傳早了一個月，也

先聖像

沒說哪一天生的）

漢司馬遷《史記·卷四十七·孔子世家》更說：「魯襄公廿二年而孔子生。」（史記卷卅三魯周公世家也說「魯襄廿二年孔丘生。」比上公羊穀梁兩說晚了一年，也無月日）三家年月各異。

宋代朱熹的《論語集注序》採用《史記》的記述。明儒宋濂的《孔子生卒歲月辨》則力主《公羊》《穀梁》之說。

宋代王應麟《困學紀聞》卷七的結語說：「公羊穀梁史記都有差，今不可考。」

這樣看來，孔聖的誕辰，似乎還沒有確論呢？（自撰）

三九　舌存而齒落

柔勝剛，弱勝強。漢代劉向《說苑》曰：「強梁者不得其死，好勝者必遇其敵。」〈老子・七十六章〉也說：「堅強者死，柔弱者生。」

老夫子常摐生病了，老子（姓李，字聃，唐初封老子為太上玄元皇帝）去探望他，問道：「先生的病很重了，難道沒有遺教可以告誡我們這些學生嗎？」

常摐張開大口給老子看，問道：「我的舌頭還在嗎？」

老子說：「你的舌頭還在。」

常摐又問：「我的牙齒還在嗎？」

老子說：「你的牙齒早都沒有了。」

常摐再問：「你知道這是甚麼緣故嗎？」

老子說：「我想，舌頭之仍舊在，豈不是由於它本性柔軟之故嗎？牙齒脫落了，豈不是由於它本性剛硬之故嗎？」

常摐頷首道：「噫，你說得很對呀！天下之事，盡在這『剛柔兩字』之中，我沒有更多的法寶可以傳授給你們了。」（漢、劉向《說苑》卷十）

筆者按：此外《孔叢子．抗志篇》書中，老萊子對子思說：「齒堅易折，舌柔常存。」又《顏氏家訓．勉學》：「小心黜己，齒弊舌存。」都是說剛強易摧，柔順能久之意。又《老子．上篇．第三十六章》說：「柔勝剛，弱勝強。」又《書經．洪範》說：「三曰柔克。」解釋爲：柔能主事，克就是勝利。《後漢書．陳俊傳》更說得極好：「柔能制剛，弱能制強。柔者德也，剛者賊也。弱者仁之助也，強者怨之歸也。」至於問「吾舌在否」一語，還有位戰國時代的縱橫家張儀（元前？——前三〇九），師事鬼谷子，學成了縱橫術。當他遊說各國時，某次和楚國宰相宴飲。楚相有一塊璧玉不見了，侍從們說：「張儀家貧，品行又不好，一定是他偷了！」將他抓來，打了一百竹鞭。張儀不承認，只得放他回家。妻子說：「你如不讀書，哪會受這侮辱？」張儀反問：「吾舌在否？」妻說：「仍在。」張儀說：「舌在就足夠了。」於是西入秦國，秦惠王任他爲宰相。見《史記》卷七十、張儀列傳。

趙孟頫畫老子像

我本討厭佞臣，刻意與他疏遠；皇帝要我親賀，我該怎麼施展？
挨到最後才到，這是不違聖旨；只喝半杯清酒，這是敷衍王子。
突然肚痛不留，乃是保全品格；三面都已顧全，這是上上良策。

四〇　裝肚痛即時離席

唐玄宗（六八五—七六二）的朝中，有個王毛仲，高麗人，很會照顧御馬、駱駝、鷹鷲、獵犬，極得玄宗的寵愛，竟封他爲輔國大將軍。許多文武官員，爭相向他巴結。

他要嫁女兒了，熱切地希望這場喜事辦得風風光光。唐玄宗關愛他，問他還缺少甚麼？王毛仲叩頭答道：「微臣萬事都齊備，只是賞光的貴賓大臣還不夠多？」

唐玄宗問：「朝中諸位大臣，如燕國公張說、黃門侍郎源乾曜這一班朝官，不是呼喚一聲就會跟著來的嗎？」

王毛仲答道：「這些長官大人，倒是一齊都會

廣平公宋璟

來捧場的。」

唐玄宗說：「我知道了，你所不能請到的貴賓只有一人，那就是宰相廣平公宋璟（六六三—七三七），對吧？」

王毛仲道：「正是獨少這唯一的尊客。」

唐玄宗笑著安慰他說：「不要擔心，你請不動他，明天我替你代邀便是了。」

第二天，唐玄宗乘暇對宋璟說：「我那愛臣王毛仲的女兒出閣，衆官都會前往，你也不妨隨俗到他家去賀一賀呀！」

婚期當天，王毛仲府上賀客盈堂，喜宴擺開，滿廳坐無虛席。眼看太陽已升到正午了，大家都不敢動筷子，因爲這位主賓宰相宋璟的尊駕還沒有到，人人都在等他。良久，宋璟才來，衆人簇擁他，延入上座。他先酌滿一杯酒，轉臉朝著皇宮方向，率領衆賓，向空拜謝，這是向天子示敬。然而這杯酒還未飮完，突然俯腰聲稱肚子急痛，不能久留，告辭回去了。（司馬光《資治通鑑》卷二百十三、唐紀二十九。又：唐、魏徵《四鑑錄》）

宋璟的剛正不阿，到這時年歲已老，更顯得耿介。有分教：毛仲雖邀皇帝寵，與吾異道不相謀；舉杯遙敬爲遵旨，肚痛難當未肯留。

四一　紅樓夢緣起

紅樓夢一書，是敘述賈寶玉與林黛玉等人的愛情故事，近百萬言，是古典言情小說中的傑作，錯過可惜。這個故事的開端，也很新奇。

卻說那女媧氏（又稱媧皇）煉石補天，她在大荒山無稽崖下，用神火煉成了三萬六千五百零一塊五采石。但補天只用掉了三萬六千五百塊，單單剩下這一塊多了未用，丟棄在青梗峰下。誰知此石經過久煉之後，靈性已通，可大可小，來去自如。因感於衆石都得補天，獨恨自己無才，未被選上，不免自愧自怨。

某天，來了一僧一道，見著這塊石頭，甚爲可愛。那僧人茫茫大士對道士渺渺眞人說：「這石頭在形體上算得是個靈物了，只是還要刻上一些文字，使別人見了便可知道是件奇事奇物。」

又不知過了幾世幾劫，有個空空道人，從這青埂峰下經過，發現這塊石頭，上面字跡分明，敘述歷歷（誰刻的字？原書未說），後面還有一偈道：

無才可去補蒼天，枉入紅塵若許年；此係身前身後事，倩誰記去作奇傳？

空空道人看了，曉得這石頭大有來歷，就從頭到尾抄錄下來。後經曹雪芹在悼紅軒中披閱十載，增刪五次，分出章回，名之曰《金陵十二釵》，並題詩曰：

滿紙荒唐言，一把辛酸淚；都云作者痴，誰解其中味？

這便是它的緣起。（清、曹雪芹《紅樓夢》第一回。女媧煉石補天。又見：漢、劉安《淮南》覽冥訓）

筆者按：如今紅樓夢世界風行，投入研究者極多，胡適就是一個，已經蔚爲一股「紅學」了。旅美學人唐德剛曾說：「學人不讀紅樓夢，方帽加頭也枉然。」想當年，曹雪芹用功十年，增刪五次，書雖寫得好，可惜那時沒人欣賞，全家喝粥度日。他有「自況」詩道：「滿徑蓬蒿老不華，舉家食粥酒常賒。」他又在紅樓夢最終的一百二十回最後一行歎道：「說到辛酸處，荒唐愈可悲；由來同一夢，休笑世人痴。」作爲總結。這就是文人潦倒困窮的不幸。

四二　春風不度玉門關

唐代詩人：王昌齡、高適、王之渙齊名。一日，三人同至旗亭（即街市樓亭，插了旗幟，就是酒樓）小酌，恰巧有梨園伶人歌妓十多人登樓會宴，奏樂，並演唱當時流行的樂府詩歌助興，自愉自樂。

這三人遠坐在靠裡邊的角落上，私自互相約道：「我們都以詩聞名，卻又難分高下，今可聆聽她們所引唱的我們三人的詩詞，誰多就是贏家！」

一位歌妓首先唱道：「寒雨連江夜入吳，平明送客楚山孤；洛陽親友如相問，一片冰心在玉壺。」王昌齡說：「這是我的一首絕句，我要先飲一杯！」還在壁上用粉畫了一圈爲記。（這就稱爲「旗亭畫壁」）

又一位歌伶謳唱道：「開篋淚沾臆，見君前日書，夜臺何寂寞，猶是子雲居。」高適說：「這是我的一首五絕，我也當喝一杯。」也在壁上畫圈爲記。

接著有人續唱：「奉帚平明金殿開，強將團扇共徘徊；玉顏不及寒鴉色，猶帶昭陽日影來。」王昌齡又道：「這是我的第二首七絕，我要再斟一杯。」他畫了第二道圈。

王之渙自以爲成名最早，卻未見入選，乃說道：「這些都是通俗樂妓，唱的都是下里巴人之詞，」因指女群中一位最美的說：「如果這位歌手唱的不是我的詩，我就終生不敢和各位爭勝了！」三人便笑著等候。

及至輪到她，開口唱道：「黃河遠上白雲間，一片孤城萬仞山，羌笛何須怨楊柳，春風不度玉門關。」

接著又高唱道：「白日依山盡，黃河入海流，欲窮千里目，更上一層樓。」以及王之渙的另一首詩，合共三首。

玉之渙乃說：「這都是我的詩了吧，我當要喝三大盞！」相與大笑。

那群歌伶，見他三人忘形笑樂，問道：「三位官人為何如此歡噱？」王昌齡笑著說明緣由。歌伶們倡議道：「我們俗人，不識高人在此，請賞光俯就我們的酒筵共飲好嗎？」三人順從著，共飲到大家盡興才散。（明、萬曆進士鄭之文《旗亭記傳奇》。又明、顧元慶、字大有《文房小說》集異記。又清代金人瑞《聖歎選批唐才子詩》卷三下「王昌齡簡介」也引此故事）

筆者按：王之渙「白日依山盡」詩，題目是《登鸛雀樓》，用字淺白，境界高遠，不但已列入《唐詩三百首》《千家詩》中，而且日本也選入漢語讀本中。唐代另一位詩人暢當也有《登鸛雀樓》詩曰：「迥臨飛鳥上，高出世塵間；天勢圍平野，河流入斷山。」也是不錯，但仍略遜一籌吧。

四三　宰相不能安睡

位居閣揆（以前叫宰相，近代叫內閣總理，我國叫行政院長），應該時時以人民為念。

宋代司馬光（一〇一九—一〇八六）字君實，做了宰相，綜理全國政務。國事紛繁，他都勤謹處置。某天晚上，已經就寢了，夫人（張氏，封為清河郡君）聽到他終夜在長吁（歎氣聲），便問他何事放心不下？

司馬光說：「作宰相肩頭責任很重。今天某某地方奏報，有盜賊強搶民宅，致令百姓死傷。治安敗壞，是政府的羞恥。又今天戶部（掌理土地戶口，兼管錢穀財賦，清末改稱度支部）呈請改革稅制，還在研議中。我在反覆思量：減稅將使國庫短收，增稅又使民怨加重，很難決擇。想到我今身為宰相，卻不能讓天下萬民有好日子過，所以才整夜嗟吁，沒法安睡呀！」（宋、王應麟：《困學紀聞》、考史）

筆者按：希望現今當權者多看看此篇。

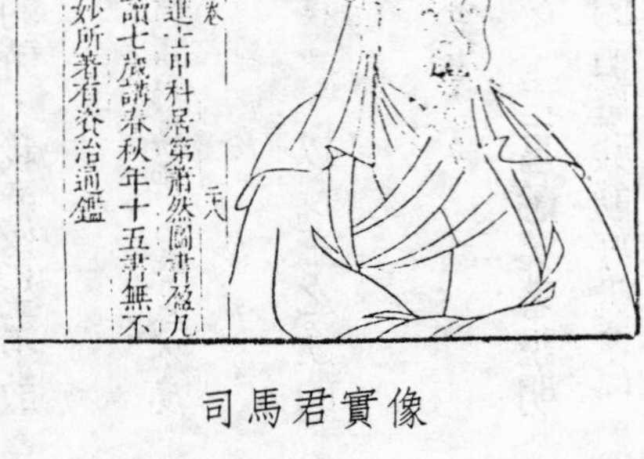

司馬君實像

四四 剪草剪得好不好

美國青少年，要自己賺錢，不靠父母，表示已能獨立，是個成人，並不是家境不好，這已形成一種追求上進的風氣。

一個黑人小孩，走進他鄰居的雜貨店裡，問店主說：「瓊斯先生（Mr. Jones），我可以借用你的電話嗎？」

和氣的瓊斯先生回答說：「當然可以，吉姆（Jim）。電話就在櫃台的那一頭。」

雜貨店不大，吉姆講的話，瓊斯先生都聽到了。

「喂！」吉姆說：「你是布朗醫生（Dr. Brown）嗎？今年夏天，你家要不要雇一個修剪草坪的童工？……怎麼？你已經雇到了嗎？……你認爲他剪草剪得好不好？……你滿意囉！……啊！這樣看來，他都合你的意了？……好，布朗先生，謝謝你，再見！」

吉姆掛了電話，向店主道謝。店主瓊斯安慰他說：「吉姆，我都聽到了，你想要找個剪草的工作，沒有成功，眞是遺憾。」

「哦？其實這份工作，我已經得到了，而且做了三天。剛才我只是想要從側面來查證一下布朗醫生對我剪草的評價罷了。」（美國作家蘇菲亞．米勒（Sophia Miller）：《英文短篇故事》）

四五　劣食詭計氣走范增

輕鬆妙施反間計，弱勢劉邦轉勝利。

楚漢互爭天下。楚霸王項羽（前二三二—前二○二）與范增（前二七七—前二○四，項羽尊爲亞父）率領重兵在滎陽（今河南省內）緊緊圍困了劉邦（前二四七—前一九五）。劉邦勢弱，眼看情況十分危急。

劉邦採用謀士陳平（前？—前一七八）的反間妙計（六大妙計之一），要離間項羽和范增。那時劉邦有意用和談作緩衝，范增反對，項羽卻同意，雙方仍互有使者往還。

項羽的使臣來了，劉邦的屬下擺開了豐盛的佳餚，精美的餐具，等同御宴，接待項羽使者入座，也好一面用餐，一面議事。

豈知劉邦一進餐廳，見到使者，馬上臉色一沉，喝道：「我聽說是范亞父的貴使來

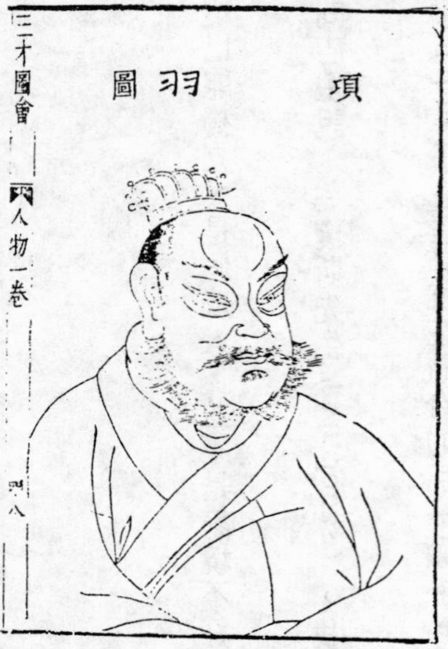

項羽圖

了，卻原來是項羽派來的！」吩咐當場將盛饌全部撤下，換成以瓦盆粗器的劣食，讓項羽的使臣好不難堪，勉強果腹。

反間計眞的有效，使者回去報告項羽，項羽果然懷疑范增與劉邦私下有勾結。范增受冤，氣極說道：「天下事已經大定了（楚盛漢衰，劉邦快要消滅），大王你好自爲之吧！用不著我再操心了。」

項羽沒有留他。范增離去不久，項羽便失敗了。（《史記》項羽本紀）

筆者按：陳平助漢高祖爭天下，曾經「六出奇計」：㈠用黃金四萬斤，縱施反間於楚軍，使項羽不信鍾離昧、周殷等心腹將領。㈡行粗食計，氣走范增（即本篇）。㈢夜出美女兩千人，使劉邦滎陽之圍化解。㈣躡足劉邦，立韓信爲眞王。㈤僞遊雲夢，智擒韓信。㈥使畫師繪美女，送閼氏，閼氏皇后懼失寵，勸單于退兵，解平城之圍。這六次奇計，都載在《史記》卷五十六中。以後又用計殺掉諸呂，劉漢的天下得以復保，陳平的智慮高矣。

漢高祖像

四六　全郡只有一位官員

山東濟南府府尹（即一郡之長，又叫知府或知州）吳公，剛正不阿。那時官場普遍貪污，有的官員收受財賄雖然事發，由於上下共同分贓，各級長官常曲意庇護而免究。

某次，長官示意要吳尹共同污錢，吳不肯受命。長官見強迫來壓他既行不通，就轉而用惡言斥罵他。吳尹反駁道：「我這官位雖小，但也是朝廷選派的。任內如有差錯，可以參劾革職，但不接受咒罵！」長官見他軟硬不吃，只好改用溫語慰撫他。

別人說：這個時代爲甚麼歪道如此猖狂呢？就是由於大家都不走正路之故。既然上下狼狽爲奸，此一陋病不敢從根整治，卻空口來慨歎直道之不行，這說不通嘛。

此時，不遠的高苑縣內一位叫穆情懷的人，有狐狸精附著他。狐精並不避人，常與賓客談笑。座間聽得到狐精在講話，卻看不到她的身影，大家也就見怪不怪了。

有一次，穆生來到濟南郡，狐精也跟來了。與友朋交談中，有人問道：「狐仙對任何事都無所不知，請問我濟南府內有官員多少？」狐精應聲道：「只有一員。」

這答案顯然不對，大家一齊哄笑。狐精說：「郡裡雖然有七十二位官員，其實夠資格稱爲好官的僅僅吳府尹一人而已。我故說只有一人呀！」（《聊齋志異》卷十六・一員官）

四七　優孟衣冠

穿戴別人的衣帽，模仿別人的動作，假的裝扮得像眞的一樣，便稱爲「優孟衣冠」。

優孟是春秋時代楚國人。楚國有位賢能的宰相孫叔敖（他幼時就有斬兩頭蛇的故事），一心爲公，楚國大治。不幸老病死了。家境清貧，靠兒子打柴爲活。

這番苦況優孟知道了，他想幫那兒子一把，便模擬練習，穿上孫宰相的服裝，戴上孫宰相的冠帽，一切行止舉措，言談口氣，都力學到一模一樣。如此經過長期的操練，連楚莊王身邊的人都分辨不出了。

一天，在楚莊王的酒會上，優孟扮成孫叔敖前來祝賀。楚莊王大驚，以爲孫叔敖未死，要請他仍做宰相。優孟說：「待我回家與夫人商量，再來回報大王好了。」

隨後，優孟來見楚莊王，歌唱道：

「廉正的官兒，哪能好做呢？大家看一看，眼前有榜樣：

那個孫叔敖，到死不要錢，孤兒砍柴去，母子眞可憐。

吁嗟乎，好官無好報，因此這宰相高官我也不想要！」

楚莊王這才想起，疏於照顧忠良之後，即時召見孫叔敖兒子，封他爲寢丘（在楚與越

之邊地）之君，食邑四百戶，十幾代未曾絕祀。（《史記》卷一二六，滑稽列傳第六十六）

筆者按：㈠唐代劉知幾《史通》卷二十暗惑篇提出質疑反問道：人的高矮肥瘦，稟之自然，不是仿效就可以增減的。雖然衣冠言談，可以亂眞，但眉目口鼻，怎能一樣？難道那麼多接觸優孟的人，沒有一個人產生疑惑嗎？㈡《史記》卷一二六說：優孟者，多智慧，敢說話，常以談笑諷諫，孫叔敖知其賢，常厚待他云云，所以優孟也回報孫叔敖的後人。㈢此外，優孟尚另有一事：楚莊王珍愛一匹御馬，養在華屋，披以繡袍，餵它乾棗，馬因營養太好，肥胖死了。楚莊王打算用巨棺入殮，用大夫之禮來安葬。臣子們都諫爭不可，楚莊王說：「誰敢反對，殺無赦。」優孟卻高聲大哭，楚王問故？優孟說：「此馬是大王的最愛，只用大夫之禮來安葬，太薄了。應該用國王之禮，以寶玉作棺，由將士抬棺，請齊國趙國君王爲前導，韓國魏國國君爲後護。這樣才可以讓天下諸侯都知道你是位看輕人民而重視畜生的君王呀！」楚莊王說：「我的過錯這樣嚴重嗎？該怎樣辦呢？」優孟說：「馬只是六畜之一，用獸類死亡的方式處置不就好了？」楚莊王便交給馬伕去辦了結了。事見《史記》卷一百二十六、滑稽列傳。

四八　一杯酒醉一千天

河北中山郡有位狄希（神話中人物），善造千日酒，喝了醉千日。他有個同鄉劉玄石，好喝酒，稱爲酒仙，前往求飲。狄希說：「酒尙未熟。」劉玄石說：「姑且喝一杯，行嗎？」狄希無奈，給喝一杯。劉玄石喝罷，說：「酒味太美，請再續杯。」狄希說：「夠了，請回去。光是這一杯，你就得睡上一千天。」此時劉玄石已臉泛紅光，回到家，就酒醉而死。家裡人哭著把他埋了。

隔了三年，狄希追憶道：「劉玄石應當酒醒了，我該去看看他。」到了劉家，問道：「玄石在嗎？」家人都很怪異，答道：「玄石酒醉死去，至今已三年了。」狄希也驚怪的說：「這酒太好，能使他醉臥千日，但現在應是醒來的時候了，帶我到墳地去看看吧！」只見墳墓上冒出汗氣向天空蒸騰，狄希就叫工人挖墳開棺。此時劉玄石正好睜開眼睛，張開嘴巴，像剛睡醒的樣子悠聲說：「好爽呀，醉得夠舒服了。」並問狄希說：「你釀的叫甚麼酒？一杯就醉到今天才醒？太陽有多高了？」圍著的人都很高興，不覺被劉玄石的酒氣衝進了鼻中，大家搖搖晃晃地回到家中，都醉臥了三個月。（東晉、干寶《搜神記》千日酒傳奇。又見：晉、張華《博物志》雜說下）

四九　御將強於御兵

為官的要記得隨時抬舉上司，常對長官說好聽的話，保證有利。

漢代韓信（前？—前一九六）最會帶兵打仗。劉邦（前二五六—前一九五）特別建築高壇，名曰拜將臺，拜他為上將。

有一次，兩人從容閒談，論及朝中眾多將官，各人的才幹互有高下。劉邦問道：「像我這樣的才幹，能夠將兵多少（將音匠，是動詞，以下皆同。是說能夠統率指揮多少士兵之意）？」

韓信坦然答道：「大王不過能將（指揮）十萬士兵吧！」

劉邦繼問：「像你這樣的才幹，能夠將兵多少？」

韓信充滿了信心，斷

韓信

然答道：「我是多多益善（愈多愈好），沒有限制！」

劉邦笑著再問：「你說你多多益善，確是上等將才，卻爲何前次被我擒住了呢？」韓信腦袋一閃，趕忙改用拍馬的口吻（抬舉上司，保證有利）回答道：「大王你是不太長於將兵，卻是長於將將呀（兩個將字都要讀爲匠匠。上一將字是動詞，意爲駕御指揮；下一將字是名詞，意爲將領）！」

這場交談，彼此都很滿意，就愉快的結束了。（《史記》卷九二，列傳三十二，淮陰侯）

筆者按：「多」是增加，應該是好的，《書經．金縢》說「多材多藝」，是通曉許多才能技藝。《韓非子．五蠹》說「多錢善賈」，是財多好做生意。但也有不好的一面：《西廂記．鬧齋》說「多愁多病」，太嬌弱了。《列子．說符》說「多岐亡羊」，比喻貪多反而一無所得。《孔子家語．觀周》說「多言多敗，多事多患」，是說多了不見得就是很好，我們要多取正面，少惹負面。對嗎？

五〇　也字一篇中多少個

文言虛字中的「也」字，是個用途很廣的助詞，可以表示肯定，表示感歎，表示停頓，如果用在句尾，便加強了語氣。

歐陽修《醉翁亭記》是傑作範文，篇中用了二十一個「也」字（該文甚長，不便轉錄）。文集贊道：「天下文章，莫大於是」，可見該文之妙。

但是、《太平清話》卻評說：「該文多用『也』字，王安石的《度支郎中葛公墓銘》亦多用『也』字，實則都是從《孫子兵法》一書中學來的。《歐集》竟說是前代未有之文，乃因未讀《孫子兵法》之故」云云。

我們看春秋時代的《孫子兵法．行軍篇第九》，篇中共用了四十五個「也」字（多過歐陽修，原文很長免錄），用來增加文勢的捭闔跌宕，以故歐陽修應是仿自孫子的。

其實《孟子》一書，文詞磅礴，例如《孟子萬章下》裡論聖人的一段，「也」字連連，極好。由

歐陽修

於原文不長，因錄之如下：

「孟子曰：伯夷、聖之清者也，伊尹、聖之任者也，柳下惠、聖之和者也，孔子、聖之時者也。孔子之謂集大成。集大成也者，金聲而玉振之也。金聲也者，始條理也。玉振也者，終條理也。始條理者，智之事也。終條理者，聖之事也。智、譬則巧也。聖、譬則力也。猶射於百步之外也。其至、爾力也。其中、非爾力也。」

讀者如有興趣，請將這三篇文字找出來互作比較。（原文引自《孟子萬章下》篇）

筆者按：這三篇文章中：㈠《醉翁亭記》全文共四〇一字，也字有二十一個，平均每十九個字中有一也字。㈡《孫子行軍篇》全文共五二二字，也字有四十五個，平均每十一．六字中有一也字。㈢《孟子萬章》全文共一一二字，也字有十七個，平均每六．五字中有一也字。從這三篇比較看來，仍是孟子最善於運用「也」字。該篇也是最爲緊湊、最有氣勢、也最顯精彩的模範短篇也。

五一　宇宙論與人生觀

李白說：天地是旅社，人生是過客。請看：

◇寂寞

寂寞對人是有益的。許多偉大的事業，皆由此而生。因爲我們無法在喧嘩談笑中完成甚麼。誰能夠忍受寂寞，誰就會成就不平凡。

◇人生

人生本是一張白紙。但我們不能祇在它上面塡寫一些吃飯睡覺就交卷了事，我們要把靈魂描繪上去。

◇宇宙

宇宙包含數億個星球，地球祇不過是其中之一而已。我們不必在地球上你爭我奪，也不必硬要在這小圈子裡充當甚麼大人物。因爲我們遲早都得告辭。

◇生命

生命祇有數十年，我們來地球上看看玩玩而已。這段時間很短暫。不要爲了小事爭吵，不要搶佔別人的地盤，也不要覬覦別人的財富。因爲這些東西都屬於地球，誰也不能帶走。所謂誰窮誰富，也祇不過是所帶的旅費有多有少罷了。

◇神氣

在這一個生活圈子裡，你神氣。但在另一個圈子裡，你恐怕沒有他那麼神氣。因此，每個人都不必神氣。

◇健康

有健康就有希望，有希望就有一切。

◇賺與賠

人若賺得了全世界，卻賠上自己的性命，有甚麼益處呢？

◇死亡

死亡是最大的平等。（近代、佚名《冷眼靜觀錄》）

五二　可怕的倍數

開頭似給小蝦米，哪知倍漲嚇死你！
後來膨到算不清，敢問能否付得起。

我們粗心大意的遇到一個表象簡單的要求，常常會忽略它的嚴重性。從前某位國王，有一公主，是獨生嬌嬌女，甚受寵愛。公主要結婚了，國王問她說：「我的好女兒呀！你想要多少嫁妝，任何珍寶財物，我都會傾全力賞給你。」女兒說：「我的願望很小，只要一點零用錢就夠了。這樣吧！今天距婚期尚有一個月，自明天起，第一日父王賜我一元錢，第二日則按前一天加倍，如此類推。例如第一日賜一元，第二日賜二元，第三日則賜四元，到我結婚之日為止就好了。」國王說：「傻女兒，你只要這麼一點小錢，好吧！汝意既如此，我照給好了。」

哪知如此倍加，到後來國王竟至不堪負荷。且該月適為大月，有卅一天，這最後單一的一天尚須付給十億多元，而以前每天付出的還沒計算在內，誠非始料所及也。（累計一個月為廿一億四千七百多萬元）

你如不信，今試作計算如下表：

加倍給賞累計表

第１日	本日付出１元———————	連前累計１元
第２日	本日付出２元	連前累計３元
第３日	本日付出４元	連前累計７元
第４日	本日付出８元———————	連前累計 15 元
第５日	本日付出 16 元	連前累計 31 元
第６日	本日付出 32 元	連前累計 63 元
第７日	本日付出 64 元 ——————	連前累計 127 元
第８日	本日付出 128 元	連前累計 255 元
第９日	本日付出 256 元	連前累計 511 元
第 10 日	本日付出 512 元——————	連前累計 1,023 元
第 11 日	本日付出 1,024 元	連前累計 2,047 元
第 12 日	本日付出 2,048 元	連前累計 4,095 元
第 13 日	本日付出 4,096 元 ————	連前累計 8,191 元
第 14 日	本日付出 8,192 元	連前累計 16,383 元
第 15 日	本日付出 16,384 元	連前累計 32,767 元
第 16 日	本日付出 32,768 元 ———	連前累計 65,535 元
第 17 日	本日付出 65,536 元	連前累計 131,071 元
第 18 日	本日付出 131,072 元	連前累計 262,143 元
第 19 日	本日付出 262,144 元 ———	連前累計 524,287 元
第 20 日	本日付出 524,288 元	連前累計 1,048,575 元
第 21 日	本日付出 1,048,576 元	連前累計 2,097,151 元
第 22 日	本日付出 2,097,152 元 ——	連前累計 4,194,303 元
第 23 日	本日付出 4,194,304 元	連前累計 8,388,607 元
第 24 日	本日付出 8,388,608 元	連前累計 16,777,215 元
第 25 日	本日付出 16,777,216 元——	連前累計 33,554,431 元
第 26 日	本日付出 33,554,432 元	連前累計 67,108,863 元
第 27 日	本日付出 67,108,864 元	連前累計 134,217,727 元
第 28 日	本日付出 134,217,728 元 —	連前累計 268,435,455 元
第 29 日	本日付出 268,435,456 元	連前累計 536,870,911 元
第 30 日	本日付出 536,870,912 元	連前累計 1,073,741,823 元
第 31 日	本日付出 1,073,741,824 元	連前累計 2,147,483,647 元

五三 一見就知是小偷

相傳以前維亭地方，有個張小舍，最會辨認小偷。曾經在某一夏天，他偶然到山麓間的一座古廟中去閒逛。發現後殿拜堂中有三四個青壯漢子，倒身在光地上酣睡，其中一兩個還發出鼾聲。四周地上擺著好幾大瓣剖開的西瓜，還沒有人咬過一口，讓一些蒼蠅在瓜瓤上飛來爬去。

張小舍一見，判斷這批人一定是小偷集團。抓到縣衙開審，果然不錯。

縣長問張小舍，憑甚麼能一眼看破這群人是小偷？張小舍說：「躲在香客稀少的古廟中，年輕人大白天一齊睡覺，必定是昨夜偷盜財物太辛苦了，白天疲憊不堪，倒在任何泥地上都會熟睡。再則，夏天蒼蠅擾人清夢，唯有專業小偷們才懂得劈開西瓜，擺在四周，誘使蒼蠅去舐甜瓜，便不會來叮人了！」

當時縣人有順口溜說：「天不怕，地不怕，只怕維亭張小舍（蘇杭一帶江浙音，讀舍爲ㄕㄚ四聲）。」（明、馮夢龍《增廣智囊補》卷上、上智、詰奸、維亭張小舍）

五四　命爾行甘雨

腹中學識豐飽，臨場難我不倒。

清代紀曉嵐（一七二四—一八〇五）名昀。才思敏捷，博覽百家。他擔任《四庫全書》總纂，給每種書籍都親寫「提要」，印在書首，被文林稱爲大手筆。另有《閱微草堂筆記》《紀文達公遺集》等傳世，而稗官野史中記述他的逸事也有很多。

相傳某年大旱，乾隆皇帝禱求霖雨，親自祭天，儀式隆重。紀曉嵐官居大學士，指令宣讀祭文。祭典進行中，執事官遞出一份摺頁禱文交給紀曉嵐，要他宣讀皇帝御撰的禱詞。紀大人接來展開一看，摺頁裡邊全是空白，一個字也沒有。

紀曉嵐滿腹經綸，這種小小考試有何困難？他心念一轉，暗道有了，不再遲疑，捧起那份沒字的摺子，臨時按照《尚書》中那種帝王令諭臣屬的口吻，朗聲宣讀道：

「帝曰：咨爾龍！歲大旱，命爾行甘雨，

爾其往。欽哉！」

言簡意賅，不多費一字，也不少差一字，顯出了皇帝的威嚴，使典禮在莊端肅穆中完成了。（現代、雨農《紀昀逸事》）

紀曉嵐像

五五　我有便宜讓人佔

佛教慈濟會領導者證嚴上人語錄，發人深省。今摘錄數條，希望你我即使不是佛教徒，即使不是慈濟會會友，也能受其啓示：

一、別人因爲「沒有」，才要佔我的便宜；我卻因爲「有」，才有便宜讓人佔。

二、每天無所事事，是人生的「消費者」；積極有用，才是人生的「創造者」。

三、賺了錢，就要會用錢；如果不會利用錢，就會被錢利用。

四、每一天，要在人生的白紙上，寫上一篇人生的好文章。

五、對人：普天之下，無我不信的人，無我不愛的人，也無我不可原諒的人。原諒別人是美德，原諒自己是損德。

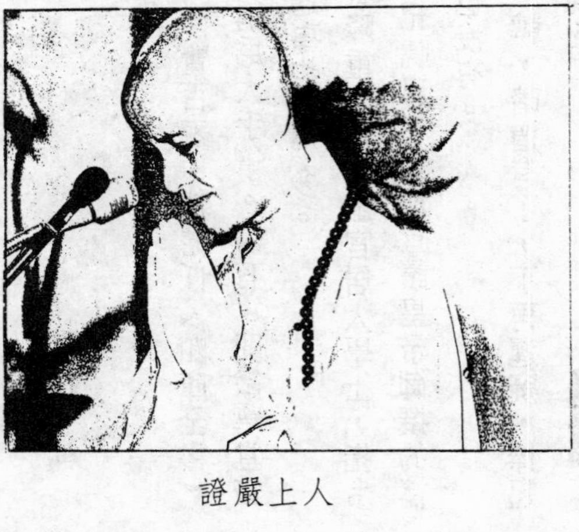

證嚴上人

六、時間何等寶貴！若去計較小事，不是太浪費，太可惜了嗎？

七、「得」的後面是「失」，「利」的後面是「害」。

八、人往往很容易忘失東西，可是被人說幾句不中聽的話，卻一輩子也忘不了，此即凡夫也。

九、人之大患，在於自以爲了不起，恃才而驕，瞧不起別人，這會失敗。爲人要謙虛有禮，無私無我，尊重他人，這才會成功。（《證嚴法師法語錄》）

五六　人之相與豈不痛哉

紀曉嵐的逸事頗多，相傳另有一次，乾隆皇帝公祭某位大臣，命紀曉嵐宣讀祭文。在祭典中臨到「讀文」時才給他御文摺本。紀大人攤開一看，內頁竟是空白。紀曉嵐猜知是皇帝在考驗他。他登時借用晉代王羲之《蘭亭集序》裡的一段話，代替祭文，高聲朗讀道：

「夫（發語詞，無義，提引之用）人之相與，俯仰一世，或取諸懷抱，晤言一室之內；或因寄所托，放浪形骸之外（或談心晤友，或曠達不拘）。雖取捨萬殊，靜躁不同；當其欣於所遇，暫得於己，快然自足，曾不知老之將至（得意）。及其所之既倦，情隨事遷，感慨係之矣（傷感）。向之所欣，俯仰之間，已爲陳跡，猶

乾隆像

不能不以之興懷（引出死生觀）。況修（長壽）短（早夭）隨化，終期於盡（總歸終了）。古人云：『死生亦大矣』（莊子德充符篇的話），豈不痛哉？」（現代、雨農《紀昀逸事》）

以上這段傷感之詞，大致與悼亡尙合。不過，本篇與《命爾行甘雨》兩篇，應該都是杜撰的而必無此事。蓋旣是皇帝的祭文，必當由高儒大臣撰寫，字斟句酌，經皇帝核可後，恭繕備用，哪能用白卷抵充，把皇上的隆重典儀當作兒戲？倘若臨場逼不出來，這大典豈不搞砸了，怎生善後？

筆者按：文人喜歡玩弄文字（參看第五十八篇《士誠小人也》故意給予不同的讀釋）。又本篇所引《蘭亭集序》原文，在「人之相與」之前，有「信可樂也」一句。好事文人便將這「信可樂也」配上「豈不痛哉」，湊成一付對仗工整用來祝賀新婚的謔聯，亦寓小趣。

腹笥早已儲備好，到時交卷錯不了。

五七　一天翻譯兩萬字

本篇特別引錄王雲五先生自述的一段實事。

民國三年（一九一四），熊秉三先生（即熊希齡，民初任財政總長，國務總理，袁世凱稱帝後辭官）籌辦全國煤油礦，設編譯股，由余（王雲五自稱）主持。會（適逢）中美合辦延長油礦（延長縣在陝西北部，地下儲有豐富石油待採）。由美方擬定契約書草案，及漢文譯本，送達油礦經理處。時該處主辦對外交涉者爲魏易（魏沖叔）董顯光（美國哥倫比亞大學博士，後任駐美大使）熊崇志三君，皆以英文能手著稱。三君審閱原稿及漢文譯文後，都認爲譯文詰屈聱牙，不可卒讀，尤難索解，主張必須重新翻譯。但全文字數不下三萬，限期又很迫切，而法律條文，句讀特長，非對法律及中英文字兼有研究者莫辦。

朱經農（曾任湖南省教育廳長，教育部常次政次）力薦余任其事，即日訪余，丐（請求）余重爲翻譯。並言限期迫促，後日下午須提會議，重譯時間僅限於一晝夜。余略一展讀，勉允次日晚可繳譯稿。即從當日下午五時起，夜間僅睡三小時，迄次日午後三時，計實際工作二十小時，而完成譯稿二萬六千餘字。

初時、秉老（熊秉三）與其顧問某君，覺余所譯，酷似中國法律條文，疑余出自創意多於翻譯。及核對原文，認爲無懈可擊，始釋然，復愕然。最後，秉老語經農，迄未知余之能溝通中英文若此也。（《王雲五筆記》）

筆者按：史學家吳相湘《民國百人傳》第四冊「王雲五」篇，也記述了這個「趕譯油礦合約」的故事，說他僅用二十小時，譯成二萬六千字。而且譯文深合中國法律習慣用語，使得熊秉三先生甚爲激賞，立即將王雲五的薪金提高到和魏易、董顯光一般高，能人終有出頭之日也云云。考王雲五，字岫廬，出身農家，一生的學校生涯不滿五年，純然賴自修苦學而成功，他學英文也是半工半讀，後來主持上海商務印書館，每日出版新書一冊，他還發明了「四角號碼檢字法」行世，我們不得不敬佩這位自學有成的強人。

五八　士誠小人也

明太祖朱元璋（一三二八—一三九八）以匹夫而得天下，他深知亂世雖然須用武，但治世必須用文之理，因此十分重視文人儒士。卻有一件小事，對他影響很大。

《閒中今古錄》說：有人對明太祖朱元璋重用文儒心懷不平，說文人歡喜挖苦人，誹謗人。比如張士誠（一三二一—一三六七。小字九四，初爲鹽販，後稱吳王），寵待文人，給予高官厚爵，不時大宴小酌，將儒士捧上了天。他要取個官名，文士建議名曰「士誠」。

朱元璋說：「這名字挺好嘛。」那

明太祖朱元璋像（國立中央博物院藏）

人答說：「不好，上當了。因爲《孟子》書上說：『士、誠小人也。』這話也可讀爲『士誠、小人也。』挖苦張士誠是小人，眞是可憐可恨。」

朱元璋親自查閱《孟子》，果有此言（按《孟子公孫丑下》第廿一章「孟子去齊，尹士語人」章末有此語），於是開始注意臣僚們奏疏的用詞，爲文字獄的導火線。

朱元璋當過和尙，也參加過紅巾軍，因此對「光」「禿」「僧」及其同音字「生」都起反感；對「寇」「賊」及其同音字「則」都是忌諱。北平府學訓導趙伯寧撰《賀冬至表》中有「聖德作則」句，認爲「作則」是罵他「作賊」。尉氏縣教諭許元撰《萬壽賀表》有「體乾法坤」句，認爲「法坤」是「髮髡」，諷刺他剃光過頭髮，都被斬首。甚至在洪武二十六年（一三九三）朱元璋下令醫生只許叫醫士，不准叫醫生（與僧同音）。這是朱元璋的自卑猜忌，剛愎殘忍的心理變態之表現。（明代、黃溥《閒中今古錄》）

五九　好友寄存五百兩

好友寄存五百兩，密囑分送友和崽。我的家財被劫光，所幸寄金未損傷。故友雖死不可負，依言送出才心安。

南北朝的南朝陳霸先爲帝之前，有位歐陽頠（音委），字靖世，長沙人。少時結廬於麓山寺之旁，鄉里都稱道他言行篤信。

當他官任衡州刺史時，好友交州刺史袁曇緩，帶來五百兩銀錢，寄存在歐陽頠處。囑請他將一百兩還給合浦太守龔蔿，另將四百兩給兒子袁智矩。這樁秘密存款，除他兩位之外，旁人都不知道。

那時在南方的廣州刺史蕭勃，勢力強大，竟然派兵偷襲衡州，攻入城裡，把歐陽頠刺史的公私銀錢財物米糧馬匹等全部搶劫精光，回廣州去了。

幸運的是，那寄存的五百兩，由於埋藏在地下，竟安然都在。原主袁曇緩不多久也急病死了，歐陽頠雖然自己的家產被劫光，卻毫不貪心，仍然依照故友生前的囑託，分別送交龔蔿太守和兒子袁智矩，分毫不少。大家莫不贊佩他的操守廉正。（唐、姚思廉《陳書》卷九、列傳第三。又見《南史》卷六六、列傳五六。又見清《子史精華》卷一〇二、人事部六）

六〇 葛洪辯聖

東晉葛洪（西元二五〇？—三三〇？）人稱「小葛仙翁」，自號抱朴子，撰的書因叫《抱朴子》。其中有一篇「辯問孔聖」，雖內容多所牽強，亦可供異說之研參如下：

世人都說聖人是從天而降，無所不知，豈不可笑？今舉十事，辯問孔子聖人：

一、「苛政猛如虎」（原文見《禮記》檀弓）—孔子見泰山之下婦人哭墓，問她原由，才知道是老虎咬死了三個親人。而又不明白當地政情，問她爲何不搬到城市裡去？要等她回答說沒有「苛政」才事後覺悟。這是聖嗎？

二、「顏淵偷飯」（《呂氏春秋》任數）—孔子不逕予指破，反而騙說自己作夢，要盛新熟的潔飯先祭父祖，才引出顏淵解釋說自己只是吃掉有塵污的飯，這是孔子看錯了。因此他慨歎「目猶不可信，心猶不可恃」以自責。這是聖嗎？

三、「馬房燒了」（《論語》鄉黨）—馬廄失火，孔子卻不知人和馬是否有死有傷。這是聖嗎？

四、「匡人圍孔子」（《論語》先進）—匡人要殺孔子。解圍以後，弟子失散，隨後才陸續復集。顏淵直到最後才歸來，孔子竟輕率地說他已經死了。這是聖嗎？

五、「栖栖遑遑」（《論語》憲問）——微生畝問孔子：「孔丘呀，你爲甚麼這樣急急忙忙，不肯停息呢？」孔子周遊七十多國，席不暇暖，卻不能預知這麼多的國君不願委以國政，最後仍是沒人賞識他。這是聖嗎？

六、「受困匡人」（《論語》子罕）——情勢險惡。爲何孔子不能預料匡人將對他不利，竟然選擇這條危路？何以不繞道避禍？這是聖嗎？

七、「問禮老子」（《史記》老聃列傳，《禮記》曾子問）——老子是周代守藏室之史。孔子向他請教古禮，可見孔子對「禮」尚欠深切瞭解。這是聖嗎？

八、「問津」（《論語》微子）——孔子周遊列國，到了河邊，卻不知何處是渡口？只好去問長沮桀溺這兩位隱士。又不曾料到反而賺來一陣冷嘲熱諷，對方還不肯說出渡口在哪裡。這是聖嗎？

九、「鳳兮鳳兮」（《論語》微子）——孔子到了楚國。隱者接輿，一面走，一面向他唱道：「你以前四處奔忙，不必提了呀！而今而後，可以隱退了哇！」孔子認爲歌者是位有心人，下車追過去想與他交談。卻不知那人不肯稍停，逕自快步避開走了。這是聖嗎？

十、「子見南子」（《論語》雍也）——南子是衛靈公的夫人，行爲淫蕩，孔子見了她。弟子子路很不高興，認爲不但無益，還有損孔子的聖譽。這是聖嗎？

像這樣的例子，抱朴子說還未盡舉呢。（東晉、葛洪《抱朴子》辯問）

筆者按：本篇很嚴肅，葛洪所問，都很牽強，但要用許多話來駁倒他，如果寫出來，便違反了本書標榜的「短篇」原則，因此免了（請參閱拙撰《風雨見龍蛇》第一五三篇，有詳釋。文史哲出版）。茲引一趣談調劑：高雄中山大學中文系已故教授孔仲溫先生，乃孔子八十多代的後人。生前文質彬彬，謙謙君子。乘電梯時，總是讓余光中先走。有一次二人又同電梯，余光中笑問道：「你們先聖孔子帶曾子出門，誰走前面？」答：「當然是孔子。」余說：「錯了。」問：「爲甚麼？」余說：「是曾子。」問：「何以是？」余說：「豈不知常言道：爭（曾）先恐（孔）後嘛！」

六一　王充問孔

上篇是「葛洪辯聖」，然則本篇「王充問孔」也不能不記。

東漢王充（公元二七—九七），師事班彪，博聞強識，勇於批判，撰有《論衡》八十五篇。其中《問孔》一篇，今照王充原文語譯如下：

孔子說：「富與貴，是人之所欲也；不以其道得之，不處也。貧與賤，是人之所惡也；不以其道得之，不去也。」（《論語》里仁第四）

這段話原本是說：富貴如果用不正當的手段獲得，這是不對的，就不要據有它。貧賤如果用不正當的方法可以免除貧賤，這也是不對的，不要脫離它。

孔子的話，立意本好。它上半段說「富與貴，如果不依正當途徑獲得就不要據為己有」這是正確的。但下半段如果照字面上來直譯就是「貧與賤如果不依正當的方法『獲得』就不要脫離」（孔子原文：貧與賤不以其道「得」之，不去也），此話欠通。

富貴來了，因為來得不正當，自可不要。但變為貧賤之時，為何還要不脫離它呢？再者，貧賤怎麼會不依正當方法「獲得」呢？（原文：不以其道「得」之）這話有毛病。應該說：「貧與賤，是人人所厭惡的，如果不是用正當方法『脫離』它，就不要脫離。」

因而此處該改為「不以其道『去』之」，不應說「不以其道『得』之」，改換一個關鍵字，這樣就通順合理了。

王充的結論說：孔子的話，上一半對，下一半不對。他的七十多位賢哲弟子，都未曾問個明白；而後代的儒家學者，也未曾產生懷疑（朱熹作集注，也沒有發現），以致弄得這段話意思難懂而又文字不明，孰令致之呀！（東漢、王充《論衡》問孔）

筆者按：古書沒有標點符號，文意常會混亂。此篇原文本應斷句為「富與貴，是人之所欲也；不以其道，得之不處也。貧與賤，是人之所惡也；不以其道，得之不去也。」王充將「得之」兩字連著上文「不以其道」算成一句，意義當然就改換得解釋不通了。

這是「句讀」沒有弄正確之故。孔子原意是說：「富貴是人人所想要的，如果不經由正當途徑而能獲得富貴的話，則我雖能得到富貴，也不要它。再者，貧賤是人人所不喜的，如果不經由正當途徑而能解除貧賤的話，則我得到貧賤也不會脫離它。」這樣斷句、意才通；作此解釋、理才合。這也正是士君子要謹慎於富貴之來，和安居於貧賤之境的至意。

六二　每天換穿十套衣

明成祖（一三六〇—一四二四）名朱棣，是明太祖朱元璋的第四子，在帝位二十二年。他派遣鄭和（一三七一—一四三五，又稱三保太監）於一四〇五年起（距今六百年前）七下西洋，宣揚國威，是個有爲的君主。

明成祖的裡衣袖子破爛了，他只是把它翻納進去，有時不小心仍會露出來。近身的內侍官員見了，覺得吾皇穿著破袖之衣，是無比的美德，同聲敬贊。

成祖道：「我乃天下之主，如果我要每天換穿十套新衣，不會辦不到。但是總得要有惜福之心，所以才洗了再穿，也很適意呀。想從前，我母后親手縫補衣服，父皇說：『你已身爲皇后，還如此勤勞儉樸，這正可以作爲子孫的模範。』，我一直記得這段話呀！」（清、朱秋雲《秋暉雲影錄》卷上）

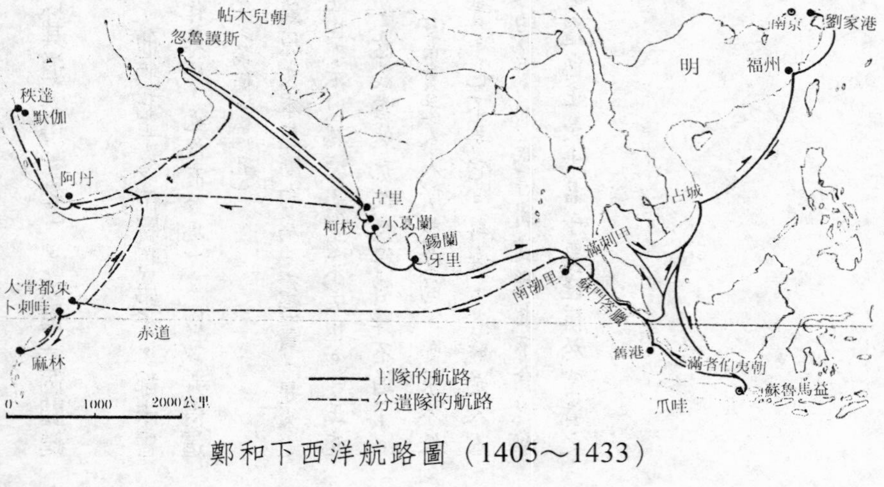

鄭和下西洋航路圖（1405～1433）

六三　盜亦有道

今日政治上社會上國際間人際間邪說歪論很多，黑的說成白的，錯的說成對的，無理說成有理，非法說成合法，使得是非難分，眞相難明。下面這個例子，聽起來眞是冠冕堂皇，氣概萬千。但我們可不要被這些詭言蒙惑住了。

春秋時代，魯國有位坐懷不亂的君子叫柳下惠（姓展名獲，又叫展禽，字季。居柳下，諡惠）。可惜他有個壞弟弟，叫盜跖（音質。史記伯夷傳索隱正義作蹠），他殺人越貨，無惡不作，嘯聚匪徒九千人，橫行天下，沒有人可以制服他。

有一天，盜跖的徒衆請問這位強盜頭子說：「我們做強盜的，也會合乎『道』嗎？我們的行爲，也會有『正道』要遵守的嗎？」

強盜首領盜跖慨然答道：「做任何一件事都要合『正道』呀！我們當強盜的，當然也自有『盜規』。別人說我們爲非作歹，但是在我們這個團體組織裡，哪一個動作不是合於『道』呢？譬如說吧：第一、盜取別人家裡的財物，預先要準確判斷他家屋內有沒有藏著珍寶，這豈不是『聖』嗎？第二、領先第一個翻牆穿壁，冒險潛行進屋，要面對各種不測的危難，這豈不是『勇』嗎？第三、財物盜夠了，讓同伴先走，自己斷後，最末才出屋，這豈不是『義』嗎？第四、決定好下手時期，見機行事，判定今天可盜不可盜，只許成功，不許失敗，這豈不是『智』嗎？第五、分贓公平，出大力的多一些（獎其有功，下次更賣力），但參加的人人有份（打賞不遺漏，皆大歡喜），這豈不是『仁』嗎？

「以上『聖勇義智仁』五項準則，我們統統有了，而且每次都做到了，這不是完全合乎大『道』了嗎？這五項如果沒有齊備，而妄想要做個大盜的，天下沒有這樣便宜容易的事呀！」（戰國、莊周《莊子》外篇、胠篋。又見秦、呂不韋《呂氏春秋》十二紀、當務）

筆者按：《呂氏春秋》對這事的評斷十分中肯，不宜遺漏。該書開頭就說：「辨而不當論（不合於公評），信而不當理（不達於事理），勇而不當義（不符合正義），法而不當務（不洽於世務），亂天下者，必此四者也。」說得好。最後又說：「辨若此（這樣的強辨），不如無辨。」搶奪財物豈可叫「義」？殺傷無辜哪可叫「仁」？《呂覽》才是確論。

六四　可憐飛燕倚新裝

唐朝李白（七〇一—七六二），詩文絕佳，到長安來參加考試。賀知章（六五九—七四四）對他說：「主試官是楊貴妃胞兄楊國忠（?—七五六），監考官是太尉高力士（六八四—七六二），都愛贓財。幸我相熟，我可修函推介。」楊高兩人接到介紹信，卻未見附來金錢，冷笑道：「哪有空來書信，白討人情之理?」

李白入考場，第一個交卷，楊國忠批道：「此生只合替我磨墨。」高力士道：「只好與我脫靴。」喝令將李白叱退。李白發誓：「日後得志，定叫楊國忠磨墨，高力士脫靴，方消我恨!」

唐玄宗（六八五—七六二）皇宮裡牡丹盛開，與楊貴妃（七一九—七五六）同蒞沉香亭共賞，玄宗嫌梨園子弟奏的歌都是老調，乃命宮庭樂師李龜年急召李白學士入宮，要他速撰新詞，譜為新曲獻唱。

李白圖

李白此時已與寧王宴飲酒醉，玄宗命宮女取冷水敷李白臉面，李白才醒，受命撰詞。李白要楊國忠為他磨墨，高力士為他脫靴，揮筆寫出《清平調》三首：

其一：雲想衣裳花想容，春風拂檻露華濃；
　若非群玉山頭見，會向瑤臺月下逢。
其二：一枝紅艷露凝香，雲雨巫山枉斷腸；
　借問漢宮誰得似，可憐飛燕倚新粧。
其三：名花傾國兩相歡，常得君王帶笑看；
　解釋春風無限恨，沉香亭北倚闌干。

玄宗要李龜年依詞譜曲而歌，果然精妙。楊貴妃再拜稱謝，唐玄宗說：「不必謝朕，該謝李白學士！」

高力士心懷大恨，一日，貴妃吟唱清平調，高挑撥說：「此詞惡毒，試看『可憐飛燕倚新粧』句，那趙飛燕乃是漢成帝皇后，卻與燕赤鳳私通，如今拿這句話來比娘娘，豈不暗含誹謗？」此際楊貴妃正收安祿山爲義子，此詞正刺她兩人不清不白，因向玄宗屢進讒言，玄宗便賜李白若干金帛，打發他回鄉去了。（明、抱甕老人《今古奇觀》第六卷、李謫仙醉草嚇蠻書）

楊貴妃像

六五　君生我未生

湖南省長沙市望城縣，於一九九二（民國八十一）年被考古學者群掘出一座唐代古墓。出土文物中有大批瓷器，包括酒壺近千把。壺上所刻詩句，多爲《全唐詩》中所未錄者，或係草野市井詩人所撰者乎？其中不乏抒情佳作，可供吾人吟咏：

「君生我未生　我生君已老　君恨我生遲　我歎君生早」

「春水春池滿　春時春草生　春人飲春酒　春鳥弄春聲」

「一別行千里　來時未有期　月中三十日　無夜不相思」

「人歸萬里外　意在一杯中　祇慮前程遠　開帆待好風」

第一首二十字中，有四「君」字四「我」字。第二首中有八「春」字，都嵌得自然而難得，因記之。（台北、《湖南文獻》廿卷二期）

六六　石瑛市長不講英語

民國時代的石瑛（一八七七—一九四三），字蘅青，清癸卯舉人，去法國留學，又轉入倫敦大學（London University）習鐵道工程，及英國伯明罕大學（Birmingham University）習採礦冶金畢業。他雖身體高大，氣度卻雍容高貴，顯現出英國紳士氣派。

回國後，民國二十一年，石瑛任南京市長，英國總領事布朗（Brown）有一天因事到市府見他，一開口當然說的是英語，石瑛用中文回答。英國總領事先說不懂，繼後又說知道石市長留學英國第一流大學，說英語乃是基本條件。

石瑛駁斥道：「你和中國政府交涉，就應該會說中國話。你如不懂，下次請帶翻譯來。」弄得那位英領布朗進退不得，最後只得請我們外交部來做調解人，才得和石市長辦完交涉收場。

從此以後，南京的英商，不敢再和市政府刁難，乖乖地遵守中國的法令。（近代、賴景瑚《煙雲鑑往錄》。又見：近代中國出版社《軼聞錄》。又見：近代、吳相湘《民國百人傳》第二冊、第一清官石瑛）

六七　楚人兩妻

從前，有個楚國人，娶了兩個妻子。他的鄰人，來挑逗大太太。大太太很正經，反口咒罵他，未能如願。這人轉而去挑逗小太太。小太太比較隨便，就成事了。

過沒多久，那娶有兩個妻子的丈夫死了。另外一個朋友就問這位挑逗的鄰人說：「你如果要娶她們之中的一個爲妻，你娶大的呢？還是小的？」

這位挑逗的人立即回道：「我娶大的。」

朋友問：「大的咒罵你，小的私許你，你爲甚麼還要娶大的呢？」

這位挑逗的人答道：「這情況完全不同了嘛。她如果是別家的女人，就希望她能應許我。但是，她如做了我的妻子，就希望她能向著我而去咒罵別人啦！」㈠漢、劉向《戰國策》秦策、陳軫去楚。㈡又見南朝宋、范曄《後漢書》卷二十八上、馮衍列傳。㈢又見唐、魏徵《群書治要》卷二十二。㈣又見明、顧元慶《簷曝偶談》。㈤又見明、俞琳《經世奇謀》一卷、紓禍類）

筆者按：這故事純然以利己爲出發點，是大男人沙文主義（chauvinism）之認爲當然者，蓋或全然是自私也耶？今另外提一趣談：齊國人有個女兒，要許親了，兩家都想娶她。東家兒子貌醜而家富，西家兒子貌美而家貧。父母不能決定，就問女兒的心意。對女兒說：「如果中意東家，就把右邊衣袖脫下來，如果喜歡西家，就把左邊衣袖脫下來。」女兒竟然把兩邊衣袖都脫了。父母不明何意，問她。女兒說：「我願白天在東家吃飯而晚上到西家去住宿呀！」這故事叫「齊女兩袒」，見東漢、應劭《風俗通義》。以上是「楚人兩妻」和「齊女兩袒」，今更介紹第三例是「宋人兩妾」。大意謂學者陽朱，前往宋國，投宿一家旅館。旅館主人有兩妾，一美一醜。但陽朱發現那醜妾尊貴而美妾低賤，這似乎違反常情。陽朱請問主人，答道：「我那美妾，自以為賽過西施，行為驕縱，我還不知她美在哪裡呢？至於另位醜妾，自認其貌不揚，處處顯得恭順，我還不知道她醜在哪裡呀？」陽朱對學生說：「你們記住了！行為完美的人，又不自滿，何時何地不受人敬愛呢？」請見《莊子》山木篇。

六八　馬上不能治天下

西漢陸賈，在漢高祖劉邦朝中爲謀士，時常提及讀書有用。劉邦聽煩了，罵道：「乃公在馬上取得天下，要書籍有何用？」

陸賈說：「陛下在馬上取天下，能夠在馬上治天下嗎？從前湯武馬上得天下後，隨即改施文治，國家才長久。再者，假如秦始皇併呑天下之後，學學先王，施行仁義，陛下你又安能取代秦朝？」

劉邦頗有慚色，因道：「你試著替我寫出秦朝爲甚麼失了天下？我爲甚麼得了天下？以及以往各個朝代爲何成功和失敗的根由，讓我看看！」

陸賈便將各國各代存亡的原因，陸續寫成十二篇，每次進呈一篇，邊讀邊講解，劉邦未嘗不說好。左右侍臣，也高呼萬歲，命名這書叫《新語》。（司馬遷《史記》卷九十七、列傳三十七、陸賈。又見：明、李暉吉《龍文鞭影》二集上卷、陸賈新語）

筆者按：可與本書第一七三篇「讀書有甚麼用」互相參閱。

六九　衆教同向善

宗教是各有所宗而奉之以爲教義者謂之宗教。世上宗教有許多，各有教主，各有信仰。這些信仰，多少會有差異。最好不要互相排斥，甚至形成對立。在衆多宗教的經典中，卻有一項教義彼此相同。表達的文字雖異，內容卻很類似。那就是：

基督教（Christianism, Christianity）：「無論何事，你們願意別人怎樣對待你們，你們也當怎樣對待別人。因爲這就是律法和先知的道理。」——聖經馬太福音七章十二節。

天主教（Roman Catholicism）：「律法上的誡命，就是要愛人如己。這是一切道理的總綱。」——聖經馬太福音二十二章三六—四十節。

摩門教（Mormomism, Church of Jesus Christ of Latter-day Saints）：「所以，無論在甚麼事情上，你希望人怎樣待你，你也必須怎樣待人。」——摩門經尼腓三書十四章十二節。

佛教（Buddhism）：「自以爲苦者，勿以之傷人。」——優陀那品經。

回教（Islam, Moslemism, Mohammedanism）：「凡自有所求，亦願爲其兄弟求之者，方得稱爲信士弟子。」——可蘭經。

道教（Taoism）：「見人之得，如己之得。見人之失，如己之失。」——太上老君感應篇積善第三。

猶太教（Judaism）：「汝所惡者，勿施於人者。」——猶太教法典安息篇。

婆羅門教（Brahmanism）：「凡施於己身而覺痛苦者，切勿施於他人。」——印度史詩瑪哈巴剌塔第五章。

理教（Rationalism 清初羊來如所創，民十七年准列爲宗教）：「以倫理忠孝爲本，慈悲濟世爲懷，道德清靜爲主。」——理教史。

儒教（Confucianism《晉書宣帝紀》說「博學洽聞，伏膺『儒教』」）：「孔子曰：己所不欲，勿施於人。」——論語衛靈公第十五。

以上各類宗教，有個同一目標：儒家崇奉孔聖，主張仁民愛物，老安少懷。道教尊奉老子，崇道尚德，以慈爲寶。佛教釋迦，入地獄以救衆生。天主教基督教耶穌，捨身爲衆生贖罪。回教經典說：「主是行慈行恕的。」目標都是向善。（部份取材自：民國、江希張《衆經白話解說》下篇）

七〇　魚兒在左或在右

宋代李章，姑蘇人。有一回，參加鄰居的宴會。這家主人，素來鄙吝。入席後，菜肴早已擺好在桌上。只見主菜大魚一盤，放置在主人近前，將使得賓客們取魚很不方便。

李章見此情形，故意向主人請教說：「關於寫字，我一直有個疑問：我看到我們姑蘇人寫『蘇』字時，各人寫法都不同，其中那個魚，應該在左邊呢？還是應該在右邊？」（蘇、蘓，有兩種寫法）

主人回答道：「古人造字，也不拘一格，例如够和夠、鄰和隣、綿和緜、鳩和鴃、氈和氊。如要換換位置，也多隨各人的方便，應是可以的。」

李章聽了，就站起身來，端起那盤大魚，對衆位賓客說：「今天有幸領受了賢主人的指教。左邊的魚，也可以爲了方便，換到右邊！」隨手挪移到主人的對面，使來賓們都容易吃到魚了。

滿座都歡然大噱，主人也只好跟著乾笑。（明、李暉吉《龍文鞭影》二集上卷、李章移魚）

筆者按：另有一富翁好客，請多人吃飯，但只有「水浸藕」兩盆。一客因誦「客到但知留一醉，盤中唯有水晶鹽」之句說：「李白此詩，若刪去四個字，變成『客到但知留，盤中唯有水』，便合於今日的佳會了。」（摘自蔣祖怡《文章學纂要》第十八章）

七一　西廂記拷紅

《西廂記》是元代王德信（實甫）依據唐代元稹的小說《會眞記（又叫鶯鶯傳）》而改寫的劇本。宋代趙令畤已編爲鼓子詞（另有南宋時金人董解元改寫的《董西廂》、清代查繼佐的《續西廂》、無名氏的《後西廂》）。明末金聖歎評《西廂》爲第六才子書，其餘爲莊子第一、離騷第二、史記第三、杜詩第四、水滸第五。

該劇敘述張君瑞投宿於普救寺的西廂，恰有崔鶯鶯隨寡母也暫住寺裡後院。賊寇孫飛虎圍了普救寺要搶鶯鶯，幸虧張生向好友白馬將軍求援而解圍。因丫鬟紅娘牽線而得與鶯鶯暗度陳倉。崔母逼張生進京考中了探花郎，回來與鶯鶯團圓的故事。

《西廂記》全劇不能盡錄，其中精彩的是「拷紅」（拷打紅娘），拷紅中精彩的是紅娘的答辯，今錄各家文詞共賞：

〔黃鸝調〕想當初兵圍普救寺，蕭墻禍起在須臾。既然不與他成婚，就該酬謝他早日遠離，爲甚麼留他住在西廂院？」（北京鈔本《京都小曲鈔》）

〔馬頭調〕兵圍普救何人退？原許下鶯鶯小姐配君瑞。白馬將軍來解圍。到而今、兵退身安就把婚姻昧。老夫人你想一想，誰是誰非？（《白雪遺音》卷一）

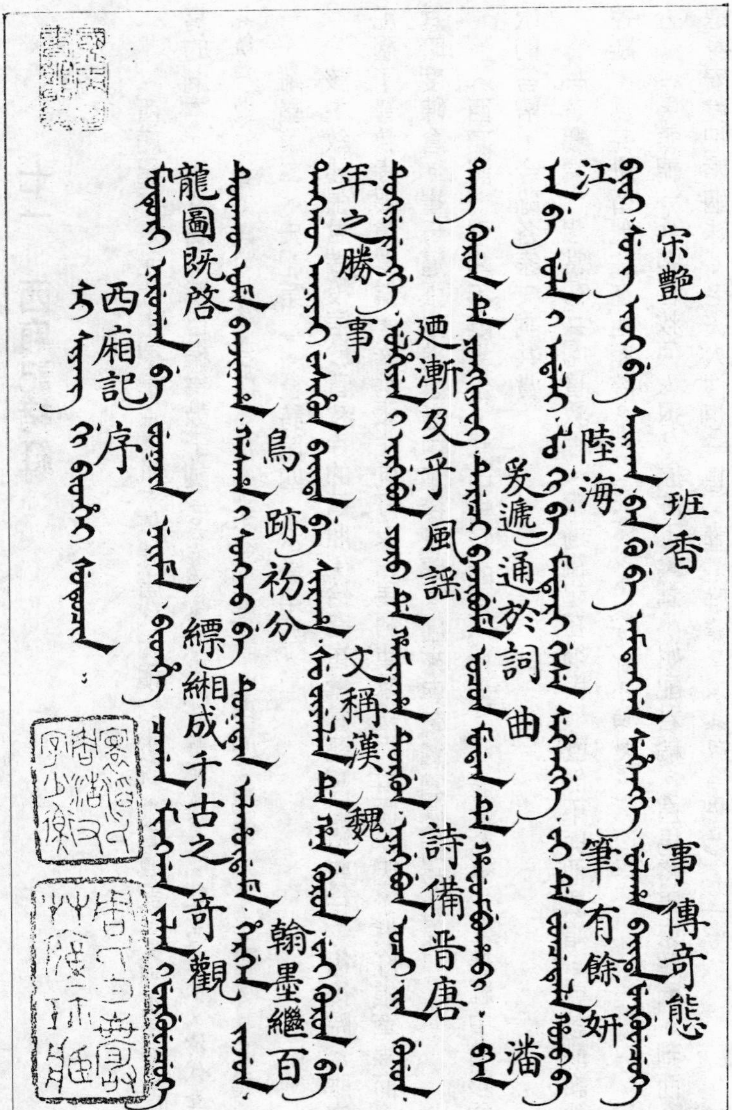
西廂記序
龍圖既啓縹緗成千古之奇觀
鳥跡初分翰墨繼百年之勝事
文稱漢魏詩備晉唐
迺漸及乎風謠爰通於詞曲
潘江陸海筆有餘妍
宗艷班香事傳奇態

滿文漢文對照之〈西廂記〉（從左行開始向右讀，如龍圖既起，縹緗成千古之奇觀；鳥跡初分，翰墨繼百年之勝事……）

〔鼓子曲〕曾記得、兵五千，飛虎賊寇起狼煙。圍困普救寺，老夫人廣對衆人言：有人若把賊兵退，願許小姐配姻緣。得恩不報，昧卻前言。既然你不叫成連理，就該贈金送他遠離。你不該留他在西廂院。（河南印本《鼓子曲存》）

〔西廂記鼓詞卷七第二十回〕（夫人）：「看來這事都是你這賤人勾引！」（紅娘）：「非奴婢之罪，亦非張生或小姐之罪，乃夫人之過也。」（夫人）：「好賤人，怎麼就是我之過？」（紅娘）：「當初兵圍普救，事危許親。賊退之後，卻悔前盟。既不將小姐配他，就該多贈金帛，叫他另擇遠走，爲何留在寺中，豈不是老夫人之過也？」（清、嘉慶《會文堂刻本》）

〔西廂記子弟書第十一回〕（紅娘）：「這樁事兒非是紅娘的不是，與張生小姐也無干。分明是老夫人自己的過犯，把紅娘何必苦追盤？當日賊兵圍普救，夫人對衆宣佈金言：有誰能把賊兵退，將小姐許配倒賠妝奩。張生出頭說有辦法，一封書退了賊五千。兵退卻將婚事悔，這就是夫人失信理不全。再者既然不認婚，就該多送些金銀令他遠遷。卻不當仍讓張生西廂住，分明叫怨女曠夫兩情牽。夫人有錯不認錯，只怪你治家不夠嚴。」（清、道光、北京《合義堂中和堂》合刻本）

〔灘簧、拷紅〕旦（紅娘）唱：「曾聽得，古人云：從來一諾重千金。想兵圍普救遭奇危，誰與夫人策退兵？小姐婚姻親口許，一封書信靠張生。如今兵退轉安穩，不認前言欲賴婚。這樣反悔休提起，你該及早酬謝快放行。不該留住西廂下，引起偷香竊玉心。相

國家聲要保住，成全兩字好調停。」（上海石印本《清韻閣校正灘簧》校印）

（南音、西廂記第六才子卷下、紅娘巧辯）（紅娘）：「罪非張氏子，無關小姐共丫頭。只怪你夫人有過犯，待奴一一訴情由。飛虎昔日圍普救，夫人許親結鸞儔。白馬功成婚反悔，誰知恩惠反爲仇。婚姻打成兄與妹，又無厚獎報瓊瑤。夫人須就錯，家醜休揚密密收。不如開閣排佳宴，結成鸞鳳免心憂。鄭恒若到提婚事，退賊爲辭便可休。」（清、同治、廣州《以文堂》刻本）

筆者按：西廂全名是《崔鶯鶯待月西廂記》，寫張生和鶯鶯的戀愛故事，纏綿艷美。其中如「待月西廂下，迎風戶半開，隔牆花影動，疑是玉人來。」以及「碧雲天，黃葉地，西風起，北雁南飛，曉來誰染霜林醉？」都是大家耳熟能詳的佳句。如要欣賞劇中情節，則以「拷紅」之反覆辯論最精彩。此外，大凡戲劇如要叫好叫座，劇本編寫得美好是關鍵。今附記一外國軼事以供談助。英國著名的劇作家王爾德（Oscar Wilde 1854-1900），一生自命不凡。他寫了個劇本，但在首次演出時極不賣座。有人問他有何感想？他很自負的說：「我這劇本的内容太好了，可惜是觀眾的欣賞能力太不夠了。」

七二　皇帝也難庇護他

北宋時代，有位「侯莫陳．利用」（侯莫陳是姓，利用是名，可參閱《周書．侯莫陳崇傳》。商務《中國人名大辭典》中有他的小傳），成都人。他精於幻術，原在京城市上賣藥，樞密官陳從信稟告了宋太宗（九三九—九九七，即趙匡義），召見後，測試他的幻術，似乎頗爲靈驗，太宗喜歡他，授他殿直（皇帝的侍從官），很受寵信，後又升爲鄭州團練使。

侯莫陳因深受宋太宗的關愛，竟然在任上驕縱不法，毫無忌憚。他的居室服飾與車駕，都僭擬有如皇帝。那時趙普（九二二—九九二）任中書官，劾奏他十大罪狀，太宗只得將他撤職配發商州。趙普力爭，應予斬首。太宗說：「豈有我這個萬乘皇帝之尊，不能庇護一個臣民嗎？」

趙普奏道：「他擅自擬同皇帝，陛下你若包庇，會使天下的法典都紊亂了。」太宗不得已，下令誅殺他。

但隨後宋太宗心意改變了，趕忙另派中使（皇宮裡的傳令者）馳往商州赦罪。使者跑到河南省新安縣，馬匹陷入泥淖中，人馬都跌翻了。及至出得泥地，換馬趕到商州，這位侯莫陳利用已經斬首了。（明、李暉吉《龍文鞭影》二集上卷、普惜國法）

七三　日取其半萬世不竭

《莊子》一書，《新唐書藝文志三・莊子・注》：唐玄宗天寶元年（七四二）詔告爲《南華眞經》。它主張以逍遙爲樂，看開了生死是非。它的文字高古，神味雋永；洸洋自恣，旨趣深奧。眞不明白在那遙遠的二千多年前戰國時代的哲人，其思想是如此的不可企及，而後人爲何一直追不上呢？

《莊子》三十三篇，共十多萬言，分內篇外篇雜篇。末章叫「天下」，有「歷物十事」「辯者廿一事」，讓惠施及公孫龍子等人來逞聰明。原文甚長，這裡衹舉數例提供喜歡抬槓的高人來欣賞。請想想這些說詞有沒有道理？你有沒有興趣與莊子惠子來展開辯論？或者由你來駁倒他。

㈠卵有毛—雞蛋裡有毛。若是沒有毛，爲甚麼孵出來的雞都有毛呢？無中不能生有，所以說蛋裡有毛。

㈡犬可以爲羊—狗和羊都是人類命的名，只是給個呼號好分別。如果當初叫狗爲羊，叫羊是狗，那麼狗就可以爲羊了。

㈢馬有卵—馬是胎生，母馬不會下蛋。但馬受孕時本有卵子，然後才能成胎。從最高的造物者視之，卵與胎原是同理，故可以說馬也有蛋。

㈣龜長於蛇—長的定義如未說清楚，則可認爲龜的壽命比蛇的壽命爲長。

㈤狗非犬—狗是人們對它的稱謂，犬是指那動物的實體。稱呼並不等於實物，故曰狗非犬。

㈥白狗黑—白黑都是人賦與的名稱。如果當初稱白爲黑，也是可能的。那樣一來，白狗就叫黑狗了。

㈦一尺之捶，日取其半，萬世不竭—捶是棍杖。一尺長的棍子，每天去掉二分之一，仍會有二分之一餘留。這樣分割下去，理論上永遠有一半是剩餘的，一萬年也分割不盡。

（戰國、莊周《莊子》雜篇、天下）

筆者按：《莊子》這最後一章裡，文字很幽玄。例如其中講到：南方有個奇人，名叫黃繚，他問惠施：天爲甚麼不墜落下來？地爲甚麼不沉陷下去？這位戰國時代的惠施，居然不待思索，全都回答了云云。但怎樣回答的內容卻沒有寫出來，這都深含奧妙。

七四　春城無處不飛花

唐朝韓翃，字君平，天寶進士，大曆十才子之一。他的「寒食」詩尤好。但時人不識貨，說是惡詩（詩裡暗中諷刺宦官得寵），閒居十年，迄不得志。

大家都以爲他沒得混了。一天半晚，有人敲門很急，韓翃開門見客，一位報喜的官人說：「恭喜韓相公被當今皇上選爲『知制誥』（替皇帝撰寫詔書聖旨的特任官）了。」

韓翃不肯輕信，回絕道：「你弄錯了，這個高位必不是我，另有別人。」

官人說：「朝中知制誥缺人，宰相先後呈薦了兩位，唐德宗都不中意，只好請皇上明示。御批曰：『給韓翃。』那時另有一位韓翃，官任江淮刺史。宰相不敢決定，只好把二人同薦，御筆批下說：

『春城無處不飛花，寒食東風御柳斜；（ㄒㄧㄚ二聲，讀音近乎霞，屬麻韻）

日暮漢宮傳蠟燭，輕煙散入五侯家。

給這位韓翃。』

不正是你的大作嗎？」

韓翃才說：「既如此，大概就錯不了啦。」（《千家詩》中有此詩，唐代孟棨撰《本事詩》中有此事。又見：宋、魏慶之《詩人玉屑》卷十、韓翃）

七五　隱名作廚工

東漢經學家服虔，字子愼。做過尙書郎，喜愛《春秋》（孔子刪定的史書，記二百四十二年春秋時代史事），有意替它作注解。

爲了多聽各派學人的異同起見，他知道崔烈（大儒崔瑗的姪兒，有名望）在集合學生講解《春秋》，服虔乃改變姓名，投身到崔烈學舍的廚房裡去幫傭。每當上課時，服虔便在窗戶外偷聽。久後，得知崔烈的見解未必能勝過自己，便稍稍的與學生們探究一些《春秋》的奧義。崔烈轉而聞知了。卻猜不透這位傭人究是何方人物？

崔烈一直知曉當代有位經學名家服虔，字子愼，莫非就是此人？這得考驗他一下。

第二天一大早，天剛微亮，服虔尙未醒來，崔烈就到服虔窗外喊道：「子愼！子愼？」服虔來不及多想，連忙回應道：「我在這裡，請問是誰？」兩人一見，互道久仰，歡欣的結成了知友。（南宋、劉慶義《世說新語》文學第四。又見明、蕭良友《龍文鞭影》初集卷下、服虔賃作）

七六　哪能每事都盡善

晉代王述，很有才識，但行年三十，還未出名。那時王導（二六七—三三九）字茂弘，輔佐晉元帝、晉明帝、及晉成帝，歷經三朝，威權壓衆。當王導作大司徒時，選拔王述為中兵屬，王述甚有表現。

每當為國家政務舉行會議時，只要王導開口說話，滿座高官，莫不齊聲贊美王導的見解高超，王導也自認為當然，次次如是（今日官場亦同）。

王述看不慣了，獨排衆議，正色糾提道：「我們不是堯舜，稱不上聖賢，哪能每件事都會盡美盡善？次次坦然接受恭維呢？」王導雖權傾滿朝，也對王述認錯。

王述因官聲好，外放為臨海太守，又升建威將軍，再任會稽內史。每次升任高職，並不假意謙辭，

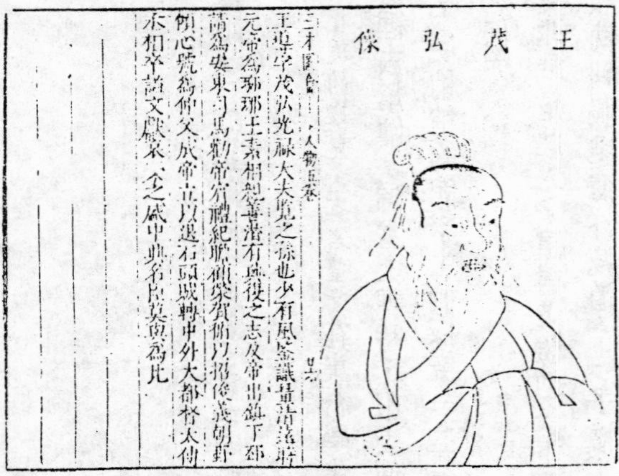

王導字茂弘像

長子王坦之，勸父親應當稍示遜讓，這是官場習慣，也可彰顯自己虛懷若谷的好風度。

王述道：「你是認為我才學不夠，幹不了嗎？」

王坦之說：「那倒不是。但謙讓一下，總是美德呀！」

王述道：「既然認為我足以擔任，為甚麼要假作虛態？別人都說你比我又強又好（王坦之後來做到中書令高位），如此看來，你確實還及不上我啦！」（唐、房玄齡《晉書》卷七十五、列傳四十五。又見《世說新語》賞譽第八）

七七　騙太后青魚充子魚

兩害相權取其輕，貢物勝皇宮，欺君會斬全家命。青魚故認是珍鱗，寧可接受譏諷。

宋代秦檜（一〇九〇—一一五五），總攬國政。天下進貢的珍物，最好的都先送往宰相秦府，次好的才送往皇宮大內，太后與皇帝都被瞞著不知道。

秦檜的妻子王氏，爲了巴結皇室，時常在皇宮內院出入走動。一日，顯仁太后（宋高宗之母）說道：「近來子魚（黃鱗赤尾，是進貢來的珍品）大的太少見了。」王氏答道：「不會吧！我家就有好多，明天我送一百條魚來好了。」

王氏回家，告訴秦檜。秦檜怪她不用腦筋，想要討好卻犯了大錯。那子魚是外郡進貢來的，怎麼可以我宰相府裡有許多大的子魚而皇宮裡卻只有小的子魚？豈不坐實了爲臣的大逆不道？還一口答應要送一百尾。追究這種欺君大罪，是可以滿門抄斬的。

這個危急難題，明天就得兌現，怎樣化解，保家保命呢？

秦檜不愧是狡詐精靈，第二天，故意另外緊急找來一百條青魚代替（又稱青花魚，普通而常見），及時送往皇宮後院。

那顯仁太后拍手笑道：「我道這秦檜婆子王氏婦人土裡土氣，沒有見過世面，如今果不其然。她連珍貴的子魚和普通的青魚都分別不出來，還對我誇口說她家有好多好多呢？這次可讓我識破她的村裡村氣和無識無知了！」

王氏想拍馬，秦檜顯奸謀，連皇帝的母親顯仁太后也被他的詐術蒙騙過去了。㈠明、馮夢龍《增廣智囊補》卷下、雜智、秦檜。㈡又見明、徐樹丕《識小錄》進青魚。㈢又見明、李暉吉《龍文鞭影》二集上卷、秦檜進魚。㈣又見明、田汝成《西湖遊覽志餘》卷四，此書已收入《四庫全書》集部）

筆者按：秦檜奸狡，另舉一例，明、馮夢龍《增廣智囊補．卷上．察智．詰奸》說：他的宰相府院中，有一石榴樹，結實了。秦檜暗中默數了石榴有多少棵。某天，再數時少了兩棵。他裝著無事，傳話府中人員全體集合時，忽然命令園丁取斧要砍掉石榴樹。有一小吏溜嘴說：「這樹上石榴甜美，砍掉可惜了。」秦檜奸笑問道：「你怎麼知道？偷摘石榴的一定是你了。」小吏驚服，叩頭認罪。

七八　不識曲名卻說好

晉代郭訥，字敬言，官任太子洗馬（也叫先馬，是太子出行的先導官）。有次他去洛陽，在娛樂場所中聆聽一位聲樂藝妓唱歌，事後，他不時贊美那歌妓的珠喉婉麗繞樑，唱得眞好。

石季倫問他道：「那歌女唱的是甚麼曲子？」

郭訥說：「我不知道。」

石季倫含笑詰問道：「你聽了歌，連曲名都不得而知，逕自說她唱得很好，恐怕不合邏輯吧？」

郭訥答道：「不然。譬如我們見到了西施，難道一定要知道她的名姓，然後才可以說她美如天仙嗎？」（明、蕭良友《龍文鞭影》初集卷上、郭訥言佳）

七九　替王生結襪帶

漢代張釋之，在漢文帝及漢景帝時，原任中大夫，後來官任廷尉，這是朝中九卿之一（九卿是中央政府九個部署之長），掌理刑罰獄政，執法公平，不畏權勢，全國上下都尊敬他。《史記》有他的傳。

有位老儒人王生，學識雖然豐足，但隱居不願爲官，只算是一介平民，張廷尉佩服他，與他交誼很好。

有一次，王生應邀來訪張府，這時朝中的三公九卿（三公是丞相太尉御史）也都聚在廷尉府裡。王生站在大庭廣衆之中，發覺他的鞋襪帶子鬆散了，回頭逕對張釋之說：「替我把鞋襪帶子結紮一下！」

張廷尉一愣，但也二話不說，竟然屈膝跪下來，認眞的幫他把帶子結牢。大家都認爲這王生毫無禮貌，命令式的說話口氣也實在太過分了。

事後，有人責怪王生說：「你爲甚麼要當著衆多大官之面，羞辱張廷尉，叱喝他跪著替你結繫襪帶？」

王生答道：「我年歲已老，身分又賤，自知無能對張廷尉有任何幫助。他已經是名滿天下的直臣，我故意當著群衆大臣之前，要他跪下爲我結帶子，目的是讓他藉此而獲得紓尊降貴、禮賢下士的美譽呀！」

這些人聽了，才悟到此舉的眞意，都認爲王生是賢友而更加敬重張廷尉了。（司馬遷《史記》卷一百二、列傳第二十四。又見班固《漢書》卷五十、列傳第二十。另有張良納履，與本篇類同，大家咸知，不贅。至於《韓非子》外儲說左下、篇中有周文王自結襪帶，詳情請參閱拙撰《諸子集粹》第八二篇，新文豐出版公司印行）

筆者按：張釋之與王生交朋友，其實王生也幫助過張釋之。當初、張釋之擔任「公車令」時，執法很嚴。有一天，皇太子與梁王同車進入朝門，沒有遵禮下車，釋之追上去喝止他二人，還奏報天子漢文帝，檢舉皇太子不敬之罪。後來，漢文帝死了，皇太子繼住，是爲漢景帝。張釋之害怕受報復，想裝病免官。幸而經過王生的策劃，漢景帝不再追究前嫌了。此事請見《史記》卷一百〇二篇。

八〇　獨有我敢去送行

北宋范仲淹（九八九—一〇五二）字希文，官至參知政事，他撰的《岳陽樓記》中，有「先天下之憂而憂，後天下之樂而樂」名句，至今傳誦不衰。

范仲淹推行政治革新，在宋仁宗時，他開罪了宰相呂夷簡（九七八—一〇四三），降級貶官謫往饒州（要從河南省的開封府，遠貶到今江西省的鄱陽縣）。同朝的衆官，都不敢惹麻煩前去送行。獨有那王質（字子野）正抱病在身，卻勇於備辦酒餚，在首都出關之處，殷殷餞送范仲淹。

事後，有朝中大臣勸誡王質說：「別人都躲著，怕惹禍上身，你卻有膽去餞送范夫子。你爲甚麼要自動顯示你是站在范大人的同一邊，你不怕由於結爲同黨而遭受誣陷嗎？」

王質慨然應道：「范大人是天下大賢，

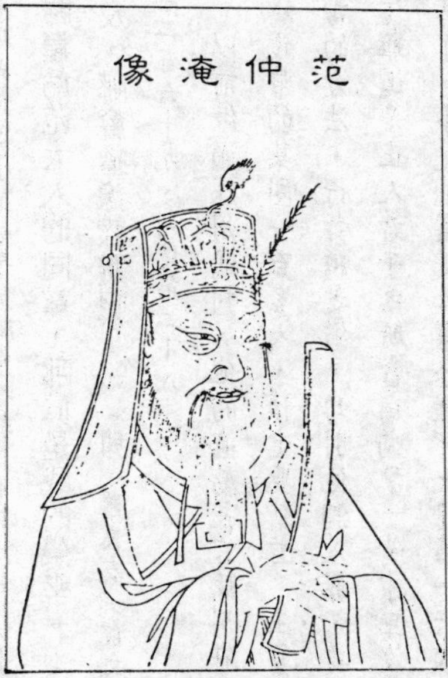

范仲淹字希文像

剛正有氣節，中外都崇仰（西夏人畏懼范仲淹，相戒說：小范老子，胸中有數萬甲兵）。我王質同他相比，差得太遠了。假如我有幸竟然能歸類爲范大人的同黨，那眞是我的榮幸。上天賜給我王質的可謂太深厚了，我感激還來不及，哪會猶豫躲避呢？」（明、蕭良友《龍文鞭影》初集、卷下、質願親賢條。又見：《宋史》卷二百六十九、列傳第二十八）

筆者按：王質確是一位耿直守正的人。以前做過蘇州通判，他的直屬長官蘇州府尹黃宗旦用欺詐誘騙的方術抓到一批私鑄錢幣的集團一百多人，預定要斬首。王質竟然頂撞長官。質問道：「大人用不正當的方法，行詐誘之術，勾引他們入罪，要判死刑。而你卻面露喜色，欣然得意，這難道是正人君子之所當爲嗎？」黃宗旦沒法回答，顯得慚愧，終於將囚犯從輕發落了。事見拙撰《古事今鑑》上冊第一六八篇譯自《宋史》的故事。

八一　直布羅陀天險

英屬直布羅陀（Gibraltar）在西班牙南岸，位居地中海出入口北面一狹長的半島上，扼歐洲與非洲的海上通道，長四・八公里，寬僅一・二公里，面積五・八平方公里。爲一巨大石灰岩山，是著名的「直布羅陀之岩」。

它因扼地中海通大西洋的咽喉，位置險要，極具軍事價值。高岩山洞中，築有巨砲陣地。美國電影「六壯士」演的就是冒死攻取直布羅陀，緊張刺激，十分驚險。

該地沒有生產，觀光是重要收入之一。筆者於二〇〇一年曾往遊歷，由西班牙出入。奇特的是半島上還建有大飛機場，由於土地太狹太小，只好讓公路橫穿跑道而過，遇到飛機起降時，汽車禁止通行。

島上有觀光道路，穿過許多隧道，盤旋上山頂。山腰休憩處有猴群，躍上跳下，不畏生人，爭索食物，遊人樂於拍照。

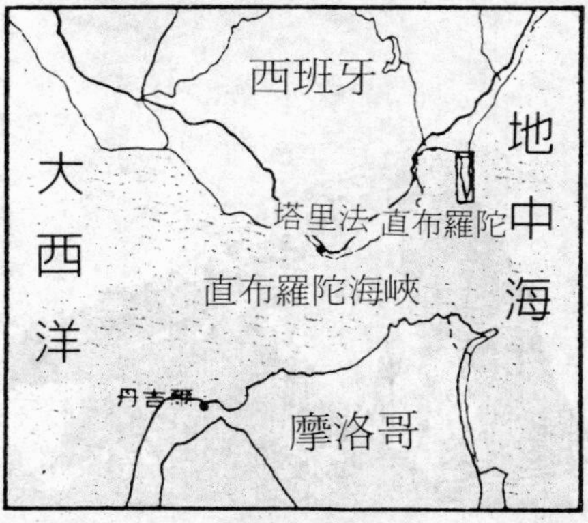

直布羅陀形勢

政府首長叫總督，也有議會，人口三萬三千人。我問商店如何付款？店主回答說：「無論英磅、歐元、美鈔都可以。」我外孫買了一條中意的眞皮皮帶。

在餐館用午餐時，我問侍者：「你們願意併入西班牙嗎？」他說：「一九六五年，聯合國有意批准直布羅陀交還西班牙。但由我們當地人民投票後，贊成繼續屬於英國，我也是投的贊成票！」

看來這個軍事要地，不可能輕易轉移吧。（自撰，資料採自《大英百科全書》G部）

自西班牙遠眺英屬直布羅陀

八二　偷飲藥酒拜不拜

東漢之末，有位鍾繇（一五一—二三〇），字元常。官任尚書、僕射。他更擅長書法，大家贊他「隸行入神，八分入妙（小篆與隸書之合體叫八分）。」

他有兩個男童，大的鍾毓，小的鍾會。大凡小孩在幼時，總難免有些調皮不老實。有一天，父親午餐後正睡午覺，兩個小把戲便趁機一同偷嚐那泡製已成的藥酒。這時鍾繇已經覺醒了，瞥見這兩個小傢伙行動鬼祟，便權且假裝仍在午睡，卻瞇著眼瞧瞧他倆在耍甚麼花樣？

他倆擺上兩個小酒杯，各倒了一些藥酒，準備品嚐。只見哥哥鍾毓，先行拱手拜揖，之後才擎杯喝酒。弟弟鍾會，卻不拱手行禮，逕自舉杯就喝，兩人的表現不同。

父親覺得奇怪，就起身召喚兩個小孩近前。先問大兒子爲甚麼先拜然後喝酒？鍾毓說：「飲酒乃是正規儀典中獻爵獻醻禮節裡的一大項目。我要尊

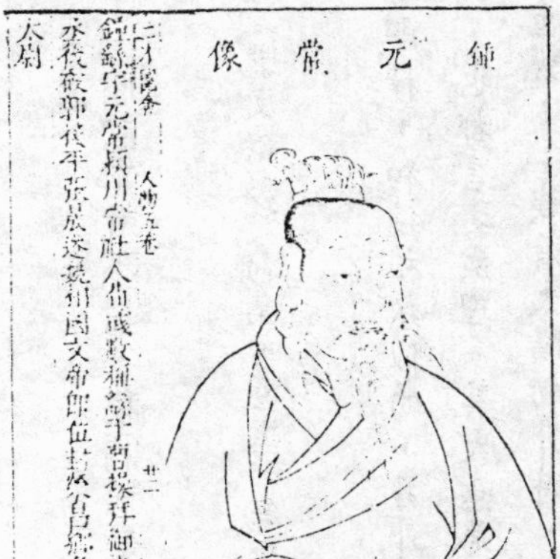

鍾繇（字元常）像

禮，所以不敢不拜。」

父親又問二兒子爲甚麼不拜而逕行喝酒？鍾會說：「偷飲本就不對，我們只是好奇，想要嚐新。已經不合禮了，所以我不必拜。」

似乎兩人都言之成理，誰對誰不對？（明、蕭良友《龍文鞭影》初集、卷上、毓會竊飲。又見宋、劉慶義《世說新語》言語）

筆者按：本篇是說兩小弟兄爲了飲酒拜不拜各有解釋，和這相類似的，另外《列子湯問》講到有兩小童子爭論太陽近不近各有說詞，也都言之成理。其大意是：孔子東遊，遇見兩個小童爭論，問是爲了甚麼？甲童說：「我看太陽初升時，大如車輪，到中午時，卻小如盤子，這豈不是證明太陽在初升時離我們最近嗎？」乙童說：「太陽初升時，清清涼涼，到中午時，灼熱難當，這豈不是證明太陽到中午時才離我們最近嗎？」孔子一時也不能裁答。詳情請見拙撰《古事今鑑》上冊第五十四篇。

八三　孟子第一句我就不懂

我們不可自滿自傲。《論語子罕》孔子說：「吾有知乎哉？無知也！」後人只會欽仰他的淵博，這句話反而顯出孔子的謙虛。但這裡有一反例。

宋代文人王聖美，才學深邃。當他初任縣長時，尚未知名。某次，因事去會見一位身居高職的顯赫人物。當時這位大官，正向另一位客人暢論《孟子》一書的精義和創見，談興正濃，無暇分神理會來訪的王縣長。王聖美靜坐一旁，聆聽他發表的高論，覺得頗有未符義理之處，不便插話，但心中暗笑他。

這位高官盡情說了好久的獨家見解（有句流行話：官大學問大，此之謂也），一時偏過頭來，回顧王聖美問道：「王縣長諒你也曾讀過《孟子》這部書吧？」

王聖美答道：「我一生愛讀這本書，只是全都不懂書中的意義。」

主人有興趣了，問：「不懂的是哪些章節呢？」

王聖美說：「從頭第一章開始就不通曉。」

孟子圖

主人追問道：「怎麼會不通曉？你且試著說說看！」

王聖美道：「開頭的第一句『孟子見梁惠王』，這句話我就不懂！」

筆者按：《孟子》一書，首篇便是《梁惠王章句上》，開頭第一句就是「孟子見梁惠王」。朱夫子（朱熹）的注解考證是梁惠王三十五年的事。

這位大官甚為怪異，問道：「孟夫子去見梁惠王（想去談義利之辨），這話簡單淺顯，難道你認為會有很深的奧義嗎？」

王聖美回覆道：「有呀！孟子自己多次說過『不見諸侯』，因為違反了禮義。但為甚麼他又主動去見梁惠王呢？單是這一點我就無法理解了呀！」

筆者按：㈠《孟子滕文公下》「陳代曰：不見諸侯，宜若小然。孟子曰：非其招，不往也。」（孟子弟子陳代問：不肯去見諸侯，似乎是守小節，可以去見的呀！孟子解釋說：諸侯召見小官尚且要依照禮儀。至於身為君子的學人，哪有不待召而逕自往見之理？）㈡又同一章《孟子滕文公下》「公孫丑問曰：不見諸侯，何義？孟子曰：古者不為臣不見。」（孟子解釋說：因為沒有在這個國家做官，不是臣僚，所以不見，這是古義。）㈢再有《孟子萬章下》「萬章曰：敢問不見諸侯何義也？孟子曰：庶人不傳質為臣，不敢見於諸侯，禮也。」（孟子解釋說：沒有做官，只是百姓庶人，不是臣子，故不敢見，這是士人守禮。）以上三章，足以證明孟子對於「不循禮不守義便不可去見王侯」的主張是很明確的。王聖美請問：為何孟子要違反自己多次堅持的原則而去見梁惠王呢？

這位官大人原以爲王聖美懂得不多，大可輕易唬倒他。卻不料他拋出了這個罕有而艱深的大難題，一時哪有答案，驚愕震訝，啞口無言，嘿然沒敢再吐半句話。㈠宋、彭乘《墨客揮犀》、杜德。㈡宋、沈括《夢溪筆談》卷十四、藝文一）

筆者又按：金聖歎（金人瑞一六〇七——一六六一）《唱經堂才子書・聖歎外書・釋孟子》對「梁惠王章句上，孟子見梁惠王」這句話，也批注說：「不是梁惠王要見孟子，而是孟子自見梁惠王。正是因爲有一肚皮仁義可以致於王道，想要發揮出來，全不顧他抱玉自薦之嫌。」也可作爲旁證。至於王聖美提出的問題，何以孟子主張不循禮就不去見諸侯，卻又去見梁惠王的疑點，查考朱熹夫子收錄各家的解釋而編成的《四書集註》，包括朱熹自己和程顥、程頤等大儒，都沒有對這件事加以解說，到今天似乎仍是個待解的迷團呢？

八四　我與何曾同一飽

蔬菜味道正好，魚肉不必要了。

彭狀元定求（彭瓏之子。康熙會試廷對皆第一。著有《儒門法語》）常引蘇東坡語曰：「菜根菽黍，差飢而食（甚餓之時進食），其味與八珍（帝王用餐的八種珍貴肴饌）相等。而既飽之後，雖芻豢（孟子告子：理義之悅我心，猶芻豢之悅我口。朱注：芻豢、牛羊犬豕是也）滿前，惟恐不持去也（唯恐不趕快撤走）。美惡在我，何與于物耶？」

彭狀元又說：「吾借王參軍地種菜，不及半畝。吾與吾子彭過，終年飽食。摘而煮之，味含土膏，氣飽霜露，雖粱肉不能及也。人生需底物，而乃更貪乎？」因作詩曰：

「秋來霜露滿東園，
萊菔生兒芥有孫；
我與何曾同一飽，
不知何苦食雞豚？」

註：萊菔就是蘿蔔。芥是芥菜。何曾：晉武帝時為太尉，性奢豪，日食萬錢，猶曰無下筷之處。（《崇儉篇》窒欲章。又見清、阮葵生《茶餘客話》卷一、淺語有味）

眉州三蘇祠東坡塑像

八五　洋務三原則

清代中國海關總稅務司是英國人赫德（一八三五—一九一一，Robert Hart），出生於愛爾蘭，小李鴻章十二歲。一八五四年來華，在上海英國領事館任職，不久入中國海關，自一八五九年到一九〇八年，任事垂五十載。病逝倫敦時，滿清政府還優旨褒揚，隆寵實不多見，但也是賞有應得。

海關稅收涉及洋人，尤其英國當時是海貿霸主。赫德是英國人，但替中國服務，工作如何效忠，分寸如何掌握，殊爲苦惱，因此他去拜會兩江總督曾國藩。

曾國藩給赫德「三原則」：「凡一切華洋交涉，如屬對雙方有益，都可贊成。如對洋方有利，對華方無損，也可照准。但如有損華方，雖有益洋方，必予斥駁。」

赫德認爲此項主張，簡明而正確，務實而有遠見，十分贊佩。於是本此原則以處理華洋事務，英商有時且詆毀赫氏爲「英奸」者。而曾國藩的決斷，也具見一位國之大臣，有擔當、有氣度、忠誠謀國者的行事風範。（取材自現代、張作錦《感時篇》）

八六　吳稚暉偷來人身

稚老是妙人，藉故不做壽。

吳敬恒，字稚暉（一八六五—一九五三），考取舉人，留學英國，精通中英語文。曾任北洋學堂教習，南洋公學校長，同盟會會員，享年八十九歲，德高望重，是中華民國師保，但從不自抬身價。

他嘗自稱爲「偷來人身」。民國三十三年（一九四四）三月當他八十華誕時，友人打算爲他做壽，他仍循先例婉辭，進而寫一公開謝函說：

「吾母孕我，祖母夢吾曾祖父告她說：『我將在陰間買一小孩，已講好價錢，但秤時是把秤鈎勾入肚臍來秤重量，且已在左臂塗上硃砂作爲標記矣。』夢了兩次，既而生我，左臂上有一紅斑如蠶豆

吳稚暉

大。父母深信不疑，相信是曾祖父瞞了閻王私下買來的。故切戒不可做壽。否則燃香點燭，拜天祭地，大放鞭炮，敬神宴客，驚動了城隍爺及土地公知曉，同去報知閻王，就會拘回陰間去了。……」（近代、洪鵬《政海軼事》。又見：近代、吳相湘《民國百人傳》第一冊、實事求是的吳稚暉）

筆者按：吳稚暉曾於一九〇三年在巴黎主編《新世紀周刊》七年。其後、在法國里昂創設中法大學，在上海廣州等地招生。他於一九二二年春，親自率領錄取的新生一百數十人乘船前往法國，他是校長。一九五三年病逝台北，遺囑將骨灰匣海葬於金門島附近的南海中。

八七　祝壽云乎哉

生辰之日，值得祝嘏賀壽嗎？有人說無妨，有人說不必，也有人特選此日吃素，名之曰「報母齋」，一以報答母恩，一以靜思己過，這確然值得稱贊。我們翻閱《崇儉篇》，書中也有一段不同意做壽的話，篇中說：

稱觴於誕日（誕生之日，俗稱生日），當思正是昔年哀哀父母，生我劬勞（詩經小雅蓼莪語）之時。顧亭林（即顧炎武，明末大儒）曰：「生辰之禮，古人所無。僕（我的謙稱）考（查考）六經，不言作賀（群經中沒有慶壽的記載）。」昔唐太宗居萬乘之尊，猶且生日不敢為樂（不奏太常樂曲）。我輩當憮然思曰：「今日是當年父母為不肖（不肖是「我」的自謙之詞）幾度瀕死之日也。當年此日之後，慈母夜夜朝朝，懷我腹我（詩經小雅蓼莪：出入腹我。腹就是抱），推燥就濕（小兒尿床，乾處推讓兒眠，母睡濕處），不得安眠也。」安忍以母難之日，受人拜賀（友朋拜壽慶生），群飲酣歌以為得意者哉？（崇儉篇）

顧亭林

今人卻多喜好慶生。逢十者謂之整生，其餘各年叫散生。親朋戚友，酒宴吃喝，謂之壽筵。且有三十未滿，就每年申慶者。

另有若干人士，倡言「避壽」。遷地暫躲兩三天，似乎是故作姿態吧？因為過壽或不過，決定權操之在我，我不慶生，人何能慶？這是欲蓋彌彰，不足取也。

世界人口膨脹，報載當公元二〇三〇年時，全球人口將接近一百億，而台灣每一天都有近百個嬰兒降世。是故出生不可貴（何況人之出生，原非己意），未來能成聖成賢才可貴。祝壽云乎哉？

筆者按：慶生的目的，無非是增歲祝福之意。我們生之於社會，倘有貢獻，只是不虛此生而已，何慶之有？倘無貢獻，只是一消耗糧食之活體而已，慶生云乎哉？清代齊白石「三餘說」曰：「壽者，劫之餘也。」稽古律今，應是行有高品，建有偉功，留有嘉言的三不朽者，才有資格稱壽，但他還不見得同意作壽。從古到今，只有像孔子或蘇格拉底者，才值得大家祝拜。但孔聖蘇哲，未聞慶壽。等而下之者，立德未孚，立功未竟，立言未洽的庸碌泛泛之輩，何必大剌剌的過生呢？

八八　行大禮或不行禮

隋末唐初時代的徐曠，字文遠。他博通五經，爲國子博士。那時天下紛亂，群雄並起。李密（五八二—六一八，字玄邃。《三字經》「牛角掛書」是他，但《古文觀止》「陳情表」卻是另一晉朝李密字令伯撰的）擁兵衆數十萬，被擁爲王，徐曠爲李服務。後來，李密被自立爲帝的王世充（?—六二一）打敗，徐曠被王世充所獲，要用他，只好再在新的朝廷服務。

徐曠每次晉見王世充，都正式的屈膝彎腰行跪拜之禮。好友生疑，問他道：「你以前見李密時，驕矜自大，甚至可以隨便蹲踞著向他回話。但如今你見王世充，卻每次禮節周到，一點也不敢馬虎，爲甚麼呢？」

徐曠解釋得很有深度：「這要看對象是何等人呀！那李密是個君子，胸懷寬大，有似漢王劉邦（前二四七—前一九五），他能接受平民布衣酈食其（前?—前二〇三）拱手長揖行禮就夠了。所以我見李密，不必拘於禮節。但是、王世充乃是個小人，不肯包容，你若稍有疏慢，恐怕他機心一起，你就會有殺身之禍。因此，這得看對方品格之高下而採取不同的施爲，才可以平安無事呀！」（歐陽修《新唐書》卷一八九、列傳一二三）

八九　懷疑鄰人是賊

懷疑別人是小偷，而且愈看愈像，這是主觀之錯。而懷疑只是暗藏在我心中，不曾說出來，別人不知，連剖白的機會都沒有，更是主觀之錯。《列子》一書，包含不少神話寓言，今揀取其中一則上好短篇選譯如下：

有個莊稼人遺失了一把斧頭，猜想是鄰家的兒子偷了。看他走路的神態，是偷了斧頭的樣子。瞧他臉上的表情，是偷了斧頭的樣子。聽他講話的聲調，是偷了斧頭的樣子。總之，他的一切動作態度，無一不是偷了斧頭的樣子。

過了幾天，這人要挑穀出倉。他扒開穀堆，竟然發現了那把失去的斧頭。原來斧頭沉進穀堆裡，被穀子埋起來，而他自己也忘記了。

第二天，他又遇見鄰家的兒子，這次看起來，他的動作態度，卻沒有哪一樣像是偷了斧頭的樣子了。（戰國、列禦寇《列子》說難）

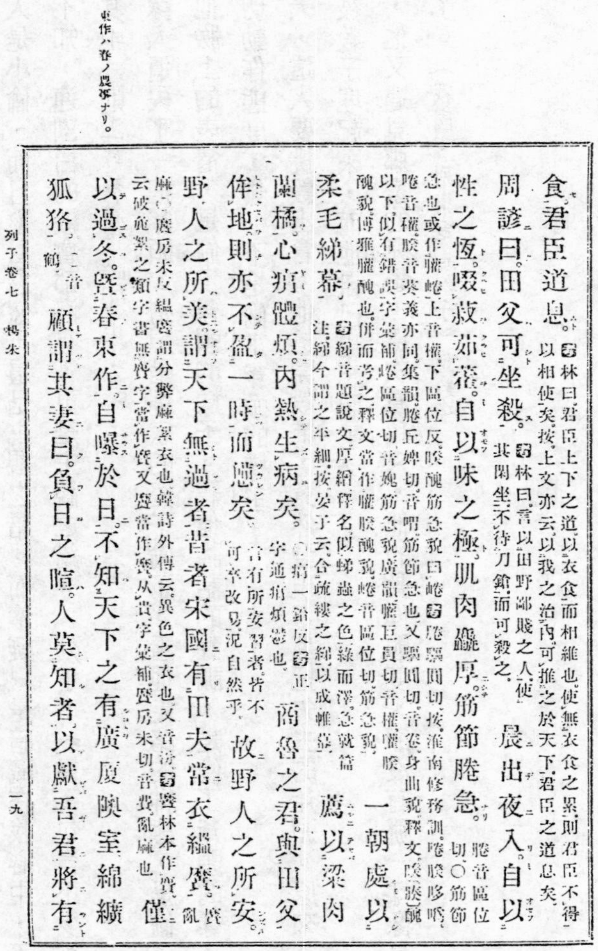
東作ハ春ノ農事ナリ。

食君臣道息。注林曰、君臣上下之道、以衣食而相維也。使無衣食之累、則君臣不得以相使矣。按、上文亦云、以我之治內、可推之於天下、君臣之道息矣。
周諺曰、田父可坐殺。注林曰、言以田野鄙賤之人、使其閑坐、不待刀鋸、而可殺之。晨出夜入、自以
性之恆。啜菽茹藿、自以味之極。肌肉麤厚、筋節腃急。腃音區位切。○筋節
急也。或作臞𦢊、上音權、下區位反。𦢊醜筋急貌。曰𦢊。注腃𩑶圓切。按、淮南修務訓、𦢊胅哆噅、
胅音權、𦢊音奘、義亦同。集韻、腃丘媿切、音喟。筋節急也。又𩑶圓切、音蜷。身曲貌。釋文、胅𦢊醜
以下似有錯誤。字彙補、𦢊區位切、音媿。筋急貌。廣韻、臞巨員切、音權。臞胅
醜貌。博雅、臞醜也。併而考之、釋文當作臞胅醜貌。𦢊音區位切。筋急貌。
柔毛綈幕。注綈音題。說文、厚繒。釋名、似蜣蟲之色、綠而澤。急就篇注、綈今謂之平細。按、晏子云、合疏縷之綈、以成帷幕。薦以梁肉
蘭橘。心痟體煩、內熱生病矣。○痟一銷反。注正字通、痟煩鬱也。商魯之君、與田父
侔地、則亦不盈一時而憊矣。言有所安習者、若不可卒改易、況自然乎。故野人之所安、
野人之所美、謂天下無過者。昔者宋國有田夫、常衣縕黂。黂亂
麻。○黂房未反。縕黂、謂分弊麻絮衣也。韓詩外傳云、異色之衣也。又音汾。注黂、林本作賁。
云、破碎亂絮之類。字書無黂字。當作黂、又黂當作黂、从賁。字彙補、黂房未切、音費。亂麻也。僅
以過冬。暨春東作、自曝於日。不知天下之有廣廈隩室、綿纊
狐狢。一音鶴。顧謂其妻曰、負日之暄、人莫知者。以獻吾君、將有

列子卷七　楊朱　一九

日文批注的〈列子〉

九〇　再過些兒也不妨

與鄰居和睦相處不會錯。南北朝徐陵《與家宰宇文護書》說：「國有三慶，民有四安，所謂通和，是由鄰睦。」這裡有二例。

（一）

宋代楊玢，在京都爲官，做到尙書（等於部長）。後來年老了，退休回家。家在長安（今西安），因離家太久，舊有土地，漸爲鄰居侵佔。他家晚輩，打算到府衙裡去告狀，認爲憑楊玢的退休尙書身分，官司穩可勝訴。

子弟們把狀紙都書寫好了，送來楊玢過目。楊看到狀文，逕在狀尾批下四句道：

四鄰侵我我猶伊（他人佔了我的地，我仍然是那個固有的我呀！）

畢竟須思未有時（到底還須想一想當初沒有土地的那段時候。）

試上蒼元前殿望（試著登上蒼元殿頂層極目遠眺，）

秋風茨草正離離（那一望無際的茅草，正在秋風中疏離的漫生著。世界如此遼闊，有甚麼值得計較好爭的呢？）

晚輩們見到這首寬容款解的詩句，就都不敢再提追訴了。（明、李暉吉《龍文鞭影》二

集上卷楊玢讓鄰條）

（二）

明代楊翥，字仲舉，吳縣人。在明宣宗時官任檢討，後來升遷爲禮部尙書。他德行冠絕一時，官紳都推崇他爲最善。

鄰家新建房屋，侵佔了他的土地，子姪都感不平，想要據理奪回。他寫了兩句話，告示他的子姪說：

普天之下皆王土
再過些兒也不妨

雖然少了一些土地，卻不再追究了。（明、鄭瑄《昨非庵日纂》汪度第十）

筆者按：退讓土地，除本篇兩例之外，尚有清代大學士張英，有「千里修書祇爲牆，讓他三尺又何妨；長城萬里今猶在，不見當年秦始皇。」的「六尺卷」故事，請見拙著《古事今鑑》上冊第一〇二篇，此處不贅。

九一　老・沒法逃避

「公道世間唯白髮，貴人頭上不曾饒。」「記得少年騎竹馬，看看又是白頭翁（看看二字，音ㄎㄢ，一聲。讀如「堪堪」，平聲寒韻）。」白頭表示年老了，貴賤一律逃不掉。因爲老境乃是人生旅途中的必經階段，這是天道之常。

明代顧元慶《簷曝偶談》寫道：郭功甫有「老人十拗詩」云：

不記近事記遠事，不能近視能遠視。
哭時無淚笑有淚，夜裡不睡日裡睡。
說前言，忘後語，怕嚴寒，畏酷暑。
要食軟食不食硬，戴了眼鏡找眼鏡。
不愛喝酒愛喝茶，大事不管小事喳。

但有人硬是不服老，舉兩個「不知老之將至」的近代人的實例，一則讓大家開懷，二則也不妨仿效：

有人問國畫大師李可染高壽幾何？李可染回答道：「我今歲年『方』九十。」

友朋們爲蘇雪林教授百年壽誕設宴，蘇教授卻一再提醒說：「我哪有一百歲？我今年

『才』九十九嘛。」

古代老叟例子太多，今且列出兩例：

唐代徐堅《初學記・人部》說：老萊子是孝子，年高七十，常穿五色彩衣，學小孩跳舞，使父母歡悅。

司馬遷《史記・太公世家》正義注曰：姜太公呂尚，七十歲才遇到周文王。他輔助周武王滅了殷商紂王。

清末民初的國畫大師湘潭齊白石說過：「老者，劫之餘也。」這寥寥六字，似乎令人心驚，但莎士比亞說得好：「老—沒法逃避（There is no escape from it—old. William Shakespeare 1564—1616）。」故唯有坦然面對它、接納它。

我國近代大教育家陶行知（一八九一—一九四六）常對人說：「世上有兩種人：十八歲的老翁，八十歲的青年。我自認爲屬於後一種。」壯哉斯語！我們要去適應它，豈不聞諺語說：「薑是老的辣」。愈老經驗愈豐富，比那嘴上無毛的小夥子要強得多呢。（自撰）

筆者按：老既是生理的必然，我們就應該不怕老、不嫌老、不服老、不裝老；不老糊塗、不老不羞；不老態龍鍾，不倚老賣老；儘量去做到孔子所說「不知老之將至」的境界。

九二 遊民所拔釘大會

英雄不怕微時賤，草野常能出將侯。

清代鮑超，四川奉節人。少年落拓，潦倒江湖，流落長沙，貧無立錐。只好進入游民收容所，混食嗟來，姑且活命。

游民所有一規定，凡是收留的游民，都要將寫上姓名的牌子，用大鐵釘一字橫排釘在大廳的墻壁上。游民所裡發給的叫化袋，回所時也要掛回鐵釘上，方便管理。如果謀到了好出路，離開游民所時，就要報請拔釘告別。否則游民名籍，永久留存，難除賤譽。這也是鼓勵游民，爭取向上的用意。

鮑超在清咸豐二年投身軍伍。離開游民所時，匆忙中來不及拔釘。迄後功成名就，官拜九門提督，封爲子爵。憶及往事，乃親赴長沙，通知游民所與各方朋友，定期公開舉行拔釘大會。（這是「請你猜猜」第3題答案）

這次大會，儀式隆重。全城文武百官，都欣然蒞臨觀禮，參與鮑大人除名拔釘盛會。其餘的商民百姓，也都佇聚街前，相與駢肩瞻望，咨嗟贊歎。

鮑大人也富不諱貧，貴不忘賤，未曾因少年落魄，視爲羞恥。他在這拔釘大會之上，談笑風生，怡然自得，令人仰佩。（民國、鄒覺民《鮑超拔釘》）

九三　冒死遠探恩人病

清咸豐十一年（一八六一）八月廿六日，湖北巡撫胡林翼死前三日，適值滿清湘軍與太平天國劇戰正酣之時，軍務倥傯，烽煙遍野。其時鮑超正在江西德安馬回嶺戰地，與太平軍陳玉成反覆鏖兵、難解難分之際，忽自後方傳來胡公重病，危在旦夕之訊。鮑超為欲殺退陳匪，令其重創，無法反撲，才可乘暇探視胡公病況。乃經三晝夜之窮攻直搗，殺得陳玉成棄甲曳兵而逃，奔竄浮梁，潰不成軍，已無回攻之力了。

鮑超旋即單身便服，星夜突破敵人佔領區域，越過沿著長江層層封鎖防線，歷經贛北鄂東，潛行數百里，晝夜不息，抵達武昌（武昌為華中地區之心臟，湖北巡撫衙門在此），直奔胡林翼床前，問安視疾。因為，鮑超自知當初若無胡林翼慧眼提拔之功，哪有今日？此思此德，何以為報？

胡以鮑超未經准假，擅離前線，面斥鮑超：「你該以國事為重。友誼私交，非關緊要；因私廢公，尤為不可。」

鮑超以身撲投胡林翼懷中，放聲哭曰：「鮑超冒萬死而來，祇想見公一面，即令處死，也無遺憾！」

兩人互相撫慰，泣不成聲。蓋雙方都知生死之交，僅此一晤，後會無期。鮑超俯伏床前，叩首爲禮，灑淚告別，含悲歸去。胡死後，鮑爲酬報知遇之恩，率所部披麻戴孝，爲期百日。君子之交，可敬可感。

我們今天來看，在台上揚名的諸多大人物，還會有這樣感人的事實嗎？（近代，鄒覺民《胡林翼識鮑超》）

筆者按：鮑超未曾讀書，但是個講義氣的鐵血漢子。他投入曾國藩麾下攻打太平天國，領兵十多年，大小七百餘戰，斬首三十萬級，降俘二十萬眾。戰無不克，未曾吃過敗仗。他的部隊號爲「霆」軍，因爲鮑超號春霆。官至提督，封子爵，卒謚忠壯。此外，由於鮑超不識字，也製造過趣談。據徐珂《清稗類鈔．戰事類》說：他在江西九江時，被敵軍團團圍住，須派人往曾國藩大營求救。那寫稟的師爺字斟句酌，好半天求救信沒有寫成。鮑超跳腳了，他找來一塊白麻布，虧得他獨獨還會寫自己的姓，就抓著筆在白布中央寫上個「鮑」字，四周密密麻麻，盡畫滿了大小圈圈。墨還未乾，趕緊加封急送曾國藩。旁人都不懂是何意義，只有曾國藩猜透了說：老鮑被圍了。急切派大將多隆阿率兵前去解了圍。這畫圈求救的創舉，詳請請參閱拙撰《古事今鑑》下冊第三六六篇。

九四　呂洞賓不學變金術

煉金術（alchamy）很神奇，能以溶解、蒸餾、昇華、結晶等方法，把質賤的金屬鍊成黃金。此術呂洞賓也有涉及。

唐代京兆人呂洞賓，名嵒，一作巖，字洞賓。元朝武宗封他爲「純陽演正警化孚佑帝君」，因號純陽子，世稱呂祖。

他三次應考進士都落榜，因雲遊各地。在廬山遇見了八仙中的鍾離權（居正陽洞，號正陽帝君），因見他骨相清靈，慧根夙具，就勸他到終南山去學道。

呂洞賓依約赴終南山見到鍾離權，鍾說：「我測試你，魔障孽象都不爲所動，得道必矣。但你功德不足，先且傳你『黃白秘術』之方。學成後，可以普濟世人，待三千次的功德積滿，八百項的善果修齊，我自會再來引度你成仙。」

所謂「黃白秘術」者，黃是黃金，白是白銀，乃是點銀成金之秘法，而黃金可以周濟窮人，積修功德。

呂洞賓問道：「白銀變成了黃金之後，將來會不會再還原成白銀呢？」

鍾答：「那也要等三千年之後，才會還原回去的。」

呂洞賓愀然道：「那我就必會留下禍害給三千年後那些持有這種黃金的人，他們無辜受到損失，並不公平。這種仙術，我還是不學的好。」

鍾離權喜道：「你能澤及三千年以後的來世之人，這份慈悲之心太大太深太好了，足足可以抵補你三千功德、八百善行所不足的差數。修積已滿，你可以滌除俗世塵障後，擇期到鶴頂來會我，由我帶領你同登仙域吧！」（李涵虛《呂祖年譜》海山奇遇、卷之一、入終南記。又見：明、袁了凡《了凡四訓》積善之方）

筆者按：本篇依據《呂祖年譜》，說的是「點銀成金」。在道家法術中，原有「點鐵成金」之法。宋、釋道原《景德傳燈錄．靈照禪師》說：「還丹一粒，點鐵成金。」而《了凡四訓》也說是「點鐵成金」。又說是「五百年後還原」，都稍有不同，但無大礙。重要的是，這裡必須嚴肅的來「正名」一下：「鍾離」乃是複姓，「權」是名。因為他自稱為「天下都散漢鍾離權」。後人誤把漢字與鍾離連讀，就變成「漢鍾離」了，一直錯到現在，這是不對的。

九五　九九加一湊成百

貪心不除，即使有萬貫家財，永遠不會滿足，永遠不會快樂。

戰國時代，魏文侯（元前四四五—前三九六在位）禮賢下士，奉子夏爲老師，尊段干木爲貴賓，禮田子方爲好友，任吳起爲大將，選西門豹作鄴令，是位好君王，國家大治。他親訪隱居的高賢貧士宋陵子，三次請他出任國政，宋陵子都不接受。

魏文侯勸道：「宋卿你何必過著目前這種貧乏的日子而一直不想改變呢？」

宋陵子道：「你知道楚國那個富翁嗎？他有九十九隻羊，心裡一直不滿足，想要湊成一百隻就好了。有一天，他去探望同里的一位老友。那位朋友很窮，但養了一隻羊。富翁心喜，向老友下拜說：『我有九十九隻羊，你才有一隻；不如你把這隻羊送給我，我就增加爲一百隻整數了，好不好？』由這事例看來，富有的人，老是貪多，雖然富於財，卻永不滿足，這種人枉有財富卻總不快樂呀。貧窮的人，樂天知足時，常會覺得雖貧而心安理得，天地寬和，日子過得快樂呀。我也同樣甘於這種淡泊生活，一點也不覺得自己有必要逃離現狀去追求富有和忙碌呀。」（晉、苻朗《苻子》）

南唐譚峭《化書・儉化》（又稱《齊丘子》）也說：「奢者富不足，儉者貧有餘；奢者心常貧，儉者心常富。」應是確論。

九六　經書仍是瑰寶

讀書難不難？問題是你想不想讀。如果一天讀五頁，應該不算太大的負擔吧，那麼就從今天開始，行嗎？

《荀子‧勸學篇》說：「求學問不可以半途停止，例如一把菜刀，也得要磨一磨，刀鋒才會犀利。」

宋代蘇頌（宋哲宗時爲宰相）的《書帙銘》也說：「非學何立？非書何習？終以不倦，聖賢可及。」

宋代蒲宗孟（宋神宗時爲尚書右丞）則說：「寒可無衣，飢可無食，至於書、不可一日失。」

四書五經，是中華文化的精華，不論文科生或理科生，都該去知道它的精粹。四書五經，包括十四册書，全部加起來，約爲六十萬字而已。

如用這本書來作例子，每頁十七行，每行三十九字，即一頁爲六百多字，一千頁就是六十萬字。如果每天讀五頁，大約半年多就可輕鬆全部讀完。

目前全世界都掀起了研究「漢學」的熱潮，外國人都競相鑽研，我們不當忽視或丟棄

此一自己的瑰寶。(取材自《荀子》和《宋史》)

可是,我們有個大隱憂:那就是現在能夠眞正用心讀書的人,在今天這「唯錢是視」的現實社會之中,已經淪爲「少數民族」了。大家對書本都敬而遠之,漠視中華文化。

目前的現象是:大家忙著撈錢,以致看書的人不多,買書的人更少(只有兩種書暢銷:一是致富發財書,一是連環圖畫書)。這個現象若不及時扭轉,行見未來若想深入研究國學,恐怕要到法國巴黎著名的「漢學中心」去向外國取經了。

下表是五經四書的字數。

五經四書字數統計

書　名	王應麟(宋)《困學紀聞》卷一到卷八各卷之 P.1	阮葵生(清)《茶餘客話》卷五 P.2 計年讀經章	賀思興(清)參見拙撰《且讓痴人話短長》P.335
周易(十卷)	24,207 字	24,107 字	24,707 字
尚書(二十九篇)	25,800 字	25,700 字	25,700 字
毛詩(二十卷)	39,224 字	39,124 字	39,222 字
周禮(十二卷)	45,806 字	45,806 字	
儀禮(十七篇)	56,624 字		
禮記(五十篇,二十卷)	99,020 字	99,020 字	99,020 字
春秋	18,000 字		18,000 字
左氏傳(連春秋合計)	196,845 字	204,350 字	
公羊傳	44,075 字		
穀梁傳	41,512 字		
論語(二十篇)	13,700 字	12,700 字	15,917 字
孟子(七篇,二六〇章)	35,410 字	34,085 字	35,377 字
中庸(三十三章)			3,568 字
大學(經一章,傳十章)			1,753 字

九七　歐陽修怕後生笑

北宋文豪歐陽修（一〇〇七—一〇七二），字永叔，號醉翁，爲北宋古文運動的領袖。歐母畫荻教子，便是他幼貧學字的故事。他寫的《新唐書》《新五代史》都是史學上的重要著作，影響深遠。《古文觀止》有多篇他的範文，都是傳世之作。

他寫文章，十分謹慎。例如他爲宰相韓琦撰《相州晝錦堂記》，文章已經送入相府了。隔了幾天，又送去另一文本，說是上次寫的不好，請改用新本。韓琦將前後文比對一看，只是起首「仕宦而至將相，富貴而歸故鄉」這兩句中各添了一個「而」字，其他全沒改動。這兩個而字，便使文氣增加了跌宕之功，時人批評說：「天下文章，莫大於是。」（該文已入《古文觀止》）

晚年退休後，他自謂「吾集古錄一千卷，藏書一萬卷，有琴一張，有棋一局，而常置酒一壺，吾老於其間（加上自己一老），是爲六一。」因自號「六一居士」。

歐陽修圖

歐陽修晚年雖然老了，仍不斷修改他日常所寫的文章，有時貼在墻上，反復斟酌，甚至半夜不睡。

夫人薛氏勸他說：「爲何要如此自尋苦惱？難道還害怕被老師或年長而有學問的先生看到文詞不順而生你的氣嗎？」

歐陽修笑著回應道：「我倒不怕今日飽學的老先生生氣，我卻害怕被來日年輕的小後生恥笑（原文是「不畏先生嗔，卻怕後生笑」）。」（前段是綜合組述，後段取材自：明、顧元慶《簷曝偶談》十四）

筆者按：「後生」年輕，在少年時期多學習，多用功，就會超過前人，所以《論語・子罕》孔子說：「後生可畏，焉知來者之不如今也？」學如逆水行舟，豈可因循懈怠？至於寫文章，也須要多多斟酌。一有疏忽，就會出毛病。本篇歐陽修害怕後生笑他，算得上是謹慎了吧，但他的《眞州東園記》一文，其中有「水、吾乞以畫舫之舟。」被宋代邵博《聞見後錄》評說「舫就是舟，這有語病。」另外，晉代王羲之《蘭亭集序》一文，其中有「雖無絲竹管弦之勝。」（已入《古文觀止》六朝文），被宋代周煇《清波雜志》評說「絲竹就是管弦，用字犯了重複。」據說就是因爲此一毛病，未能納入《昭明文選》。

九八　酒是穿腸毒藥

元朝初年，有個耶律楚材（一一九〇—一二四四），字晉卿，博覽群籍，通曉天文地理，律曆醫卜之學。元太祖（一一六二—一二二七，名鐵木眞，後尊爲成吉斯汗）召他在朝中擔任要職。

元太祖素來喜歡喝酒，幾乎每天和大臣們豪飲，耶律楚材屢次勸諫都無效。一天，耶律楚材特意到御酒庫內，取下一圈那儲酒大橡木槽上包護著槽口的大鐵箍，拿這實物呈給元世祖看。

耶律楚材說：「釀酒時，要用酒母來發酵，這酒母叫麴蘗（音屈聶，又寫作麯蘗，是發酵物。白居易詩：「方知麴蘗靈，萬物無與匹。」），它也能腐蝕硬金屬。陛下請看，這鐵箍已是斑剝蝕爛了，人的五臟，難道比鐵還強嗎？」

太祖這才醒悟，對大臣們說道：「你們愛國愛君的心，沒有一個像耶律楚村這樣的踏實。」自此以後，每逢酒宴，他都以三杯爲限。（明、宋濂《元史》卷一四六、列傳第三十三）

耶律楚材

九九　周三徑一圓周率

我們祖先的智慧很高，戰國公輸班製作了木鳶，是飛機的雛型；東漢張衡作渾天儀，可測星球運轉；張衡又造了候風地動儀，可測知何方發生了地震；東漢張讓作翻車、渴烏、曲筒，即今抽水機；宋代畢昇作活字版，早於西歐印刷術四百年。活字版與羅盤火藥，更譽爲中國的三大發明。祇是後人不長進，愧對祖先。

近人茅以昇撰《中國圓周率略史》說：「周三徑一之率（即圓周之長與直徑之比，爲一個定數，用希臘字母π來表示），荒古已有其說。《隋書．律曆志上》曰：宋末，南徐州從事（官名）祖沖之（四二九—五〇〇），更開密率法，以圓徑一億爲一丈，圓周盈數三丈一尺四寸一分五厘九毫二秒七忽（謂直徑若是一，圓周長度爲3.1415927精密到小數點下七位數），此乃第五世紀世界最精準之圓周率也。其時印度僅有3.1416，歐人亦纔3.141592之率（後來才精算到π=3.14159265358……），視此自有愧色。」（近代、茅以昇：《中國圓周率略史》）。又、祖沖之傳，見《南齊書》文學傳、祖沖之）

筆者按：圓周率最早出現於《周髀算經》，其值爲3。又《隋書律曆志上》說漢代劉歆、張衡、王蕃、皮廷宗等，皆試欲求取更精確的數值。另外魏、劉徽注解《九章算術》時，求得圓周率爲3.14，稱爲「徽率」。本篇所述南北朝時代的祖沖之，他精通天文、數學、機械，曾改造指南車，水碓磨，千里船，都極精巧。他算出圓周率值在3.1415927（盈數）及3.1415926（朒數，朒音濾，不足之意）之間，比西方人早了一千多年，稱爲「祖率」。再則清康熙時，梅臣主編之《數理精蘊》再精算到3.141592653。此外，清代李汝珍《鏡花緣》第七十九回，也記載說：蘭芬道：「徑一周三一四一五九二六五」。都可與本篇互相參照。

一〇〇　御史種菜

明代直臣來恭（來是姓。隋有來護兒，遠征高麗。唐有來俊臣，屢施酷刑），陝西三原人。在明太祖朱元璋洪武年間，由貢士累升到御史之職，專司彈劾。他剛正不阿，糾舉不避權貴（商務《中國人名大辭典》中有傳），必然得罪壞人。

朝中有歪官討厭他，就揑造事實，向皇帝告發。朱元璋看到檢舉內容，沒有將奏疏批交刑部查辦，也未張揚，卻由他自己去微服（改穿便服，旁人不識。《孟子萬章上》「孔子微服而過宋」）私訪，暗地裡到來恭御史住處前後去探視。只見他夫人布衣粗裙，在堂前手搖紡車正在紡棉紗，來恭大人則在後院泥地裡鋤土種菜。

朱元璋回朝後，將那誣告者辦以重罪，對來恭反而更加信任了。（取材自《崇儉篇》）

時代在變，古今環境已不同；種菜紡紗，今天自毋須仿效。但儉樸總算是美德呀！君不見：

有人吃魚翅，每客三萬元，請宴付鈔無吝色；

至於買本書，一册兩百元，卻嫌太貴捨不得！

你要貪口福，還是想求知？就看你如何選擇。

一〇一 甚麼是三不朽

魯襄公二十四年（即西元前五四八年）春季，魯國大夫叔孫豹（死後謚穆子，故又稱穆叔）訪問晉國。（《春秋．魯襄公二十四年》。原文是：「春、叔孫豹如晉」）

《左傳》是補充及解釋春秋的，詳記如下：二十四年春，魯國大夫穆叔（即叔孫豹）前往晉國訪問，晉國大夫范宣子迎接他，問道：「古人有言：『死而不朽』，是指甚麼而說？」穆叔正在思考，沒有立即回答。

范宣子補充問道：「從前、匄的祖先，自虞舜以上是陶唐氏，在夏朝是御龍氏，在商朝是豕韋氏，在周朝是唐杜氏；我晉王主持中原盟會時，是范氏。所謂不朽，恐怕就是說的這個歷代相傳吧？」

穆叔說：「據我所聞，你說的這些都只是『世祿』，不是不朽。我們魯國以前有位大夫叫臧文仲（名臧孫辰，卒謚文仲），死了以後，他的遺訓，大家都奉爲標準。所謂不朽，指的就是這個吧？我聽遺訓說：『最高的是樹立德行（立德），其次是建立功業（立功），再其次是確立箴言（立言）。』若能做到這些，雖是死後，也久久不會磨滅廢棄的。這『立德、立功、立言』三者，才叫做三不朽呀！」（左丘明《左傳》襄公二十四年）

一〇二 你不識字更快樂

文書多，做完了，十分得意，對嗎（洪景盧撰寫詔書，多而快。完畢了，極爲得意，被老叟譏諷。見姜南《風月堂雜識》及拙撰《文海拾貝》八十五篇）？

文書多，趕不完，覺得太苦，對嗎（就是本篇，引自《夢溪筆談》故事）？

似乎兩者都不對吧？

宋代梅詢（九六四—一〇四一）字昌言。好學，進士及第。宋眞宗時，任翰林學士（替皇帝寫詔誥聖旨），《宋史》有傳。

某一天，要撰寫詔命的文書特別多，趕寫起來，絞盡了腦汁，思慮很辛苦。他趁中途擱筆休息的短暫時刻，走出戶外，沿著前階廊簷踱步，想舒散一下緊繃的精神。不意間看到一個年老的侍役，在院中樹蔭下午睡剛醒，伸了個懶腰，似乎十分快樂。

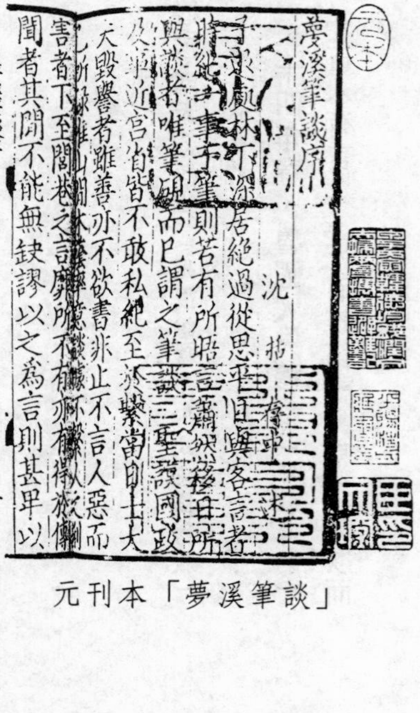

夢溪筆談序　沈括

予退處林下深居絕過從思平日與客言者時紀一事于筆則若有所晤言蕭然移日所與談者唯筆硯而已謂之筆談聖謨國政及事近宮省皆不敢私紀至於繫當日士大夫毀譽者雖善亦不欲書非止不言人惡而已所錄唯山間木蔭率意談噱不繫人之利害者下至閭巷之言靡所不有亦有得於傳聞者其間不能無缺謬以之爲言則甚卑以

夢溪筆談序　一

元刊本「夢溪筆談」

梅詢心有所感，對他稱贊道：「你眞舒服呀！」

老侍役愉悅地點點頭，表示同意。

梅詢想到自己文書趕寫不完，好累。因又問道：「你認識字嗎？」答道：「我不識字。」梅詢歎道：「你不識字，免了許多煩惱，這就更加快活了。」

梅詢是認爲自己識字，以致惹來辛勞，反而羨慕那不識字人的優閒生活。這只是一時的疲意，恐怕是不足爲訓的吧！（宋、沈括《夢溪筆談》卷二十三、譏謔）

一〇三　超強的記性

記憶力超強的人太難得了。《晉書・載記第十四・苻堅下》說：「苻融，聰辯明慧，過目不忘。」《宋史・文苑傳・劉恕》說：「恕（劉恕）少穎悟，過目成誦。」這都是難以企及的。今另有一記性特強之人，不當遺漏，宜予紹介。

南北朝時代北方的東魏朝廷裡，有位邢邵，字子才，詩文精擅，又好又快。有一次，他與文友陽固、裴伯茂、邢罘、陸道暉，共趁假期，結伴同往王昕（字元景，篤學）家飲酒談文過夜。這六位文人晚上寫詩，一共吟成數十首，而且互相傳觀。各人寫就的這幾十張詩箋，臨時都交給那位服侍茶水的書僮收管，倒也順當。

第二天一早，書僮出門辦事去了。這六位文士想要找出詩稿覆閱不著。虧得邢邵，當場就把每個人做的每首詩都抄寫出來，讓大家看傻了眼。

但有的人說：「我的詩不是這樣寫的，邢邵兄你抄記錯了吧？」

這時，書僮回來了，取出詩稿，大家檢對，竟然一個字也未錯漏。（唐、李延壽《北史》卷四十三、列傳第三）

筆者按：《北史》是正史，是二十四史中之一，此故事不可能信筆胡謅吧？

一〇四　免費理髮

一位男士帶著個小男孩走進了一家理髮店，店裡只有一位理髮師服務。男士對小男孩說：「你坐在後面沙發上等候，待我理髮過了再輪到你！」

男士要求全套服務，包括理髮、剃鬚、修面、洗頭、擦油、吹風、掏耳、捶背、按摩、修指甲等等。完畢後，他叫小男孩坐進了理髮椅。

「我要去買一條藍色的領帶，好在遊行慶祝時用上。」男士說：「一會兒回來！」

男孩理髮完了，好久那男士還沒回來，理髮師問道：「你爸爸怎麼把你忘記了？」

「他不是我爸爸，」男孩說，他只是在街上看到我頭髮長，拉著我的手說：「跟我來，孩子，我們去理個髮，是免費不用付錢的，我就跟來了！」（近代、李經偉《幽默故事精選》第五十六）

筆者按：理髮師應是美容師，他替人修整門面，使客人容光煥發，可喜。俗話稱他們爲剃頭師，但不能替自己剃頭，故有謂「剃人之頭者，人亦剃其頭」之諺語，借來表示即以其人之道，還治其人之身。此外、另有高人（似是曾國藩）贈理髮師聯曰：「磨礪以須，問天下頭顱幾許；及鋒而試，覩老夫手段何如。」好大的口氣！

一〇五　二加二等於多少

一位工程師、一位物理學家、和一位律師，競爭某大公司的首席執行官（CEO—Chief Executive Officer）的職位。

工程師首先接受面試，問了一長串問題，最後一問是「二加二等於多少？」工程師進行了一系列的測量和計算，最後回答說：「四！」

輪到物理學家面試，也是問了許多問題之後，最終一問是「二加二等於多少？」物理學家經過廣泛的蒐證和研究，很有把握的說：「等於四。」

律師是最後面試。同樣的，最後的問題也是「二加二等於多少？」律師起身，將室內所有的百葉窗都拉下遮起來，開開門察看是否有人偷聽洩密，再把門關好，又檢查電話機有無裝了竊聽器，安全無慮之後，他從桌上探過身來，拉近了距離，然後低聲問道：「你們公司想要它等於多少？」（近代、李經偉《幽默故事精選》第九）

一〇六 民無信不立

孔子的學生子貢（約西元前五二〇—？，是孔門言語科的代表，長於口才）最善於提出怪問題。有一次，他問孔子道：「治理國家的要政，簡明扼要的說，應有哪些？」

孔子說：「治國之要，應有三項基本條件：第一是糧食生產富足，第二是國防兵備精練，第三是人民信仰政府。三者均備，國乃鞏固。」

子貢問：「如果這三個條件無法全部都做到，在不得已時，要少掉一項，請問在這三項中哪一項可以暫時先行去掉呢？」

孔子答：「去掉兵備，暫時不要國防武力。」

子貢再追問：「如果萬一這『食』和『信』兩者也不能同時兼顧，迫不得已，還要拋棄其中之一，哪一項可以暫先去掉呢？」

只有孔夫子才能回答這種刁尖的問題，還解釋道：「去『食』、留『信』。一般人都認爲缺食可能會餓死，須知死是生命的必然，人人不能免掉，無法逃避。如果人民能信仰政府，政府也信任人民，即令放棄軍備，缺少糧食，仍能上下相孚，互信互賴，與國家共存亡，轉機必然很大也。」（《論語》顏淵第十二）

一〇七　洪水滔天治好了

《尚書》就是上古的書，是世界上最古的史書。因列爲群經之一，故又稱《書經》。我們讀其中的「皋陶謨」（陶音搖。皋陶是舜帝的賢臣。謨是爲國事決謀），可了解那時的領導者是怎樣爲民服務的。以下是譯文：

舜皇帝說道：「過來吧，禹！你也該述說一些正直的意見呀！」

禹下拜，回答說：「啊，舜帝呀！我只是整天不停地工作罷了。」

皋陶在旁問道：「那你是怎樣爲民工作的呢？」

禹回答說：「大水漫天而來（原文說洪水滔天），包圍了山阜，淹沒了丘陵，百姓都爲洪水所困。我開山闢路，和益（益是人名，舜時的賢臣）運送糧食給飢民。我挖通了九個系統的河川，使洪水瀉往四海（原文說決九川注四

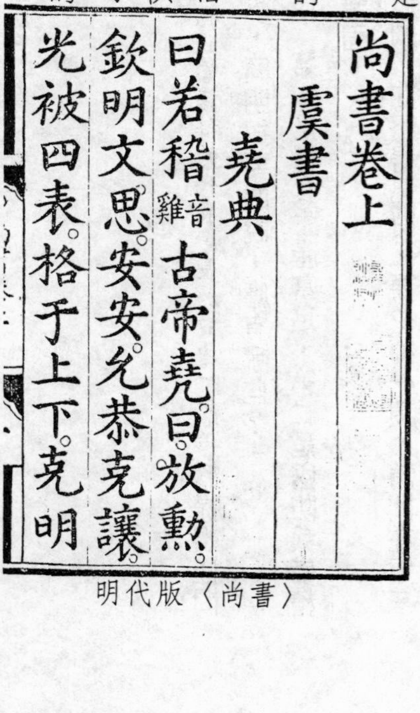
尚書卷上
虞書
堯典
曰若稽（音雞）古帝堯。曰放勳。欽明文思安安。允恭克讓。光被四表。格于上下。克明

明代版〈尚書〉

海），開鑿了衆多渠道，使洚水（就是洪水）流入江河（治好了洪水）。又與稷（稷是人名，舜時賢臣）播種五穀，供給民衆糧食（增產了穀糧）。又讓人民互通貿易，將有餘的貨物轉運到缺少的地區去售賣（發展了商貿）。這樣一來，萬民都安定了（撫慰了百姓），國家也太平了。」

臯陶贊美道：「禹！你幹得太好了，我也要仿效你這種愛護萬民的做法才是呀！」（伏生《尚書》虞夏書、臯陶謨）

禹

一〇八　班門弄斧

唐代詩仙李白（七〇一—七六二），有「斗酒詩百篇」之譽。他好酒，喝醉了，糊裡糊塗地潛入水下要到長江深流裡去撈月亮，溺死了，葬在長江右岸的采石磯（在安徽省當塗縣，即他的投水處）。

歷代詩人詞客，前往憑弔的，絡繹不絕。人人都不免留詩題句，幾乎寫滿了墓廬內外。

有一位文士，眼見這麼多酸臭文人，不自量力，竟然敢在仙才李白跟前，賣弄詩詞，豈非狂妄？有意要警誡他們一番。

但這位先生忍不住也班門弄斧，寫下兩行，題了一首七言絕句（應是心癢手癢，明知故犯吧）：

「采石江邊一抔土，李白詩名耀千古；
來的去的寫兩行，魯班門前耍大斧。」

李白

（明、馮夢龍《古今譚概》酬嘲。又見：明、吳郡、楊循吉《蓬軒別記》）

一〇九 張禍來闖禍要殺人

民初，被國人譏稱龔大砲的龔德柏先生（一八九一—一九八〇），湖南瀘溪人。與湘鄉人成舍我在北京創辦「世界晚報」，龔任主編。因龔深諳外交，熟識各國使館，每能獲得獨家消息，又敢於撻伐高官，以故銷路劇增，大家搶購。小說家張恨水的《春明外史》《啼笑姻緣》也在該報連載多年，且由胡蝶等人拍成電影，轟動南北。

此時，東北張作霖大帥行將入關，企圖攻佔北京，巡閱使吳佩孚駐北京，急召部屬河南督軍張福來率部增防北京，軍情十分緊急。

龔德柏探獲此一機密秘聞，特用大字刊於頭版，標題是「張福來入京」。那時排版是由人工用手檢出一個個的正方形鉛字拼成活版來印的（因此有倒字或橫字）。前後要經過檢字、拼版、打樣、校對、及主編最終審閱等繁複程序，都過關了，趕忙印報上市。大家搶著買來一看，那標題竟是「張禍來入京」，把福字錯成禍字，這個

龔德柏先生遺像

「禍」可就闖大了。

張主帥一聲令下，要查封報館，抓人槍斃。龔德柏成舍我兩人得知幕後消息，趕早一步逃開，但見警局貼一告示於報社大門，宣示該報「記載荒謬」，報紙就被查封停辦了。

（民國、楊有釗《龔德柏評傳》伍、北京時代、張「禍」來到京條）

筆者按：今摘錄《龔德柏評傳》中的數段贊語：㈠蔣中正總統說：「龔德柏是眞愛國的，他不同於雷震。」㈡立法委員陳紀瀅說：「龔先生的大名，是響噹噹爲人稱道的前輩。」㈢日本天皇的中文秘書木下彪博士說：「龔先生是愛國者，如果政府採納他的意見，中日兩國都不會有後來這樣的結局。」由此可見一斑。

一一〇　自己最能幹

戰國時代的魏武侯（繼魏文侯爲君），在朝廷與大臣們商訂國政大計時，群臣都及不上他的見識高遠。散朝之後，面帶喜色，認爲自己最能幹，聰明才智超過所有的人。

大軍事家吳起（前？—前三七八）規勸魏武侯道：「從前春秋時代的楚莊王（春秋五霸之一，是各國的盟主），與大臣們商訂國政大計時，群臣們都及不上他，散朝之後，面有憂色。申公（楚國大夫）因問楚莊王說：『君王爲國事操勞，對每項大政都決斷得十分完善，爲甚麼反而面有憂色呢？』

「楚莊王答道：『我聽別人說：世界上總會有高智的聖者，而一國之內也總會有能幹的賢人；如能請到他們做老師的便可成帝王，如能得到他們做朋友的便可成霸主，這話很有道理呀。如今我的才學並不高超，但討論國政時，群臣都及不上我，這並不是證明我自己最能幹，而是證明國內沒有人才，我這楚國不就很危殆了嗎？』

「以上是楚莊王所憂心的，而你魏武侯卻面帶喜色，我私下不能不擔心呀！」

魏武侯聽了，知道自己錯了，面露羞慚之色。（戰國、吳起《吳子兵法》圖國篇）

筆者按：但願今日多產生幾位楚莊王。

一一一　交換蘋果與思想

蕭伯納（George Bernard Shaw, 1856-1950），英國劇作家，生於愛爾蘭。加入費邊社（Fabian Society），從事社會宣傳工作，對世人影響極大。他一生寫了五十多個劇本，一九二六年獲諾貝爾文學獎。也有人譯為伯納蕭。

蕭伯納才思縱橫，語多風趣。他說：「假設你有一位朋友，他手中有一個蘋果，你手中也有一個蘋果。你們彼此交換一下，結果仍然是各人手中各僅有一個蘋果。

「但是，倘若你有一個思想，他也有另一個思想，你們互相交流後，你們兩個將各有兩種思想。

「實際上，這兩種思想，在交流、碰撞、激盪的過程中，很可能還會誘導出第三種思想。這是多麼美妙呀！」（近代、湖海散人《茶餘飯後集》）

筆者按：我會講國語「謝謝」，你會講台語謝謝。他會講日語謝謝是「阿利卡多（arigado）。」三人互相交換後，每人從只會一種變成會了三種。由此引發了興趣，分別去探索，又學會了英語謝謝是「thank you」。法語是「merci beaucoup（瑪細．比若課蒲）」。德語是「danke vielmals（丹恩啓．外依歐麻歐斯）」。意大利語是「molte grazie（莫歐提．革瑞齊）」。西班牙語是「muchisimas gracias（茂赤意洗麻斯．革瑞西亞斯）」。大家互享知識交換的益處。

一一二　哥哥詩社

民國許君武先生（一九〇五—一九八八），字筠廬，湖南湘鄉人。早年留學英國，中英文俱精，是各大學爭聘的名牌教授。

許先生的詩名尤著，有倚馬七步之才。他創立了「四可詩社」。詩友們都贊佩這個社名取得極好。因爲《論語．陽貨篇》孔子說：「小子何莫學夫詩。詩、可以興（可激發一個人的心志），可以觀（可觀察當時政治的得失），可以群（能培養一個人合群的德性），可以怨（更可抒發一個人心中的憂怨）。」四「可」俱備，豈非最美？

但是許老卻另創一說，他幽默地笑道：「四可者，哥哥也（兩個可字疊合就成哥字）。四可詩社，就是哥哥詩社嘛。」足見他的風趣。（台北《湖南文獻》）

筆者按：作詩要有詩興：《陸游．春日絕句》「吏來屢敗哦詩興，雨作常妨載酒行。」作詩要有詩思：《賈島．酬慈恩寺詩》「聞說又尋南岳去，無端詩思忽然生。」要有詩腸：《朱熹．見梅用攀》「只有顚狂無告訴，詩腸欲斷酒腸寬。」但不要變成詩魔：《白居易．閒吟詩》「唯有詩魔降未得，每逢風月一閒吟。」尤不要欠下詩債：《黃庭堅．寄庾元鎭》「傳語濠州賢刺史，隔年詩債幾時還？」

一一三　豈可官位在人上

用人的條件，首是品格，次是才幹。要先講品，然後論才。如果弄反了，那就犯了《孟子離婁上》說的「不仁而在高位，是播其惡於衆也」之錯。

宋代李沆（九四七－一〇〇四），官拜宰相，和寇準（九六一－一〇二三）同朝。寇準多次推薦進士丁謂（九六二－一〇三三）聰敏機智，博識多聞，盼能提拔。李沆卻一直沒有用他。寇準追問原因，李沆說：「丁謂確有捷才，但我觀察他，行事險狡，不是個正人君子。這種品格低卑的小人，豈可推舉他要他位居人上？」

寇準反問道：「像丁謂這樣才多識廣的高人，你能壓住他一直屈居人下？」

李沆笑著回答道：「將來你寇大人後悔時，就會記得起我的話了。」

後來，李沆退休了，寇準也當上了宰相。重用丁謂，任為參政。豈知丁謂爲了抓權，竟反過來陷害寇準。不但擠掉他的宰相高位，還將他充軍到蠻荒邊遠的雷州半島，降級貶官爲司戶參軍。這時寇準才佩服李沆的遠見。（元、托克托《宋史》卷二八二、列傳第四十一）

筆者按：《論語憲問》：「驥不稱其力，稱其德也。」《孟子離婁》：「不仁而在高位，是播其惡於衆也。」司馬光說：「德勝才謂之君子，才勝德謂之小人。」

一一四　嘴唇頂天立地

現今社會上尤其是政壇上的妄人太多了，不禁想起一則趣談。初看雖是笑話，深思之，也會興起一股無奈的嗟歎：

甲說：「我遇見一個好大的大人，他站著就有天高。」

乙說：「我遇見的比你遇見的大人還要大，他坐著就有天高。」

丙說：「你們遇見的那兩個大人不能算大，我遇見的那個大人，他睡著就有天高。」

丁說：「你們遇見的三個都算不了甚麼大人，我遇見的那個人才是最大的呢，他上嘴唇頂著天，下嘴唇頂著地！」

甲乙丙三人同聲抗辯道：「他上嘴唇頂著天，下嘴唇頂著地，那他的腦袋和身子到哪裡去了呢？」

丁說：「不必急躁，也不要少見多怪，原來這位超級大人物，他除了一張大嘴，其他甚麼都沒有了！」（民國、湖海散人《茶餘飯後集》）

筆者按：這是笑語閒談？還是另有深意？想請讀者來體會。不然的話，這篇短文大可不要了！

一一五　寧可叛我也要殺他

明代胡大海（封越國公，諡武莊），生得長身鐵面，智力過人。自始就一直幫助明太祖朱元璋（一三二八—一三九八）開創天下，作戰擔任前鋒，立下無數大功勞，是朱元璋的左右手。

他有智慧，又有勇力，善用兵，作戰時，不擄婦女，不燒房屋。又尊重學者。劉基、宋濂等名人，都是胡大海推薦給朱元璋獲得重用的。

當初群雄並起時，朱元璋打下了婺州（在今安徽省），爲了要作長久根據地，宣佈要安撫百姓，要嚴行法治，要節約糧食，要禁止釀酒。

但胡大海的兒子，住在婺州，倚仗父勢，傲不守法，仍然私下釀酒。朱元璋知道了，認爲法律沒有折扣，要懲辦他。

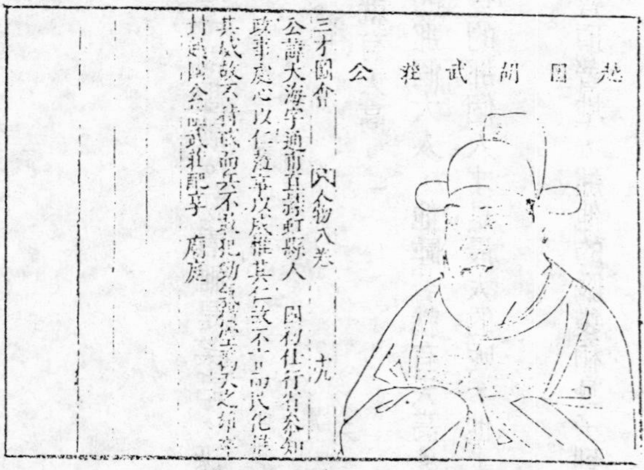

胡大海封越國公諡武莊

那時節，胡大海正率領大軍，遠征越南在外。都事官王愷奏請朱元璋不要斬他兒子，以使胡大海安心。

朱元璋批駁道：「寧可使大海叛我，不可使我法不行！」（這是「請你猜猜」第9題答案）把他兒子殺了。（清、張廷玉《明史》卷一三三，列傳廿一）

筆者按：司馬光撰《資治通鑑》，卷二百四十九，唐紀六十五，也記載唐宣宗時，羅程恃皇帝之寵愛，在京城以睚眥（指僅是小怨小忿）殺人，關入京兆監獄，判成死罪。許多人向唐宣宗求情特赦，宣宗說：「汝曹惜才我惜法。」竟處死刑，與本篇意同。

一一六　兒子不比老爸強

名人的兒子，雖有勝過父親、稱爲「跨竈」的（跨是超越，竈上必會有鍋子，叫釜，釜與父諧音，跨釜就是超過父親），但多數都比不上老爸，例如杜甫、王霸、李嶠之子都是，這眞是人間憾事。

晉朝陶潛（三六五—四二七），又名淵明，被稱爲田園詩人之祖，做過江西彭澤縣長。只因不肯束帶穿禮服迎候長官，便掛冠不幹了。還寫了一篇《歸去來辭》以見志，成爲我們研讀古文的範本。

他有五個兒子，似乎都不太爭氣（遺憾的是《晉書・隱逸・陶潛傳》只講陶潛本人，沒有他五個兒子的敘述）。陶潛本人也感覺不滿意，他有「責子詩」曰：

白髮被兩鬢，肌膚不復實；（髮白肌衰老矣）

雖有五男兒，總不好紙筆。（五子都不好學）

阿舒已二八，懶惰故無匹；（阿舒只想偷懶）

阿宣行志學，而不愛文術。（阿宣不愛文學）

陶淵明

雍端年十三，不識六與七；（雍端不甚識字）

通子垂九齡，但覓梨與栗。（阿通只是好吃）

天道苟如此，且進盃中物！（我且飲酒解憂）

右詩引自《龍文鞭影》及《詩人玉屑》，原詩都只說到四個兒子，漏了一個（詩也少了兩句）。為存真，保持原狀，不予篡改。（明、李暉吉《龍文鞭影》二集下卷、責子淵明。又見宋、魏慶之《詩人玉屑》卷十三、責子詩；也只說到四個兒子，少了一個，詩句全同）

筆者按：㈠晉代邵雍，諡康節，與司馬光、富弼等人為友。他有示兒詩曰：「我今行年四十五，生汝乃始為人父。鞠育教誨誠在我，壽夭賢愚繫於汝。我若壽年六十歲，眼前見汝一十五。我欲願汝成大賢，未知天意肯從否？」見《龍文鞭影》二集下卷「示兒康節」條。㈡宋代蔣惟吉，是蔣居正之子，品行素來不好，居正死時，皇帝親臨祭之，問道：「這不肖子在哪裡，行為改了沒有？」惟吉跪在喪側，不敢抬頭。但從此革新做好人，讀書向善，後來甚且官任地方大吏，很有治聲。見《龍文鞭影》二集上卷「惟吉不肖」條。

一七 豈敢飲酒逾限

晉代陶侃（二五九—三三四），字士行。早歲是個孤兒，家境貧乏。初爲縣吏，後任江夏太守、武昌太守、荊州刺史，官封太尉，拜大將軍。文事武功，都有可述。

他早上將一百塊磚頭搬到書齋門外，晚上搬回書齋之內。別人問他爲甚麼？他說：「這是練習勤勞，將來好爲國家效力。」他又說：「大禹聖者，乃惜寸陰；至於我們，當惜分陰。」這是愛惜光陰。

當他任職武昌太守時，武昌扼荊楚咽喉，文士雲集。當時殷浩（後爲建武將軍）、庾翼（後爲刺史），都是陶侃府衙裡的屬員，後來都有成就。

陶侃每次飲酒，都有定量。宴會中途，常常歡樂未盡而酒限已滿，他就不再添杯了。

殷浩等人，勸他稍稍再喝少許。這話觸動了陶侃的心事，他悽然不語，沉默了好久，才解釋道：「我在年輕時，曾經因爲貪杯而誤了正事，母親告誡我今後飲酒不可過量。如今先母已逝，但遺訓慈音，仍然在耳，我何敢隨便破戒呢？」（《晉書》卷六十六、列傳三十六）「這是請你猜猜第1題的答案」

陶侃

一一八　怎樣做個好記錄

石瑛，湖北陽新人，留學法國英國，民國十四年，任武漢大學校長時，學校舉辦「暑期學術演講會」，敦請學者鴻儒講授學術心得，頗極一時之盛。

演講會計劃刊印專集，但許多位演講先生，既無講稿，也無大綱，只有屆時派同學臨場記錄。石瑛校長召集這些記錄同學，傳授做記錄的訣竅道：

第一：完全要用第一人稱來寫，把自己當成演講人。

第二：能夠速記最好，否則用簡捷辦法，一個字可以代一句或一段。例如演講者說：『今天承貴校石校長邀我講「詩經『言』字之研究」。在這樣炎熱的天氣裡，大家如此踴躍參加聽講，恐怕我會令你們失望……』。只須記爲「言、熱、失望」就行，事後再去好好還原，再潤飾整理。

第三：講稿寫好了，必須請演講人核閱同意後才能付印。萬一他無暇閱看，你必須在文尾聲明：「本稿未經某某先生審核，如有訛錯，由記錄負責。

以上這些要訣，都是重點。雖然時至今日，大可使用錄音機，否則仍然是擔任記錄的準則。（《學府紀聞——武大》）

一一九　阿豺單箭易折

吐谷渾（讀突浴魂）是我國西北一個氏族的族名，也是個國名，領土包括今青海甘肅一帶，歷經三國、晉、南北朝、隋、到唐，國祚幾達四百年，當時應稱強國。阿豺為吐谷渾王（《資治通鑑》作阿柴），他北伐吞併了氐和羌，南邊與南北朝通好，宋少帝封他為澆河公，時在公元四二三年。

後來阿豺生病，快要死了，他召來二十個兒子，命令他們每人給他一枝箭。再對身旁的舅子慕利延說：「你拿一枝箭把它折斷吧！」慕利延將它折斷了。

阿豺又說：「你再把這十九枝箭一次折斷吧！」慕利延握著這把箭，雙手用力，卻是沒法把十九枝箭同時一齊折斷。

阿豺此時告誡他們說：「你們看到了：單箭易折，衆箭難摧。你們要團結起來，萬衆一心，國家自然就鞏固了。」（「請你猜猜」第11題答案）

吐谷渾因為能團結禦侮，上下一心，直到唐代，才歸順中國。（唐、李延壽《北史》卷九十六、列傳第八十四。又見：宋、司馬光《資治通鑑》宋紀、文帝。又見：明、馮夢龍《增廣智囊補》卷上、上智、遠猷、阿豺）

一二〇 誰該做老大

甚麼叫老大？老大就是頭頭。一切由我決定，莫敢違抗，好不威風，人人稱羨。不過，身爲禪宗（印度高僧達摩來華首創）四祖的信道禪師（五八〇—六五一，俗姓司馬，是三祖僧燦之弟子，五祖弘忍的師父），卻引述了一個寓言：

蛇頭和蛇尾，本是一體。有一天，尾和頭起了內鬨，爭吵著究竟誰是老大？

蛇頭說：「我生長在前頭，當然我是老大，你得聽我的才是。」

蛇尾質問道：「我爲甚麼不能做老大？」

蛇頭說：「因爲我有眼睛，可觀四向；我有耳朵，能聽八方；我有嘴巴，能吃五味；當然我該做老大！」

蛇尾辯道：「我才是走動的主角，我讓你走，你才能走，如果我不想要你走，你還不是毫無辦法？」說罷，蛇尾就纏住樹幹。三天三夜，蛇頭沒法行動，只好服輸，對蛇尾說：「好罷，你想做老大，就讓你走在前面吧！」

蛇尾高高興興的領頭向前爬行，但它沒有眼睛看清方向，沒有耳朵分辨危音，沒有舌頭探知冷熱，不知道前面有何艱難險阻，亂爬了一陣，就掉進一個野火坑裡燒死了。（鴻毅圖書《中國禪宗佛祖全傳》卷三、四祖道信禪師）

一二一　孔子老子與四皓

西晉末年，北方五種胡族（我國北方五支民族，含五種胡人：匈奴、鮮卑、羯、氐、羌）大規模倔起叛亂，各自成立國家，因稱那個時代爲五胡十六國。

十六國之中，有個「前涼」，傳到張重華（字泰臨），自稱涼王。他也建立年號叫永樂。永樂五年（辛亥年，即晉穆帝永和七年，公元三五一年）張重華召宴滿朝大臣於閑預庭，講論經書義理。

講宴進行中，君臣歡洽。張重華問大臣索綏說：「孔子的妻子，是誰家的女兒？老聃（老子）的父親是何人？四皓（商山四皓：東園公、甪里先生、綺里季、夏黃公。隱居商山，鬚眉皆白。見漢書張良傳）護衛了漢太子之後，是留住下來呢？還是返回商山去了？」

索綏回稟道：「孔子的妻，姓丌（音機）。李老聃的父親名乾，字元杲，八十歲始生老子。至於四皓，是否回商山去了？小臣還未能知道。」

涼王張重華補充說：「這最後一題你不知道嗎？我告訴你：四皓死於首都長安，該地有『四皓冢』，可以供作他們沒有回商山的明證。」

五胡之國的君臣，竟然對儒、道、歷史懂得這麼深，不可不留此短篇作爲紀錄。（後魏、崔鴻《十六國春秋》已失傳，但明、何鏜《漢魏叢書》中留有該節抄本；本篇是摘自清、湯球加以補充爲《十六國春秋輯補》卷七十一、前涼錄五、張重華）

筆者按：本篇引自《十六國春秋輯補》。篇中張重華問索綏的第㈠項說：「孔子之妻姓丌。」今據《史記・卷四十七・孔子世家》「索隱」說：「家語：孔子年十九，娶於宋之丌官氏之女，一歲而生伯魚。」又本篇中第㈡項說「八十歲始生老子。」今據《史記・卷六十三・老子列傳》「正義」所述：①「神仙傳」云：李母八十一年而生老子。②「玄妙內篇」云：七十二年而生老子。歲數不同。又本篇中第㈢項「四皓。」今據《史記・卷五十五・留侯世家》「索隱」所述：東園公姓唐字宣明，夏黃公姓崔名廣，角里先生姓周名術。

一二三　下棋送賄解套

四川簡州刺史（掌一州一郡軍政大權的首長）安童伯，生性貪財。州裡有位鄧姓富民，家財億萬，以喜歡下棋著名。安童伯便指名召喚他到府衙裡陪自己下棋，故意整他，要讓他極不好受。

開始下棋了，安刺史悠閒的坐著，但鄧姓富民卻只准站著。每次落定一子之後，就叫他退下避到廳堂下方窗邊站立，讓安刺史計算好步數落子了，才叫他上堂繼續著棋。整天都是如此對待，而且不供應飲食，弄得這位姓鄧的身心兩都疲怠，加以連續幾天被召，又不敢不去，深爲苦惱。

怎樣解套呢？鄧姓富人請教知心朋友，朋友說：「你道安童伯的心意是眞要下棋嗎？非也。你只要送份厚禮，保證必有大效！」

鄧氏一經打聽行情，朋友說得很對，便在最後一次下棋時，隨帶一箱栗果，箱底藏了個大包封，是一千銀兩。說：「這栗果味道很美，送請安刺史大人笑納。」

眞的、錢可通神通鬼，從此安童伯便不再找他下棋了。（明、李暉吉《龍文鞭影》二集下卷、童伯貪婪）

一二三　鸚鵡破了謀殺案

唐代開元年間（開元是唐明皇時的年號），長安（唐朝的首都，即今西安）市民楊崇義的妻子劉氏，與鄰人李弇私通。兩人共謀，由李弇殺死了楊崇義，將屍體投入廢井中，蓋上泥土，無人知曉。

丈夫無故失蹤，茲事體大，必須報請官府，銷除戶口。劉氏故意向官衙呈報，說丈夫楊崇義走失了。官員親到楊家來檢查，住房內外找不到蹤跡。忽然聽到堂屋裡架上的鸚鵡叫道：「殺我主人的人，就是東面鄰居的李弇，屍體埋在廢井裡。」有此線索，就把這樁謀殺案破了。

事後，官府將案情上報朝廷，唐明皇（六八五—七六二）認爲鸚鵡破案有功，封它爲「綠衣使者」。（明、李暉吉《龍文鞭影》二集下卷、證殺鸚鵡。又見：五代、王仁裕《開元天寶遺事》鸚鵡告事、文較詳）

一二四　帝王都是強盜

清代唐甄（一六三〇—一七〇四），號圃亭，做過山西長子縣縣長。著有《潛書》，例如書中他反對君主專制，說「天子之尊，非天帝大神，皆人也。」（見《抑尊》篇）當時這是大膽的石破天驚之論。他自稱唐子，言論不凡。

唐子說：「自秦朝以下，凡是帝王，都是大惡的強盜！」

妻笑問道：「何以是強盜呢？」

唐子說：「假如有人背著一匹棉布，或挑著幾斗米穀，進城去賣，路上被人殺死，搶去布或穀，這是不是強盜呢？」

妻答：「這當然是。」

唐子說：「殺一人而搶奪匹布斗粟，叫強盜。如果是殺掉幾萬人又如何呢（《莊子·胠篋》說：「竊鉤者誅，竊國者侯。」）？我們看：三代（夏商周）以後，順利取有天下的皇帝莫過於漢高祖劉邦。可是他攻下城陽縣，後又攻下潁陽縣，都把全城百姓殺光（《史記卷八》說：沛公攻城陽，屠之。南攻潁陽，屠之）。漢光武帝劉秀，也屠城三百（《後漢書耿弇傳》說：光武麾下大將耿弇，凡所平郡四十六，屠城三百）。這比強盜嚴重多了！」

妻曰：「大亂之時，哪可不殺而能平定天下？」

唐子說：「平天下豈能不殺？古之王者，有兩個原則不得已而殺人：一是有罪的，不得不殺；二是在戰場上，你死我活之爭，不得不殺。但如多殺亂殺，那就等於是強盜。如果上帝要我來審判殺人罪，我會這樣判定：匹夫無故而殺人，應將他一人而抵一人之死。擁有天下者無故而殺人，那他雖死一百次，也不足以抵消他殺一人的罪過，比強盜的暴行還壞過一百倍呀！」（清、唐甄《潛書》下篇、室語）

筆者按：《莊子胠篋篇》和《史記遊俠列傳》都有「竊鈎者誅，竊國者侯」的話，意思是說偷件小東西要受誅戮，奪人之國的卻封爲王侯。這是指犯小惡的受到重罰，犯大惡的反得富貴，這算公平嗎？

一二五　早晨讀文一百篇

戰國時代的墨翟，被尊稱爲墨子（約元前四八九—前四〇六）。他要南行前往衛國，牛車上裝載了許多書簡。強唐子（另位學者）見到了，提出詢問道：「夫子你去鄰國訪問，似乎不必要隨帶這麼多冊籍，難道不覺得累贅嗎？」

墨子答道：「以前周公旦（武王之弟）輔佐成王治國，身居攝政王之位，他每天早上要讀遍一百篇經文，傍晚還要接見七十二位儒士。他是掌理國政的大忙人，尚且不辭勞倦，我們這些閒人，哪敢荒廢半點光陰呢？」（宋、王應麟《困學紀聞》卷之二）

可惜的是，不少現代人懶得讀書了，哀哉！

筆者按：今有必要將蘇宰相的四句箴言附此相告，宋代蘇頌，（一〇二〇—一一〇一）宋仁宗時中進士，宋哲宗時爲宰相，《宋史》有《蘇頌傳》。他的《書帙銘》說：「非學何立？非書何習？終以不倦，聖賢可及。」

一二六　十二生肖謬說

古代算命的用十二種動物，配屬於十二地支，代表十二個生年，分別是：

子年屬鼠，丑年屬牛，寅年屬虎，卯年屬兔，辰年屬龍，巳年屬蛇，
午年屬馬，未年屬羊，申年屬猴，酉年屬雞，戌年屬狗，亥年屬豬。

東漢以來，都認爲生在某一年就肖某一物，稱十二生肖，又叫十二屬。且以生肖代年齡，例如說：「我屬狗，你屬羊。」

清代李汝珍（一七六三—一八三〇）《鏡花緣》一書中，就極端排斥生肖之論。他說：

「尤可笑者，如人在未年出生，何至比之於羊？如人在寅年出生，又何至竟變爲虎？而世間怕太太的人，未必他太太的生肖都是屬虎吧？況且，鼠好偷竊，蛇最陰毒，那些生肖屬鼠屬蛇的，難道都是偷竊陰毒之輩（爲何獅熊猿豹貓貍未入選，又鳥類何以不行）？至於龍，它是四靈之首，自然尊貴無比，乃是當皇帝任總統的象徵；如此說來，是否凡辰年出生的人，因皆屬龍，都是極貴之命，睡覺也會被選爲總統？

「此皆愚民無知，造此謬說。若干讀書人也染上此風，殊爲可笑。」（清、李汝珍《鏡花緣》第十二回）

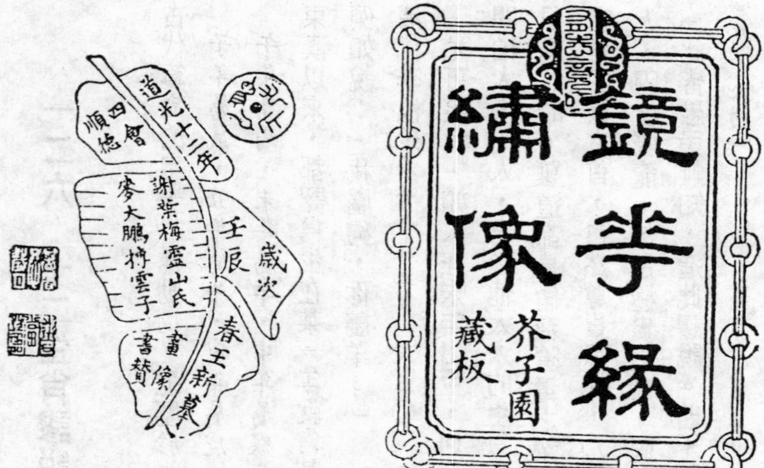

鏡花緣序

班志稱小說家流出於稗官如淳注謂王者欲知閭巷風俗立稗官使稱說之此古義也乃坊肆所行雜書妄題為第幾才子其所描寫不過運敦窮奇面目卽或闡揚盛節點綴閒情又類土飯塵

羹味同嚼蠟余嘗目為不才子似非過論昔王臨川答曾南豐書謂小說無所不讀然後能知大體而續文獻通考經籍一門亦采及琵琶荊釵豈非以其言孝言忠宜風宜雅正人心厚風俗合於古者稗官之義哉鏡花緣一書洒北平

《鏡花緣》道光十二年芥子園刊本

一二七　木紋不正脈理斜

作爲一個領導者，如果心地不正，那他的言語行動，都會偏斜。本篇記述一位工匠的話，唐太宗聽進去了，我們也該思索一番吧。

唐太宗（五九七—六四九）即帝位不久，他對蕭瑀（御史大夫，參議國政）說了個故事：

「我自小就喜歡彎弓射箭，自認爲對弓箭之性，已有充分了解。最近又收集到十多具我認爲是最好的弓，我交給製弓的師父審看，要他作個評斷。」

「弓師回稟說：『這些都還不是良材。』」

「我問他爲何不是？弓師說：『木紋都不正，弓身和兩臂的脈理都是歪斜的。雖然材質堅硬有勁，但射出去的箭，都不會循直線前進。只要稍有偏離，就不能正中目標，危急之

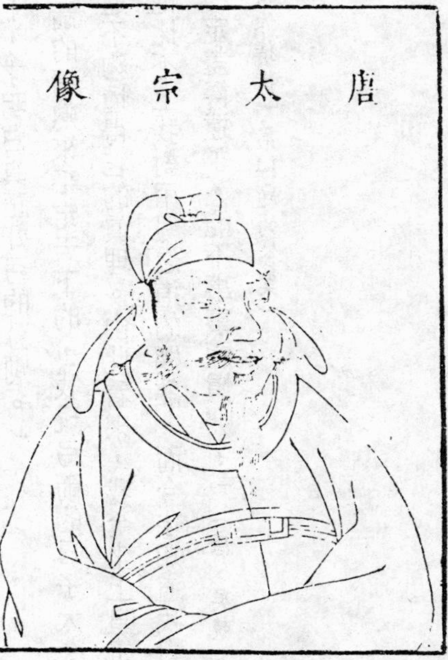

唐太宗像

時，死生所繫，所以不是好弓。』我聽了，才明白眞正好弓的分別。」

唐太宗續對蕭瑀說：「我是倚仗弓箭的精熟來平定天下的，我玩弓箭的日子太久了（史書說他箭無虛發，對手應聲而倒），卻還不夠懂得它的眞理。由此看來，我今坐上皇帝寶座的時日並不長，對治國之道的生疏，絕比不上我對用弓之道的嫻熟。而今才知道我對弓箭的認識還欠精深，那末對治國之道，一定差得遠了，能不事事謹愼嗎？」（唐、吳兢《貞觀政要》卷第一、論政體第二）（這也是「請你猜猜」第14題的答案）

一二八　嘴咬箭頭這招未學

隋朝末年，咎君謨最會射箭。他能夠在扣弦時閉著眼睛射出。還可以先說定要射對方眼睛，或是要射嘴巴。他閉目射出後果然射中了眼睛或嘴巴，眞是古今第一神射手。

有個王靈智的，拜他爲師，專學射箭。三年了，自以爲所有射箭的技巧和要訣都學會了。心中暗想：「我若把師父射死，天下就只剩我一人獨擅神箭，那是何等美妙呢。」

這位叛逆徒弟眞的向咎君謨發箭，此時咎君謨未帶弓箭，沒法還射。他只好用隨身的短匕首（是短劍或小刀），見到箭已近身，就用短刀撥開。最後射來一支箭，君謨一張嘴，用牙齒及時咬住了射過來的箭簇（箭端的鐵尖頭），沒有一支箭射到了自己。

咎君謨笑著訓斥道：「王靈智徒兒呀！你學射學了三年，卻還沒有學到嘴咬箭頭這一記絕招，你想成爲天下第一，還差得遠呢。」（明、李暉吉《龍文鞭影》二集下卷、君謨齧簇。又見唐、張鷟《朝野僉載》。又見唐、段成式《酉陽雜俎》貶誤）

筆者按：《孟子・離婁下》孟子曰：「逢蒙學射於羿，盡羿之道。思天下唯羿爲愈己，於是殺羿。」又《列子》云：「飛衛，古之善射者。紀昌文學射於飛衛，計天下敵己者，一人而已，乃欲謀殺飛衛。」與本篇咎君謨事均略同。

一二九　手不釋卷讀論語

宋代趙普（九二二—九九二），字則平，沉厚寡言，剛毅果斷。宋太祖趙匡胤任他爲宰相，甚爲倚重。

趙普勤於治學，到了晚年，更手不釋卷。每天公務完畢回家，便關起書房門，打開書篋（就是書箱），拿出書本，整晚用功。及到第二天，上朝處理國政時，決斷快速，毫無滯碍，措置都很允當。

直到他七十一歲死了，家人才敢打開書箱。一看，箱中藏的，就是各種版本和注解的《論語》二十篇（第5題答案）。原先趙普生前就對宋太宗說過「臣以半部論語佐太祖定天下，以半部佐陛下致太平」的話。（明、《御製賢臣傳》、相鑑、卷之十一）

後來到宋眞宗時，李沆（九四七—一〇〇四）也做了宰相。他也手不釋卷，常常複讀《論語》。有人問他：「你原是進士出身，又做過禮部侍郎，如今更官居宰相，還要重讀《論語》作甚？」

趙普，字則平像

李沆答道：「我身爲宰相，理當服務萬民。例如《論語》裡提到的『節用愛民，使民以時』這句通常話，我都還沒有徹底做到，豈不慚愧？因此我立意要時常溫習《論語》。我覺得聖人講的話，應該要一輩子牢記在心，而且要努力做到。」（明、李暉吉《龍文鞭影》二集下卷、沆讀論語）

筆者按：李沆所提到的《論語·學而第一》中第五章全文是「子曰：道千乘之國，敬事而信，節用而愛民，使民以時。」其中道是治理。千乘是擁有兵車一千輛的大國。敬是對政事謹慎。信是取信於民。節是節省。時是農閒時段。全章是說：治理國家，施政要敬謹，人民有信心，費用要節省，百姓要愛護，征用民力要選擇在農閒的時候。這敬信節愛時五事，說來淺顯，卻是古往今來治理國家以及領導一個任何團體的基本要道。

一三〇　捕鳥為了放生

戰國時代的趙國，位居中國北方，首都叫邯鄲（今河北省成安縣），那時是個物阜民康的大都市。《莊子秋水》篇中的成語「邯鄲學步」，便是說燕國人到趙國首都來學上流社會人士走路的步伐，可證趙國居於領先地位。

邯鄲城裡的市民，每逢正月初一元旦之前，都捉來一些活的斑鳩鴿子之類的鳥獻給國務卿趙簡子（即趙鞅）。簡子十分高興，厚厚的打賞捕鳥的人。

有位賓客，問及為甚麼收鳥？趙簡子答道：「正月初一元旦，將飛鳥（如鳩鴿）鱗介（如龜鱉）放生，顯示有恩於牠，會獲好報。」

客人說：「放生本是佛門的善行，但趙卿你的作法，恐怕未必會積福吧！百姓們知道你要放生，便爭著去捕鳥。你又大給賞金，便是鼓勵百姓們多捉，鳥兒為此而死傷

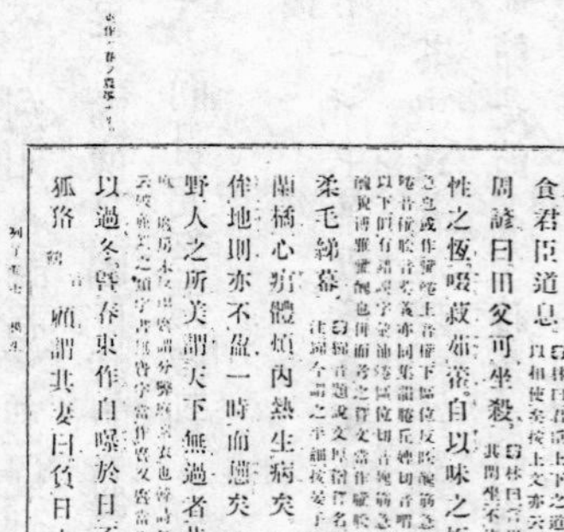
食君臣道息。周諺曰田父可坐殺，晨出夜入，自以性之恆，啜菽茹藿，自以味之極，肌肉麤厚，筋節腃急，一朝處以柔毛綈幕，薦以粱肉蘭橘，心痟體煩，內熱生病矣。商魯之君與田父侔地，則亦不盈一時而憊矣。故野人之所安，野人之所美，謂天下無過者。昔者宋國有田夫，常衣縕黂，僅以過冬。暨春東作，自曝於日，不知天下之有廣廈隩室，綿纊狐狢。顧謂其妻曰：負日之暄，人莫知者；以獻吾君，將有

日文批注列子

的定然不少（捕十可能有五死）。你如想要鳥兒活著，不如改爲禁止百姓捕捉，不就更直接省事的護鳥了嗎？如今捉牠的人多，把牠弄傷弄死的人不少，放牠的人更少（放二可能僅一生），死活功過一定不能相抵了。」

趙簡子道：「對呀，就停了吧！」（戰國、列禦寇《列子》說符篇。又見：明、鄭瑄《昨非庵日纂》廣慈）

筆者按：明代鄭仲夔《耳新》書中說：放生之說，謂多買魚鳥放生，便可得福。捕者貪重價，益肆漁獵。不適以滋擾乎？何如海闊從魚躍，天空任鳥飛之爲得也。此外，北使李諧之對梁武帝曰：不取亦不放。斯眞善爲放生矣。

一三一　譚延闓大度能容

國民政府主席譚延闓（一八七九—一九三〇，三任湖南督軍，兩任國府主席），湖南茶陵人。他才兼文武，討袁北伐諸役，都有戰功。

民國十八年，恰逢五十歲壽誕。湖南有位文人張冥飛，撰了一篇祝壽文來挖苦他：

「茶陵譚氏，五四其年（五十四歲了）。喝紹興酒（譚之酒量豪），打太極拳。寫幾筆嚴嵩之字（嚴爲明代宰相，是弄權的奸臣），做一生馮道之官（馮在五代時做過四姓十皇帝的宰相，無節無恥）。用人唯其人，老五之妻舅呂（用媳婦之兄弟爲官）。內舉不避親，夫人之女婿袁（派女婿任職不避嫌疑）。……」

這篇祝壽之文，極爲尖酸刻薄。經報紙刊載，衆口傳播，大家都引爲笑談。

譚延闓知悉了，竟發帖請張冥飛吃飯，還邀地方聞人如魯蕩平等作陪。

張冥飛知道惹上了大禍，但又不敢不往。見面時，譚延闓竟待之以上賓，說道：「足下才是我的諍友。當今人人都恭維我，足下有膽罵我，眞是難得。湖南有你這樣的高才，我延闓

譚延闓

不知，深爲抱歉。…」還要任以官職。事後，張冥飛說：「譚公氣度恢宏，眞是宰相肚裡好撐船也。」譚逝世時，張冥飛往弔，撫棺痛哭，知者莫不感動。（《民國誌》）

筆者按：唐代駱賓王反武則天，撰了「討武曌檄」一文，也有「殺姊屠兄，弑君鴆母。人神之所同嫉，天地之所不容。」極含侮辱詆毀之句（見《古文觀止》卷三，文長兔錄）。則天卻說：駱有如此才華，朝廷疏而不用，宰相之過也。與本篇上段兩相輝映。（《資治通鑑》唐紀、則天）

一三二　總統五連任

蔣總統介石逝世後，到了天國，首先去晉見國父孫中山先生，報告自己在陽世間這些年來的功績。

蔣介石說：「學生我，繼承了您的遺訓，建立了憲政體制，由國民大會選舉總統，目前已是第五屆了。」

國父孫中山先生很高興，就問是誰當選了這五任總統？

蔣介石答道：「第一任：學生我。第二任：于右任（余又任）。第三任：吳三連（吾三連）。第四任：趙麗蓮（照例連）。第五任：我只幹了一半，剩下的一半人家幹（嚴家淦）了。」（近代、湖海散人《茶餘飯後集》）

國民大會主席團主席吳稚暉（右）將總統當選證書致送給蔣總統介石（左）

一三三　馬哥來華十七年

馬哥・孛羅（Marco Polo 1254-1324）出生於意大利威尼斯（Venice）商人之家，他是最傑出的旅行家，寫出了歐洲人在亞洲親身經歷的第一本遊記。

那時威尼斯是歐洲航運貿易中心，陸路海道，四通八達，中國的絲綢，印度的珍珠寶玉，韃靼的貂皮，契丹的香料樟腦，都在這裡集散。但威尼斯人從未去過這些地方。

由於東方向他們招手，十七歲的馬哥孛羅與他父親和叔叔，不怕冒險，大膽的踏向東方之路。他們從一二七一年出發，經中亞細亞，沿途接觸到阿拉伯人、波斯人、突厥人、韃靼人、庫迪人、蒙古人、俄羅斯人和中國人，也遇到暴雨、狂風、山崩、雪凍諸般危險。攀爬帕米爾高原，走過搖晃的藤索弔橋，穿越戈壁沙漠，遇到海市蜃樓。直到一二七五年，才到達元朝上都開平府（現爲察哈爾的多倫），晉見了中國皇帝元世祖忽必烈。

忽必烈汗喜歡這位清秀少年馬哥孛羅，由於他生於

馬哥孛羅

富貴之家，談吐上流，舉止文雅，有強烈的好奇心，有優越的記憶力，忽必烈帶他騎象、獵虎、射鷹、馭馬，派他在繁華的揚州做官三年，又遣他出使緬甸、西藏、印度。他會說四種東方語言，記憶力超強，常對忽必烈講述出使異邦的生鮮故事。

馬哥孛羅贊賞中國的偉大文化，他認為中國比歐洲進步很多。寬廣平直的街道，流通方便的紙幣，有桅桿的船可以通過的大橋。他留在中國長達十七年，思念威尼斯情切，正好波斯王（伊兒汗國）迎娶中國公主，請求由馬哥孛羅護送。這一行共乘十二艘大船，於一二九二年經海路到波斯。一二九五年，馬哥孛羅一家三人才回到離別二十四年的老家，家人都不敢貿然相認。他們當衆把衣服的縫線割開，滾出來許多珠寶鑽石，才讓目瞪口呆的親人接納了。

可是威尼斯與熱那亞（Genoa）發生戰爭，馬哥孛羅被俘，和一位作家魯斯迪西諾（Rusticiano）關在同一囚室。馬哥孛羅便口述他到世界另一端的東方去旅遊的奇異經歷，完成了這冊《馬哥孛羅遊記》，書裡充滿了珍聞罕事。

馬哥孛羅說：「中國人常從地下挖出一些黑的石塊，能夠生火，比木材又經濟又耐燒。」威尼斯人聽了，哈哈大笑，認為煤是神話。他又說：「高加索（Caucasia）有種噴泉，噴出來的不是水，而是油（巴庫油田）。」他們更不相信，都說這全是他捏造的。別人要他改說眞話，他回答道：「我今所說所記的，還不及眞實情形的一半呢！」（近代、秦祥瑞《世界名人傳》第六）

一三四　蔡元培開會拒英語

蔡元培（一八六六—一九四〇）字鶴卿，又字孑民，清壬辰進士。德國萊比錫大學、漢堡大學（Leipzig University, Hamburg University）畢業。民國成立，他擔任首屆教育總長、嗣任國立北京大學校長，有《蔡元培先生全集》行世。

蔡元培接任校長後，特別指示：校務會議中，一律改用國語發言。此舉引起了外國教授們的反對，他們用英語抗議說：「我們不懂中國話。」

蔡元培

蔡校長回答道：「假如我在貴國教書，是不是因爲我是中國人，開會時你們就改說中國話？」諸洋教授啞口無言。

從這時起，北大任何會議，一律用中國話發言，不再使用英語了。（近代、曉悟《當代名人故事》）

筆者按：本書第六十六篇，述及留英歸國官任南京市長的石瑛也拒講英語。這是堅持立場，守住國格，請併觀。

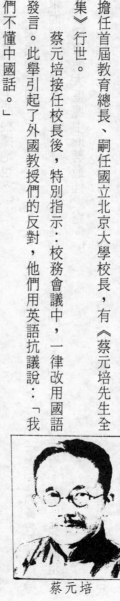

一三五　南京形勢極佳

南京市，從前叫江寧府，建城已有二千五百年歷史，前瀕長江，後接高嶺，形勢極好。蜀漢諸葛武侯（一八一－二三四）說：「金陵（就是南京）有鍾山像龍蟠，有石頭城像虎踞，這是帝王的根據地也。」

宋代胡安國（一〇七三－一一三八）則說：「建康（即南京）以三吳（吳郡吳興吳縣）爲東面門戶（極東則是太平洋），以湖北四川爲西面門戶，福建廣東爲南府，長江在北深阻，是我國東南大區塊中形勢最佳之處。」

宋代李光（進士，任吏部尚書）更說：「南京進可以戰，退足以守。自南京到當塗一百八十里中，有險地可守的共六處：一是江寧鎭，二是馬家渡，三是采石磯，四是大信港，五是蕪湖市，六是繁昌縣的浮山桃沖山，每處都可拒敵。」

明初陳埜補充說：「集慶（元代稱南京名）左邊有大江爲障，右邊有鍾山作枕；形勢險阻。但是，如果敵人南面佔據了溧陽，東面搗平了鎭江，西面掌控了當塗，把糧食補給的道路都封絕了，就可以不動刀槍而拿下南京，這可要注意啊。」

這從歷史可以找出實證：明太祖朱元璋看中了南京可作首都，他先佔了當塗、溧陽、

句容、蕪湖、江浦、鎭江，然後南京就輕鬆到手了。（現代、辛鍾靈《方輿紀要輯要》卷二、江南、府州形勢）

筆者按：我們若不懂地理，就不是現代人。明末顧祖禹遍歷我國名山大川，寫成《方輿紀要》一書，誠曠代之著作也。但時代久了，書中各事，難免會生變易，乃由今人辛鍾靈修飾擇爲《輯要》一書。由陳立夫特寫序言。凡是留心山川險要的有心人，都該一閱。本篇特寫南京，自戰國時代建城起算，已歷二千五百年了。南京古稱金陵，又名建業、建康。曾是三國孫吳、東晉、宋、齊、梁、陳、南唐、明初八代的京都，民國成立，亦定爲首都。鍾山聳峙於東，長江流繞於西，雨花台屏障於南，幕阜山綿亙於北。江山險固，氣象雄偉，歷來是兵家必爭之地。

一三六　早知虢國會滅亡

祇願聽好話，不願聽直話，臨死信假話，眞是大笑話。

莫怪虢君傻，哪會這麼差？冷眼觀世界，有人就像他。

古時候，有個虢國，是周武王封給他弟弟的小國（只傳了幾代，在公元前六五五年亡於晉）。這位末代虢君，驕傲自大，昏庸乖戾。凡是巴結奉承他的人他就喜歡，說直話批評他的人便被驅逐出境或是殺掉。

強大的晉國出兵來攻滅虢國，虢君沒有防備，無力抵抗，匆忙乘車逃亡出走。傍晚到了荒郊，虢君說：「我口渴了，有甚麼可以喝的嗎？」駕車的人，便奉上清酒。喝了酒，虢君又說：「我肚子餓了，有甚麼可以吃的嗎？」駕車的人，隨即又奉上牛肉乾脯。

酒肉都享用了，虢君很高興，問道：「酒香肉美，你在這時際是怎樣弄來的呢？」

駕車的說：「我早就準備好了，事先儲放在車內的。」

虢君問：「爲甚麼早就準備好了呢？」

駕車的說：「就是爲了你在逃亡的時候，半路上口會渴肚會餓而準備的呀！」

虢君追問道：「你早就料到我會逃亡嗎？」
駕車的說：「早就料到了。」
虢君問：「旣然你早知道，爲甚麼不事先諫諍我呢？」
駕車的說：「你喜歡聽好話，不喜歡聽直話。我如果說眞話，早就被你斬殺，今天就也不會有車可駕了。」
虢君聽了發火，臉上一股怒氣，很不高興。駕車的趕忙請罪，說：「小人剛才的話，說過頭了，請大王寬諒莫究。」虢君正在逃亡中，不可能殺掉他，就忍住了。
隔了一陣，虢君又問道：「我的國家亡了，到底是甚麼原因呢？」
駕車的人變聰明了，回說：「大王之所以亡國，是因爲你太賢良了。」
虢君追問道：「賢良還會亡國，爲甚麼呢？」
駕車的說：「天下的國君都不賢良，大家痛恨你一人單獨賢良，所以就亡國了。」
虢君聽了很滿意，歎了一口氣，自言自語道：「唉呀！像我這樣賢良的人，竟還遭遇到如此的結果嗎？」
這時，天色已晚，兩人只好在野外找個地點暫且安頓休息。虢君勞累疲乏，就酣熟的睡著了。
那駕車的人，見虢君事到如今，還只願聽好話，不願聽壞話，剛才後段我所答的都是假話，沒有一句眞話，他聽了這些騙話，還很高興，簡直是個大笑話。這樣的昏君，實在不能相處，就趁夜溜走了。

第二天早上，虢君醒來，要吃要喝，嚷了半天，沒人理睬，才知道那駕車的丟下了他，趁夜跑掉了。

虢君獨自無法求生，終於餓死了。（漢、陸賈《新語》卷七、先醒。又見：漢、韓嬰《韓詩外傳》卷六）

筆者按：漢代韓嬰《韓詩外傳》卷六中，也說到從前郭國國君出亡，駕車人預先在車中儲備了清酒乾脯，其後郭君死於郊野，其事與本篇相同。

一三七　爲學不走正路

晉惠帝時，五胡十六國興起，其中「後秦」國的尹緯，字景亮，生得魁梧朗爽。他輔助後秦姚萇（三三〇—三九三）稱王，自己也做到尚書令使、左右僕射。

那時有個段鏗，乖順取巧，姚萇任他爲侍中（隨侍在皇帝身邊），尹緯堅持反對，有時且當衆羞辱段鏗。姚萇問尹緯道：「你不太喜歡學習儒事，爲何要憎厭學者？」

尹緯奏道：「我不討厭學者，只討厭段鏗這種爲學不走正路的假學者而已。」

姚萇道：「我們的毛病就是對自己缺少自知。你常自比蕭何，眞的比得上嗎？」

尹緯奏道：「漢高祖與蕭何，一同由市井小民起義平定天下，這是可貴之處。陛下你是從富貴中起來的，所以你就輕率的認爲我比不上蕭何。」

姚萇道：「你是比不上嘛，爲甚麼不自知呢？」

尹緯奏問：「請問陛下你和漢高祖相比，自覺怎樣？」

姚萇答：「我確實不及他。但你與蕭何相比，自也差得太遠了。」

尹緯奏道：「依我看，漢高祖之所以勝過陛下你的，乃是他能夠疏遠像段鏗這類小人的緣故罷？」

姚萇終於把段鏗外派走了。（清、湯球《十六國春秋輯補》卷五十四、後奏錄六、尹緯）

一三八　刺我是各爲其主

唐代契苾何力（契苾是姓），他的先祖是鐵勒別部的酋長，他是突厥可汗的孫兒。唐太宗起兵時歸附唐朝，他攻打吐谷渾大勝，又累次平定高昌、龜茲。唐太宗很器重他，封爲大將軍、郕國公。

唐太宗遠征遼東，任命契苾何力爲前軍總管。部隊前進到了白崖城，不料被敵軍包圍住了。交戰之中，何力被敵將用尖矛刺傷了腰部，流血不止，十分疼痛。唐太宗隨後趕到，見愛將受傷，親自爲他止血療傷敷藥，心中同樣哀痛（唐太宗還替另一大將李思摩親口吸吮箭傷毒血，見《貞觀政要》卷六）。

白崖城打下來了，太宗下令搜捕到刺傷契苾何力的番將高突勃，交付何力親自斬首報仇。但何力奏道：「犬馬都忠於主人，何況我們人類？高突勃也是忠於他那一方的主帥，這是必然。何況他拼命從刀矛陣裡衝殺過來，把我刺傷，這番神勇，能不叫人佩服？我與他本不相識，以往並無冤仇。這次激戰也都是各爲其主，我想不必追究了。」竟然赦免了他。（後晉、劉昫《舊唐書》卷一〇九、列傳五十九。又見宋、歐陽修《新唐書》卷一一〇、列傳卅五。又見唐、劉肅《大唐新語》）「請你猜猜第2題答案」

一三九　不夠資格出家

要想學點甚麼嗎？先求入門，再行深造。俗話說：師父領進門，修行靠個人。

有位樂於布施的善人，非常護持佛法，經常供養出家僧衆。有一天，忽得急病，不幸死了。

但他腦筋似仍有知，覺得自己的靈魂脫離了軀體，悠悠的來到閻羅殿。

閻王宣判說：「雖然你今世陽壽已盡，但由於你在人世間修了許多善果，所以判你來生還可以再回人間投生爲人。」

他一聽仍去做人，連忙搖頭說：「我不願再做人了。」

閻王問道：「來世投胎再做人，這要今世做滿許多善事才成，你爲何不要？」

善人說：「轉世爲人，固然很好，但卻容易造孽，墮入三惡道，所以我不願意。」

閻王改判道：「那就讓你生天（生天是佛家語，謂死後升入天道）好啦！」

善人還是不願，說：「我也不要生天。因爲天福享盡後，同樣要墮落的。」

閻王問：「那你究竟要去哪裡？」

善人說：「我想到人間去做出家人（佛家語，指脫離家庭去當僧侶）。」

閻王說：「出家人不易當，你今世所做的善業，還不夠資格出家。」

善人道：「既然要行大清淨善業才能出家，我做不成大法師，那就先做個起碼的小火頭僧我也甘願。」

閻王說：「你自願請求做個在爐灶間燒水煮飯的火頭僧人，也好。但願你轉世後，仍舊多行善事，多積陰德，多誦佛經，多修禪法，自可從火頭僧人，將來修成法師、菩薩，佛門幸甚。你既有此決心，我就成全你，去吧！」（東漢、迦葉摩騰譯《四十二章經》）

一四〇 和尚搭船要殺我

江蘇省水運發達，瀏河經吳縣（就是蘇州）之東的婁門湖，過崑山市和太倉市注入長江。入江處叫瀏河口，又稱婁家口。海運貨物，常由此入長江通海外。

婁門有兩位布商，販到了大批布匹，雇一小船，順水由瀏河東行。有個北方和尚，要附搭此船前往崑山市。船老闆不允許，但兩位布商以慈善爲懷，同意這位佛門弟子搭個順水船，也是惠而不費。

船行到江心，和尚突然拔出利刀，用力一剁，刀尖插進几桌桌面，厲聲對布商吼道：「你們要好死？還是惡死？」

布商愕然，問道：「這是爲何？」

和尚高嗓喝道：「我本不是好人，今日要奪你財物。你們最好自動跳船投水，溺死可保全屍，免得老子動刀！」

兩布商悲泣道：「師父可憐我們吧，求求你讓我們吃頓飽飯再死，也才無憾。」

和尚冷笑道：「這也無妨，在這船上，你們無處可逃，容許你們做個飽鬼。」

船老闆煮了一大鍋肉，加了滿鍋濃湯，添了許多胡椒辣椒粉，用有耳的深盆子盛著，呼喚飯菜已好，大家快來吃飯。

這時際，幾個人圍集在几桌旁，船老闆出其不意，驟然把那盆滾燙的肉湯盆子，從背後自頂上覆罩在和尚的禿頭上，燙得和尚哇哇大叫，兩手胡亂去推開盆子。布商抽出几上的利刀，刺死惡僧，丟入河裡，清洗了血跡，照原路向前航去了。（明、馮夢龍《增廣智囊補》卷下、捷智、靈便、倉卒治盜）

一四一 死刑不知豈有此理

有些當官兒的，只求爭取待遇要愈多愈好，卻希望政務要愈少愈好，甚至推卸責任，遇事該管不管。君不見有官場座右銘說：「多做多錯，少做少錯，不做不錯。」這話豈是全無來由？笑罵由他笑罵，好官（？）我自爲之；每月薪俸照拿，生活何其愜意！

這裡介紹一位眞正的好官。

北宋時代，有個韓億，宋仁宗時官任尚書左丞。他性情方正，治家嚴謹。當他擔任亳州刺史時，他的兩個兒子，在西京（北宋首都在汴，今開封。以洛陽爲西京）任官爲閤門宣贊舍人。他倆從西京來省視父親。韓億很高興，辦了酒筵接風，邀請親友及僚屬一同歡聚。

在筵席間，大家閒聊，氣氛十分融洽。

有人向兩位公子請問說：「西京近來有兩宗疑獄大案，經判決爲斬首大罪，須報京都定讞，請問罪案詳情究是爲何？」

這兩位公子想了半天，都因不知詳情而支吾，沒法正面回答。

韓億推開席桌，站起身來，找到一根杖棍，怒向兩個兒子叱喝道：「你等拿了朝廷豐厚的俸祿，政務都該知曉。這種大辟（死刑重罪）呈報朝廷的巨案，竟然都不知道，那細務更不要談了。你們這種官兒，國家要你們有何用處？」說罷，就要用杖棍當衆開打。諸多賓客，協力勸阻，良久方才停手。由此一事，可證韓億督教兒子是如何的嚴格了。（韓億生平、見《宋史》卷三百十五、列傳七十四。杖責兩兒、見《龍文鞭影》二集下卷、韓億索杖）

筆者按：嚴以教子的，尚有宋代陳堯咨。他最會射箭，自稱是小由基。官任荊南太守時，回家鄉問候母親馮氏。母親問道：「你官居藩臣，在任上有何德政？」陳堯咨答：「荊南郡是南北孔道，往來貴賓都喜歡看兒子表演射箭，人人都欽佩。」馮氏叱責他說：「你放棄本職，不能施善政去化民，卻只會學一個低階士兵的射箭之術，國家要你這太守何用？」拿起長棍打他，把他那一品官的配飾金魚都打落了。見：明、李暉吉《龍文鞭影》二集卷上、母杖堯咨。

一四二　何可丁一要娶妻

有位姓何的年輕人，景況貧窮，全家生活都常常捉襟見肘，更不用提迎個少女結婚了。父親許了他說：「趕明年農田裡收成好一些，就給你討個媳婦兒好了。」

到了明年，毫無消息。兒子向父親抱怨說：「我不要姓何了，我去姓『可』好了。」父親問道：「爲甚麼呢？」兒子回答道：「我身邊少了那麼一個『人』兒呀！」

父親想起上年的承諾，連忙道：「趕明年收成變好時，一定幫你討一房媳婦兒。」

又過了一年，情況仍未轉好，兒子又訴怨說：「我不要姓可了，我去姓『丁』爲好。」父親道：「又是爲何？」兒子解釋說：「只因爲身邊少了那一『口』子呀。」

父親知道承諾一直沒有兌現，安慰兒子道：「我想明年收成一定會好多了，勢必能夠替你娶個媳婦兒了。」

再過了一年，家境依舊不好，兒子再對父親說：「我連丁都不能姓了，我只好去姓『一』了。」父親不懂，回問道：「這是怎麼回事呢？」

兒子道：「老爸你想想看，我底下那一根棒兒，到底還有甚麼用呢？」（近代、湖海散人《茶餘飯後集》）

一四三　公鳴私鳴

三國時代末期，司馬炎篡曹魏而據有天下，國號晉。他死後，由兒子繼承，就是晉惠帝（二五九－三〇六）。雖然天下很不安寧，但傻人有傻福，居然坐了十七年的皇位。

晉惠帝生來癡騃。有一次，他巡遊華林園（帝王的御園，原名芳林園，改名華林），聽到御池中多群青蛙鳴叫，他問隨行的大臣們道：「這些蝦蟆，叫個不停，是爲公而叫呢？還是爲私而叫？」

那時天下饑荒，老百姓只能啃草根樹皮，餓死的人不在少數。晉惠帝很爲不解，問道：「老百姓沒有飯吃，爲何不改吃碎肉（原文是：何不食肉糜？這也是「請你猜猜」第13題的答案）呢？」（唐、房玄齡《晉書》本紀、惠帝紀。又見：宋、司馬光《資治通鑑》晉紀、惠帝）

筆者按：與晉惠帝相似迷糊的可能是三國蜀漢後主劉禪，小名阿斗（俗話説「扶不起的阿斗」就是指他）。蜀國滅亡後，他參加晉王司馬昭的宴會，席前有四川歌和巴渝舞，劉禪嘻笑自若，毫無懷戀故國之悲愴。司馬昭問他：「想不想念蜀國？」劉禪答：「此間快樂，不思蜀也。」見《資治通鑑》魏紀十。

一四四 兩人爭功我忘了

一位是前朝重臣，一位是本朝愛將，酒後亂了性，難以斷是非。皇帝爲了避免追究誰對誰錯，最好的方法是說我也不記得了。四兩撥千斤，輕易的讓大家免除尷尬。吾人如遇到這種情況，不妨學學宋太宗。

北宋孔守正，隨宋太祖趙匡胤攻晉陽，守正作戰大勝。再征范陽，大潰遼兵。前後立功甚偉，拜殿前都虞侯，是北宋老臣。

另有一位大臣王榮，最有神力，長於射箭，別人稱他爲王硬弓。在邊疆作戰，屢建大功，宋太宗趙匡義（九三九—九九七）時官任行營都部署之職。

有一天，宋太宗在北園，召來孔王二愛卿，君臣三人一起舉行了一次小型御宴。孔守正喝酒過頭了，王榮也喝了不少，兩人在皇帝面前，互相爭論作戰功勳大小，言辭劇烈，各不服氣，把大臣的儀節禮法都不顧了。在旁服勤的侍臣們也覺得太過分，建議應交付刑部處置，但宋太宗不許。

第二天，孔王二人也知犯錯，大不該失言失儀失禮失敬，在朝廷殿上正式請罪。宋太宗宣示道：「昨天，我也大醉，究竟發生了甚麼事，我也記不得，兩位賢卿不須自責，過

去了的事，大家把它丟開，不談，算了！」（明、馮夢龍《增廣智囊補》卷上、上智、通簡、宋太宗）

筆者按：本篇提醒了身爲高層首長的，有時會遇到若干棘手的難題，必須運用智慧，輕鬆巧妙的把它化解。好讓犯錯者、裁決者，及執法者都免除傷害。檢討孔王兩人失態，起因是皇上邀宴。而醉中犯禮，勢所難免。若逕予追究刑責，似對大臣有欠關愛。若明認二人忿爭而縱容不予追究，又對風紀有所虧欠。如此一來，辦既不妥，不辦也不好。只有裝成沒有這回事，推說我也醉了，記不起來了。而孔王心中未嘗不知罪。況且他倆已經請罪，自是已然知罪。「記不得」三字，一則保全了大臣的面子（不會變成罪人受審），二則衛護了天子的尊嚴（御宴上失控的無能），三則免掉了法官的爲難（不易決定罪罰的寬嚴），舉重若輕的皆大歡喜了。

一四五　曾國藩的格言

清代曾國藩（一八一一—一八七二），距今將近二百年了，他的若干垂訓，迄今仍有參閱價值。例如：

一、凡國之強，必須多得賢臣，凡家之強，必須多出賢子弟……吾輩在自修處求強則可，在勝人處求強則不可。若專在勝人處求強，其能強到底與否？尚未可知；即使終生強橫，亦君子所不屑爲者也。

二、大抵胸中抑鬱、怨天尤人之輩，不特不可以涉世，亦非所以養德；不特無以養德，亦非所以保身。

三、爲學譬如熬肉，先須用猛火煮，然後用慢火溫。用功譬若掘井，與其多掘數井，而皆不及泉，何若老守一井，力求及泉而用之不竭乎？

四、苟能發憤求學，則家塾中固可讀書，即曠野之地、熱鬧之場，亦可讀書，負薪牧豕之際，皆可讀書。苟不能發憤，則在家不能讀書，即清靜之鄉，神仙之境，皆不能讀書。何必擇地？何必擇時？但自問立志之眞不眞耳。

五、讀書之方法，一曰看生書宜求速，不多讀則太陋。一曰溫舊書宜求熟，不背誦則易忘。此係余閱歷有得之言。

六、凡人作某一事，每每以專而精，以紛而散。荀子說「耳不兩聽而聰，目不兩視而明。」莊子說「用志不紛，乃凝於神。」皆至言也。

七、許多人作了官，便把自己看成大人物，再也不想看書了，哀哉！（《曾文正公全集》）

筆者按：梁啓超在《飲冰室文集．論私德》中說：我們不打算澄清天下就算了，如果有此志向，那麼《曾文正公全集》便不可不每天讀它三遍。又曾國藩在《春在堂隨筆》中寫出了趣話說：「李少荃（即李鴻章）拼命做官，俞蔭甫（即俞樾）拼命著書，我則這兩事都不想。」眞的嗎？可是他的道德、文章、事功（就是立德、立言、立功的三不朽）卻是清代以來的第一人呢！

一四六　德政傳到第二代

唐代好官韋景駿（刺史韋弘機之孫），唐中宗時代，做了肥鄉縣縣長（在今河北省）。他在縣長任內，一心爲縣民造福，治理水患，增闢良田，開辦學校，發展商貿，政績受到全民擁戴，他也與官民打成一片。後來調職升官了，老百姓都捨不得他走，只好由縣民自動出錢，刻石立碑，頌揚韋縣長的豐功偉績，大家十分感念。

他調升爲趙州長史，上任去了。隔了十年左右，有一次，因事經過肥鄉縣。肥鄉的官員及縣民，得知以前的好長官今再重來，十分欣喜，主動安排筵席歡宴，官民爭著參加。在衆多參與宴會的人群中，還有十幾個兒童，大概十來歲左右，也在座席之內。

韋景駿柔聲問道：「我離開肥鄉縣時，你們恐怕還沒出生，今天也來參宴，使我十分感動。我想你們也太慇懃了。」

有位童子代表答道：「我們是聽到長輩屢次告知，說是肥鄉縣裡的學堂、學館、學舍、橋梁、道路、河渠，都是您韋公任內建造的，讓我們小孩今天能親身享受您的仁德。我們原以爲這是古昔賢者的恩澤，想不到您這位好官今天竟然親自蒞臨本縣，讓我們有幸瞻仰，這是何等的光榮呀！」（後晉、劉昫《舊唐書》卷一九七）

倒不知現在是否還找得出這樣親民愛民的縣長？

一四七　白馬非馬

戰國時代的趙國，有位公孫龍，字子秉，他著有《公孫龍子》一書，今存六篇，主要在論述及辨正「名」與「實」的關係。其中《白馬非馬》篇，甚爲有名，特爲譯介。

問：「白馬不是馬，可以這樣說嗎？」

答「可以。」

問：「爲甚麼？」

答「我們說馬，只是單指它的形狀叫馬。我們說白，只是單指它的顏色叫白。指顏色時，並不能包含它的形狀。因此說『白馬不是馬』是可以的。」

問：「但是，如果有一匹白馬在此，不能說這裡沒有馬呀。而且也不能說這白馬不是馬呀。你所主張的有白馬在此卻說白馬不是馬，理由何在呢？」

答「我們如果想要找一匹馬，那就不論黃馬黑馬都能合意。如果只想要找一匹白馬，那黃馬黑馬便都不能合意。由此，我們可以要找一匹馬，而不可以限定要一匹白馬。這樣看來，『白馬非馬』這句話應該是很清楚的了。」

問：「按照你的意見『馬有顏色就不是馬』來說，世界上並沒有無色的馬呀！若然如此，那我們就說世界上沒有馬，可以嗎？」

答「馬固然會有顏色，所以才會有白馬。如果去掉顏色，就只剩下『馬』而已，所以『白』並不是馬。所謂的白馬，實際上包含了『白』和『馬』兩件事。或者是包含了『馬』和『白馬』兩件事，因此我才說白馬不是馬呀。我們日常談到馬，並沒有談到馬的顏色，黃馬黑馬都可。至於白馬，則指定了顏色，黃黑馬都將因顏色不對而排除在外，唯獨只有白馬才合格，但它不能包括全部的馬，因此我才斷說『白馬非馬』，這不是很合理的嗎？」（戰國、趙、公孫龍《公孫龍子》白馬論）

筆者按：公孫龍是說：白馬是指馬的形狀加上白的顏色之謂。「馬」爲周延（泛稱或全稱），包括一切馬類之全體。「白馬」爲不周延，僅是馬群中的一部份（限定爲白的屬性），另外還有其他顏色之馬。因此這「馬」與「白」不可以相等視之。如下圖：大圈是全體的馬，小圈是全體的馬中的一部份，白馬包含在全體的馬之中。

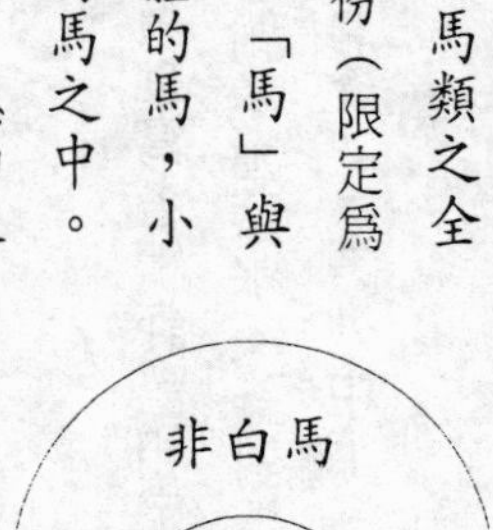

白馬非馬圖解

圖中除了白馬之外，還有不是白馬的其他的馬。總的來說：白馬不等於（那全體的）馬。明乎此，那公孫龍子所說的「白馬非馬」在論理學上是講得通的。此外，他還有「堅白石」之論，也值得去探究。

一四八　考績評等改三次

唐代盧承慶（請參閱第一六四篇）字子餘，博學有才，歷官參軍、侍郎、光祿卿、尙書等高職，處事公正，官聲甚好。

當他任職爲司刑太常伯（官名）時，必須對屬下官員批寫考績評語和定出高低等級。有一位屬官，被派督運米糧，中途遭遇狂風，有半船米糧落水。針對這項差錯，盧承慶對他的考績評語寫道：「監運損糧（監督漕運，損失了糧食），考列中下（中等的最低級，接近下等，快要到降職的邊線）。」

那位官員雖知考績很壞，評等很低，但神色自若，沒有一句抱怨的話。盧承慶觀察後看重了他的雅量，改寫評語道：「非力所及（狂風是天災，非人力可擋），考評中中（中等裡的中級，失職犯錯都免究了）。」

那位屬官，知道考語對他已轉爲有利，但未曾表示欣喜，也沒有顯露慶倖的態度。盧承慶見他一直落落大方，不爲得失功過而縈心，是個有深度有修養的君子，因再改評曰：「寵辱不驚（出自《老子·十三》），考爲中上（中上是中等裡的最優，上上是優等裡的最優）。」

有道是：我仍是我，但求無愧我心；我行我素，凡事盡其在我。別人如何評價我，我實在沒法去管。（明、李暉吉《龍文鞭影》二集下卷、盧三改注）

一四九　只捐二文錢

《中庸》說：唯天下至誠，可以與天地參。

有一女子，到佛寺頂禮，想要對佛施捨。囊袋中只有二文錢，就全數捐了出來。被住持老僧見到了，竟親自替她向佛祖祈福，以謝她捐捨的一片慈心誠意。

不多久，這女子有幸選入皇宮，身價又富又貴了。十年後，她帶了兩千兩銀子再到這佛寺裡施助；這位住持老僧，卻只派一位徒弟，向那女子回禮而已。

這女子請問，爲甚麼前後輕重差別待遇如此之大？

住持老僧答釋道：「從前你女施主捐出二文錢，是罄盡你的全部所有，這份極大的誠意，十分篤實而難得，所以我要親爲你祈福，以回報你的功德。致於這次嘛，你捐助我寺二千兩，數目確是很大。但是施贈的眞心，卻比不上前次的誠敬，所以我不必親臨了。總之，二千兩銀，只表達一部份的善心，而那兩文錢，卻表達了完全的善念，這就是全眞與半眞的分別。」（明、袁了凡居士《了凡四訓》第三訓、積善之家）

一五〇　大官怕講我才講

宋徽宗（一〇八二—一一三五）長於書法（創爲瘦金體），又善繪畫，也擅文學。到後來清代畢沅（畢秋帆）《續資治通鑑》評論說「宋徽宗多能，獨不能爲君。」這是說：做個藝術家很合適，但做個皇帝就通盤失敗了。

宋徽宗很喜歡換上便服，到京城街巷去逍遙。當日出宮叫「有排當」，甚至次日不回，取銷朝會。大臣們都不敢糾正，只有那位秘書正（掌管文書的官，彈劾則是御史的事）曹輔（字載德，元符進士）大膽呈上奏章，作直接激切的規諫，請皇帝停止微服私行，否則太不安全，尤損國君形象。

徽宗大不高興，下令交都察院（負責審察百官缺失）按律治罪。由余深（諂附佞臣蔡京）審問他道：「你曹輔不過是個低階小官，怎敢擅自糾評天子的行止，這等大事，豈是你有資格說的？」

曹輔辯道：「你們滿朝大官，人人害怕，不敢講，全都是失職，所以我這小官才講。我今問你：官位固然分了大小，難道愛國憂民的心志也要分出大小嗎？」

余深不能回答，但還是借故將曹輔降級外放，從中原首都的汴京，調職到湖廣的郴州

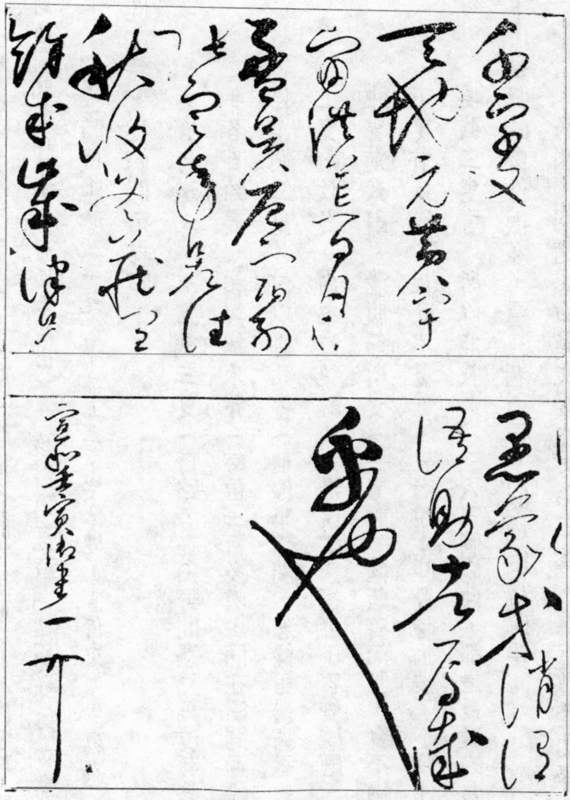

宋徽宗草書千字文

（彬音沖，在湖南南部，近廣東）去了。（元、托克托《宋史》卷三五二，列傳一百十一。又見明、李暉吉《龍文鞭影》二集下卷、輔折余深）

筆者按：宋徽宗不會治國，朝政任用小人。曹輔雖敢講直話，但一木焉能支大廈？難怪宋徽宗不多久就被金兵擄去了。

一五一　何以得此壽

胡適（一八九一——一九六二）提倡白話文，撰有《白話文學史》（應該只是上冊，因只寫到唐朝就截止了，下冊迄未寫出）。該書第五章「漢末魏晉文學」中說：三國時代應璩（一九〇——二五二，字休璉，官侍中），寫過一首「三叟」，可算是白話說理之詩，我們似可參照：

古有行道人　陌上見三叟（行路者在田野間遇見三位老翁）
年各百餘歲　相與鋤禾莠（每位一百多歲，同在田間鋤除雜草）
停車問三叟　何以得此壽（他停車請問，怎樣可得高壽）
上叟前致辭　內中姬貌醜（大老說：家裡妻子容貌醜陋）
中叟前致辭　量腹節所受（二老說：吃飯有節制，食不過飽）
下叟前致辭　夜臥不覆首（三老說：睡覺時，被子不蒙住頭鼻口）
要哉三叟言　所以能長久（三人三個條件，都是長壽的要訣）

長壽的條件很多，這三老所言，似是相當扼要。

（民國、胡適《白話文學史》第五章、漢末魏晉文學）

一五二 每天公文看不完

設官分職的原理，便是要分層負責（delegation of authority），各有各的專司。例如諸葛亮下令「罰二十以上皆親覽焉」（士兵罰打二十下板子都要送他親批），這是過於多攬細務，他管的不是元帥所該管的事。

唐太宗貞觀二年（六二八），太宗對左右兩位宰相房玄齡（五七八—六四八）杜如晦（五八五—六三〇）說：「你們二位賢卿同居僕射（就是左右丞相）之位，應該替我分擔治國憂勞。廣開耳目，訪求賢人，這才是要務。最近聽說你們都太勞碌，忙於審閱批覽公文奏章，每天竟有數百宗。如果這樣，單是處理文件就已案牘勞形，時間根本不夠，哪裡還有餘暇去探訪賢人高士指點治道，以及深遠的來計畫國家大政方針呢？」

唐太宗圖

太宗下令尚書省，今後凡是政府諸般經常瑣務，都飭由六部分別處理。如有涉及全國要政、以及有關興利除弊等大事，才轉呈宰相核示。（唐、吳兢：《貞觀政要》卷第三、論擇官第七）（這也是「請你猜猜」第12題的答案）

一五三　兒子睡時勝過我醒時

天之生人，就會具有那種特殊的稟賦，叫你不能不歎服。

有個許彝千，又叫許先甲，杭州人。是許勉無的兒子。老爸許勉無讀書很勤，讀到夜間很晚還不休息。兒子許彝千已上床了，常常躺著還沒有入睡，正好來聽父親反覆唸書。到第二天一早，許彝千竟然能把昨夜聽熟的書文全部背誦出來了。

父親許勉無不禁歎了一口氣，說：「我兒子睡覺的時候，竟然還勝過老子我清醒的時候！」（清、王晫《今世說》捷悟）

筆者按：另有東漢賈逵（《後漢書》有傳），年五歲時，大姊姊每天抱著他到籬邊聽鄰家朗讀詩書。賈逵長期聆聽，安靜而專心。到十歲時，對六經都能背出來了，完全是聽熟的，似是勝過許彝千。賈逵事請見：苻秦、王嘉《拾遺記》。又見：唐、李冗《獨異志》。

一五四　匾上刻的甚麼字

清代崔述，號東壁（一七四〇——一八一六），曾任羅源及上杭縣長，退休後常常寫書。清史館館長趙爾巽主編的《清史稿》中有傳，說他「著書以經爲主，考據詳明。」所遺《考信錄》（「書名頁」又叫內封頁。見圖）等三十餘種，合稱爲《崔東壁遺書》。今譯介《考信錄提要》中一趣事。

有甲乙二人，都誇自己的目力極好，一時難分高下。正逢村裡有一富家翁，第二天要在大門外門頂上掛匾。兩人約定次日中午，同到富翁大門前碰面，誰能看清匾上的文字，誰就是贏家。

但兩人都擔心匾高字小，會看不清楚。甲在先天夜裡，就私下打探到匾上正文是甚麼？乙則更進一步，連匾額的上下款小字都記住了。

第二天正午，兩人在大門前會了面。甲遙指門上說：「這匾上刻的是『積善之家』四個大字，我看很清楚嘛！」

乙更有信心地說：「看清大字有甚麼希奇，我還看到了這匾額右邊的小字，上款刻著『朱府昌吉公大善人』八個正楷，而且漆成了金色的呀！」

甲不相信乙能看清小字，豈可被他唬住？就扣門請出主人，指著大門上的匾額，請問道：「貴府這塊新匾的上款小字，果眞是像乙先生所說的沒錯嗎？」

主人回答說：「文字倒是完全正確無誤，但這塊匾因爲金粉尙未乾透，今天並沒有懸掛，這大門上還是空蕩蕩的。不知道你們兩位爲了何事在這裡爭論不休呢？」（清、（清、崔述《崔東壁遺書》《考信錄提要》卷上、釋例、不考虛實）

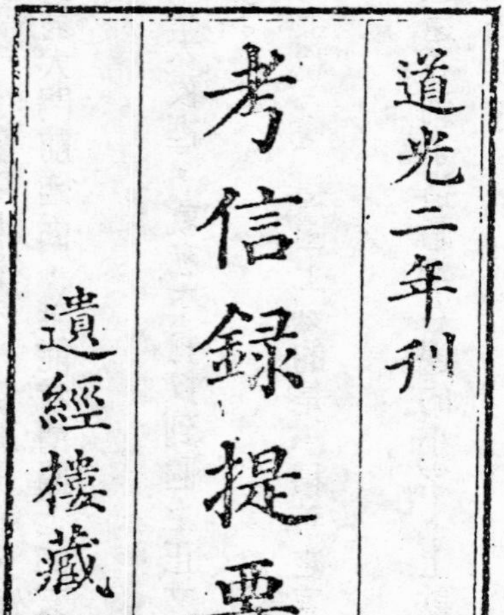

一五五　你近來沒有犯錯

明代呂坤（一五三六—一六一八），爲人端正，自己有過，隨時改正。他著有《呻吟語》一書，內有一則上好短篇選譯如下：

我有一位交情深厚的諍友，不時指出我的錯誤。分別兩個月後，又見面了。我問他：「近兩個月了，沒有聽到你說及我的過錯。今日相會，倒願聽聽你的批評和教誨。」

朋友回答：「你近來沒有過錯嘛。」

我道：「你說我沒有錯，這就是我最大的過錯。爲甚麼呢？由於自己有了錯，自己不承認，還可能要掩飾，甚至遮蓋起來讓他人不知道，使得你這位好友都看不出來，這種錯，不就是最大的錯嗎？假如說：我已經是個聖人，沒有錯還可以說得過去；實際上我當然不是聖人，而你說我沒有過錯，這就是我最大的過錯了。」（明、呂坤《呻吟語》卷之二、內篇、修身）

一五六　插花配蟲飾

清代沈復（字三白）撰書《浮生六記》，敘述他和愛妻陳芸的閒居樂趣。林語堂還寫了一篇序來贊美。序中且提到已有英譯本，名曰「Six Chapters of a Floating Life」。書中沈復以第一人稱的「我」自稱，下面是其中一小段：

我閒居在家，案頭上花瓶中的插花從未隔斷過。芸對我說：「你的插花技藝，能夠令花不受風晴雨露的影響，天天栩栩如生，眞是出神入化，精妙極了。我想到繪畫中有『草蟲』一法，可以增添活態，何不仿效著做做看看！」

我說：「畫中的花草，可以繪上草蟲，沒有任何困難，但活的蟲兒，都是彈跳不肯受制的昆蟲之類，何能安放在插花之上？」

芸說：「倒是有一方法，只恐怕犯了『始作俑者』的罪名而已。」

清·沈復(三白)撰

我說：「你試著說說看。」

芸答：「昆蟲雖死，顏色不變。我們去捉來螳螂、夏蟬、蝴蝶之屬，用針刺死後，利用細絲線將蟲兒的頸項或窄腰繫在花草之間，把足及觸鬚整平，使它或抱花梗，或棲葉叢，宛然如活，豈不甚美？」

這個建議極好，便如法泡製，看到的莫不叫絕。求之閨房之中，能有這種慧心的人，恐怕太少了吧？（清、沈復《浮生六記》卷二、閒情寄趣）

一五七　奸臣在朝大將死

南宋岳飛（一一〇三—一一四二，官至太尉，授少保榮銜）領兵在朱仙鎮大破金國四太子金兀朮的拐子馬，殺得金兵馬屍山積，獲得大勝。金兀朮遭此慘敗，打算要從開封府向北方撤退回去。

這時有位書生，攔住金兀朮的馬，說道：「四太子不必急著後撤，岳少保眼看也會即將退兵了。」

金兀朮詫異問道：「岳少保只用五百士卒，破了我十萬大軍。北方各地，日夜盼他揮師北上，直搗黃龍，怎說他會退兵呢？」

書生說：「自古以來，不曾見過有權有勢的奸臣（指宰相秦檜能左右國政）擅專在朝，而能讓大將在外立大功的，岳少保也免不了會遭殃的呀（秦檜終於害死了岳飛）！」

金兀朮猛然醒悟，留了下來（秦檜曾被金國俘虜，放回後，屢與金國私通）。

岳飛終於被召回去了。（《宋史》卷三六五，列傳第一二四）

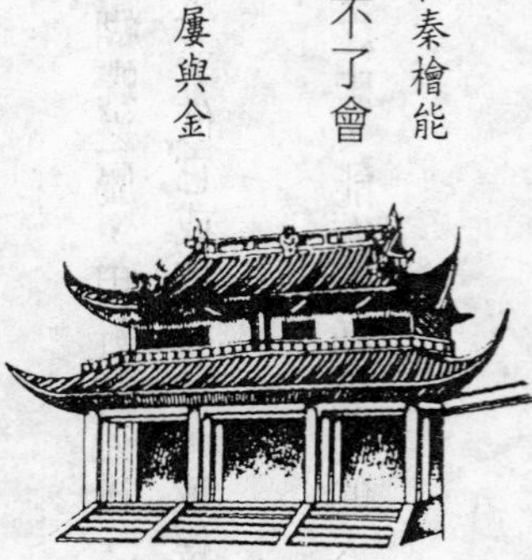

杭州西湖岳王廟圖

一五八　張一非吾子

富翁張老，無子，正妻僅生一女，招贅一女婿在家。隔了若干年，小妾生了一子，取名張一飛。兒子四歲時，張老病危，吩咐贅婿說：「我的家產，都給你夫婦倆人，你們只要讓小妾母子不餓不凍就好了。」並立下書面遺囑說：「張一非吾子也，家財盡與吾婿，外人不得爭奪。」張老死後，贅婿承受了全部萬貫家財不疑。

後來，張一飛長大了，他以嫡子身分，起訴要分遺產，由縣官審理。贅婿呈上遺囑，作爲勝訴之憑證。縣官一看，重新斷句，改變標點，宣讀道：「張一非，吾子也，家財盡與。吾婿外人，不得爭奪。」

縣官解釋說：「你們想一想，明明張一飛是自己的兒子，怎會說『張一非吾子』，解釋爲張一、不是我的兒子，這話講不通嘛。女婿本來就是外姓，這四個字『吾婿外人』連起來看，也沒有疑問呀。總的來說：張老乃是個有心人，他怕你謀害幼兒，故意將一飛寫爲一非，讓你放心，才會使他平安的挨到了今天長大成人，可以自立了。」

於是將家產判歸妾和子，但也留給女婿相當的生活費。一縣稱快。（明、馮夢龍《增廣智囊補》卷上、察智、得情、奉使者）

一五九 座中有妓心中無妓

宋代諸儒所講的性命義理之學稱之為道學。「道學先生」的代表人物是宋代的程顥和程頤兩兄弟。《宋史·道學傳·張載》有「比見二程,吾所弗及」之語。哥哥程顥(一〇三二—一〇八五)曾向宋神宗講正心窒欲的重要,尊為「明道先生」。弟弟程頤(一〇三三—一一〇七)則為宋哲宗進講要以聖人為師,世稱「伊川先生」。

由此看來,二程夫子一定都是端莊嚴肅,遵守《論語·顏淵》篇中所說的「非禮勿視,非禮勿聽,非禮勿言,非禮勿動」的信條的吧?這也不盡然,且聽筆者摘譯諸家筆記娓娓道來:

有一次,他倆同時應邀參加一場宴會。哪知席間竟有美妓出場陪酒。弟弟程頤覺得這樣不成體統,就拂袖提前回去了。哥哥程顥無所謂,留了下來,直到席終才散。

第二天,兩人同在書房看書。弟弟伊川先生,還記掛著昨天美妓的事,臉上仍有不豫之色。

哥哥明道先生特為解釋說:「昨天,在宴會上,座中雖有妓,但我心中沒有妓(不會沾惹我)。今天,在書齋中,屋裡沒有妓,但你心中卻有妓(仍舊纏著你)。昨天這番遭遇，等於是給我們一場考驗，你爲甚麼到今天還不能夠看破放開呢？」

伊川先生程頤聽罷，驀然一驚。才知道自己的定力修爲，確實還及不上老哥明道先生程顥。暗中叫聲慚愧。（明、鄭瑄《昨非庵日纂》汪度。又見明、曹臣《舌華錄》慧語、明道伊川條。舌華錄原文更佳，曰：「昨日本有，心上卻無；今日本無，心上卻有。」極妙）

二程（程顥、程頤；程明道、程伊川）兄弟檔，他們的雙打，給理學造成了新局面。

一六〇　寒山子扮貴人

只敬衣冠不敬人，道士原是假修眞。

唐懿宗咸通十二年（西元八七一），有位道士李褐，在長安城南郊的太乙宮修道。但他性情褊急，時常凌侮他人。一天，有位貧士向李褐乞討齋飯，李褐不但沒有施給，還惡言相向，把貧士罵走了。

隔了兩天，有位騎白馬的貴人，鮮衣華冠，由多位白衣侍從簇擁前來。李褐一看，猜想若非高官，必是貴裔。不敢怠慢，恭敬接待。言談間，那貴人問道：「記得我是誰嗎？」李褐仔細一再端詳，原來就是前天那位貧士。

貴人開示道：「你在修眞，卻常侮慢貧寒，巴結富貴，怎能修得眞道？修道要除貪去欲，積德守謙，你違犯了這些戒條，離入門遠矣。必當痛改，乃可有成。你知我是誰？吾乃寒山子是也（唐代高僧，約七一〇—八一〇，有《寒山子詩集》）。」出門跨馬而去，不知所終。（前蜀、杜光庭《仙傳拾遺》）

一六一　中原才子贊宗臣

明代才子宗臣（一五二五—一五六〇）字子相，號方城山人。十六歲取秀才，廿五歲中舉人，第二年登進士。曾任刑部主事、吏部考工郎、提學副使等職。他與李攀龍、王世貞、謝榛、徐中行、梁有譽、吳國倫等文人在北京稱爲「嘉靖七子」，斐聲明代文壇，《明史》有傳。

那時，佔據河套地區的韃靼酋長俺答（一五〇七—一五八二，明史有傳）屢次南侵中原。有一回，他屯軍在黃河北岸江邊，向嘉靖帝提出先比文後比武的挑戰。如果比文輸了，他就退兵。嘉靖帝便指派七子往試。

俺答在黃河上搭了浮橋。比賽規則是：明朝派一人從橋北拿取試題，走到橋南就要答出來。橋上不許停步。如停步就把人推下河去云云。由於猜不到題目的難易，且事關國家的和戰與個人的生死，大家都不敢冒險而逡巡猶豫。

只見宗臣挺身而出，步上橋頭，取到試題一看，上面寫著：「做一付對聯，不得超過二十個字。要包括中國古代一百個文武名人。」宗臣在浮橋上沒有停步，到橋南時，對聯已經有了：

「孔門七二賢，賢賢人聖；
雲臺廿八將，將將封侯。」（廿音念）

上聯合孔子弟子七十二賢人。下聯含東漢光武帝（前六—後五七）手下的鄧禹、耿弇等二十八員武將，都封爲侯爵，漢明帝繪成圖像，掛在南宮的雲臺之上，世稱「雲臺二十八將」，《後漢書．朱祐傳論》中有記載。

這付對聯只用了十八個字，就說出了文武人名一百位。俺答見了，連連贊道：「中原才子了不起，中原才子了不起。」當即依諾下令退兵。宗臣便有了「中原才子」之號。他死後，鄉人在他原籍興化縣城孔子廟西的儒學街上建了一座「中原才子」坊，據說現今還在。（近代、胡海散人《茶餘飯後集》）

筆者按：這位宗臣，個性耿直，瞧不慣有權有勢的大人物。他有一篇「報劉一丈書」文章，文中批評無恥的士大夫阿諛逢迎，拍馬巴結的醜態，傳神極了。他用辛辣諷刺的筆觸，凸顯出那些奴顏婢膝者的惡形惡狀，淋漓盡致。就是下面第一六二篇，不看可惜了。

一六二　求官照妖鏡

明代嘉靖年間（一五二二—一五六六），嚴嵩（一四八一—一五六八）嚴世蕃（?—一五六六）父子專權，賣官鬻爵，貪污納賄，爲所欲爲，黑暗面是歷史上少見的（兩人都列入《明史》奸臣傳）。一些無恥的士大夫，紛紛奔走奸相門下，阿諛逢迎，拍馬巴結，可謂醜態百出。

那時有位宗臣（請閱一六一篇）痛恨這種歪風，寫信給他老師，也是父親的知友劉墀石，信中揭發這類奔競求官的醜態，是《古文觀止》裡的一篇好文章，題目叫《報劉一丈書》。他將一個寡廉鮮恥干謁求官的小人行徑，描繪得像照妖鏡一樣的極爲鮮活。譯介如下：

求官者以騎馬代步，每天恭候在貴官的大門前，門房故意刁難，不予理睬。求官者卑躬陪笑，滿口好話，送上紅包。門房才接受他的名帖，入內通報。

但主人架子大，沒有傳話接見。求官者站立在庭院裡馬棚僕役之間，馬糞撲鼻，肚中飢餓，都不肯離去。等到天晚了，那收紅包的門房出來說：「主人疲倦了，不見客了，明天再來吧！」

既然約定明天，豈敢忘記？聽到晨雞催叫，就起身洗臉梳髮，著裝上馬，前往扣門。門房怒聲問道：「誰？」他柔聲答：「是昨天約好的訪客。」門房又怒聲道：「你這客人爲何這等勤快？我主人哪有這早見客的？」求官者哀訴說：「我已經來了，就暫且請讓我進屋吧！」門房又收了紅包，便姑且讓他進來，站在昨天馬棚旁立候（第一步是求見。門房多是小人，不可得罪。第一關過了）。

等了許久，主人起來了，朝南坐定，召見他。求官者驚喜於拜見之事竟然成眞，立即前行，在台階下就跪伏了。主人說「進來」，他乃再三跪拜，躬身趨前，奉上金銀厚禮。主人不受，就固請尊官笑納。主人仍舊假意堅決不肯受，又固請謂菲敬不恭，仍望哂納。主人不得已，吩咐侍者收下了（第二步是送錢。賄金一旦收下，願望必成。第二關克服了）。

求官者再拜了兩拜，又長揖了五六次，才緩步退出（不必多講話，求官之意，盡在不言中）。出了正廳，見到門房，說：「主人很喜悅我，對我特別親切，下次再來時，請不要擋駕好嗎？」（門房最勢利，狠話不能對他說，但得提醒自己的重要性，我將來也是大人物）

離開了貴人府第，求官者一路大喜。沿途遇到熟朋友，就揚起馬鞭，大聲說道：「我剛從貴人府裡告辭出來，貴官怎樣怎樣的看重我，眞的很看重我。」還假添了一些美好的情況，反正無法查對（第三步是吹牛，讓人相信自己確實了不起）。

這些朋友，也漸漸相信貴人特別對他垂愛。而這位貴人也稍稍對別人提及：「某某人很賢良呀，某某人的確很賢良呀！」聽到的人，也相信他一定是位賢能之士，來日若任高職，也是理所當然。

但是宗臣沒有告訴我們結局是怎樣？我們看：求見成功，跪拜盡禮，送錢收下，同儕稱羨，貴人贊他賢良。由此而求得一官，該是水到渠成的事吧？（清、吳楚材《古文觀止》卷四、明文）

筆者按：明朝嘉靖時代，距今五百年了。如今看來，送禮求官歪風，似乎仍舊，但技巧更高明、更進步了。可歎是像宗臣這種人卻少見了，悲夫！

一六三　書付黃龍寺僧

上級對下級傳達意見，一是用口語，簡便明白而直接。一是用文字，例如皇帝的文書叫詔告、皇命、誥書、諭示、聖旨。精確且留下記錄，可供後人查考。請看：

《論語・堯曰篇》堯讓位給舜曰：「咨、爾舜，天之曆數在爾躬，允執其中；四海困窮，天祿永終。」這是說：「啊，舜呀！上天的大命降與你了。你要守住這不偏不倚的治國原則；四海之內的人民若是困苦窮乏，你的祿命也永遠絕滅了，戒之戒之呀！」又如：

《尚書・大禹謨》舜告禹曰：「來，禹！洚水儆予，惟汝賢。天之曆數在汝躬，允執厥中，欽哉！」這是說：「近前來，禹呀！洪水滔天，警惕了我。唯有你最賢能，把洪水治好了。天命的繼替落到你身上了，要做到不過分不落後，永遠恪守中道。你要敬謹的領受呀！」再如：

《史記・秦始皇本紀》始皇說：「制曰：朕聞太古有

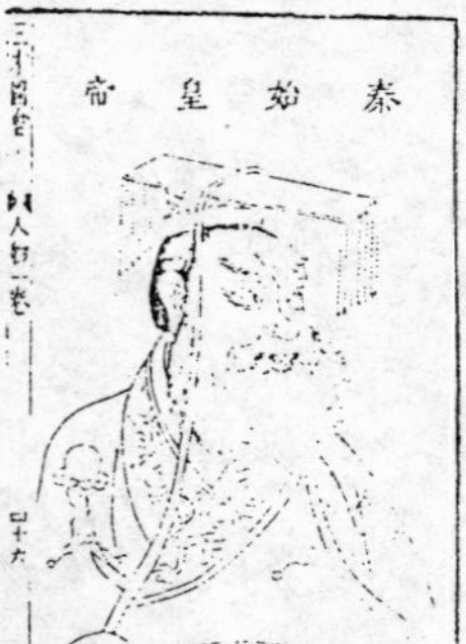

秦始皇帝

康有為

號無諡，中古死後而定諡，如此乃以子議父，朕弗取焉。朕為始皇帝，後世為二世三世以至萬世，傳之無窮。」這是說：「君命曰：遠古有號沒有諡，中古死後才定諡，這是兒子議論父親，我不贊成。我是始皇帝，以後就叫二世三世至於萬世，永遠遞傳下去。」

先父寫信給筆者時，開端是「字諭（或字付）培兒知悉：」或「培庚悉。」落尾自署「父字，年月日。」以上都是尊對卑格式的通例。

清代康有為（一八五八—一九二七），是有名的「拗相公」。閒遊江西廬山黃龍寺時，詩興大發，提筆抄下詩句，落款處寫道：「丙寅某月，書付黃龍寺僧。」副官持康聖人墨寶，送交黃龍寺方丈青松上人。青松說：「阿彌陀佛，老僧不識字，不敢收。」其實上人何嘗不識字？他是看到「書付……寺僧」之句，是上級命令下級口吻，過份託大，心中好不生氣？事後他說：「當年遠公和尚，有『沙門不拜王侯』原則，何況是你康有為（他只做過工部主事）？往來應該以禮，何物『書付』？老僧豈是你所交付的人？」（後段取材自近代、楊照《故事與新聞》）

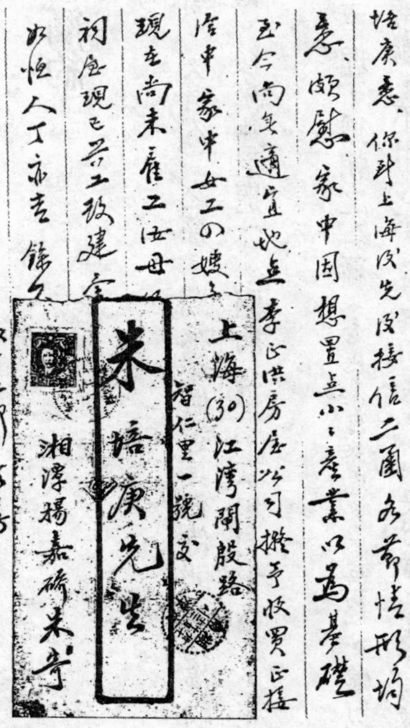

作者先父手諭之一

一六四　身後喪事要簡約

唐代盧承慶，是盧思道（任儀同三司，大詩人）之孫。盧承慶做過兵部侍郎、光祿卿、度支尚書、刑部尚書等，可稱高官顯爵。後來年老退休，因病過世，享年七十六歲，死後賜謚曰「定」。

他在臨終時，告誡兒子說：「死生至理，猶朝之有暮（老死是自然現象）吾終，殮以常服（我死後，給我穿普通衣服）。拜祭用常饌，不用牲牢（祭品用常菜。牲是牲畜。牢分兩種：太牢是牛羊豬三牲，少牢是羊豬二牲）。墳高可認，不須廣大（墳堆只要看得到就好，不要大）。事辦即葬，不須卜擇（事辦完就下葬，不須求神卜卦，選日擇時）。墓中器物，瓷漆而已（陪葬之物，用瓷器漆器就夠了）。有棺無槨，務在簡要（只要單層棺木，棺外的套棺叫槨不用，只取簡單爲要務）。碑誌但記年代，不須廣事文飾（立碑只刻上生卒年月日，不要表彰文字，不立墓誌銘，總之，入土爲安，不必大事張揚，不要千人送殯）。」

囑咐後事的人很多：例如《舊唐書》中的唐太宗后，《舊五代史》中的郭威，《北史》中的韋敻，文瑩《續湘山野錄》中的王旦，但以此篇詳盡而扼要，頗値參考。（後晉、劉昫《舊唐書》卷八十一、列傳第三十一。又見宋、孔平仲《續世說》卷五）

一六五 該走的不走

大人物請客，賓衆來了不少，但尚未到齊。飯菜已涼，主人在客人群中穿梭應酬，內心頗急，隨口說道：「怎麼回事？該來的還不來？」衆客聽了，心想：「該來的沒有來，那我們都是不該來的了，還枯坐乾等作甚？」於是一部份客人先自離開了。

主人一看，苗頭不對，急著說：「你看，不該走的又走了！」留下的衆客一聽，暗想道：「他們是不該走的，那末該走的應是我們呀！」於是另一部份客人也走了。

客人一再地走，這怎麼行？主人向門外嚷道：「不要走，不要走，我又不是說你們嘛！」剩下門內坐的一小撮客人，本來沒有打算走，一聽這話，好沒面子，也起身走了。最後留下了一位，好意勸慰主人不要這樣盡說刺人的話，把客人都得罪光了。主人急昏了頭，逞口說道：「我又不是說他們呀！」

這位客人聽了，凝神一想：「現在就剩我一人，既然不是說他們，那該走的不走這句話，當然是說我囉！我哪還有臉留下？」於是他一言不發，也逕自走了。（民國、湖海散人《茶餘飯後集》）

一六六　怎會不知未來事

我們在生活中如果能夠推測未來，就可以避凶就吉，最少也能夠未雨綢繆，讓災害減少到最低程度；颱風預報就是一例。戰國時代的《墨子》書中有一段對話如下。

彭輕生子認爲：「過去的事可以知道，未來的事不知道。」

子墨子（即墨翟，約元前四八九—前四〇六）說：「不然。今舉一例：假設你的母親，在離此地百里之處遇到了災難，必須賴你去救她。預測如果一天趕到就能夠活下來，超過一天就存活不了。現在這裡有一輛良馬新車，另有一瘦馬破車，由你任選一輛作爲趕路之用，你會挑哪一輛？」

彭輕生子答道：「我必然會選那輛配有良馬的好車，這樣我就預知能快速的在未來一天之內趕到！」

子墨子說：「你之所以要選好車，乃是因爲你預知在未來的一天之內可以趕到。由此看來，怎會不知道未來的事呢？」（戰國、魯人、墨翟《墨子》卷十三、魯問四十九）

一六七　填詞用疊字

宋代劉仙倫，字叔儗，有《招山小集》。他的一首《繫裙腰》詞如下：

山兒矗矗水兒清，船兒似葉兒輕，風兒更沒人情；月兒明，廝合造送行人。

眼兒蔌蔌淚兒傾，燈兒更冷清清。遭逢著雁兒，又沒前程。

一聲聲，怎生得夢兒成？

詞共十二句中，兒字用了十一次（矗蔌清聲各用二次）應是一首好詞。（宋、張思巖《詞林紀事》卷十二）

唐代白居易、字樂天，號香山居士，有《長慶集》。他的一首《花非花》詞如下：

花非花，霧非霧，夜半來，天明去。

來如春夢不多時，去似朝雲無覓處。

詞共六句，花非霧來去各出現二次。詞評家楊升菴說：因情生文，雖高唐洛神，奇麗不及也。（《詞林紀事》卷一）

宋代李清照，號易安居士（見第二十一篇），有《漱玉集》。

李清照

她的《聲聲慢》詞，是描寫「秋情」的詞。內容是：

尋尋覓覓，冷冷清清，悽悽慘慘戚戚，乍暖還寒時候，最難將息。三杯兩盞淡酒，怎敵他晚來風急！雁過也，正傷心，卻是舊時相識。　滿地黃花堆積，憔悴損，如今有誰忺摘？守著窗兒，獨自怎生得黑！梧桐更兼細雨，到黃昏點點滴滴。這次第，怎一個「愁」字了得。

宋．羅大經《鶴林玉露》評說：「起頭連下十四個疊字，以一女人，乃能創意出奇如此。」張端義《貴耳錄》評說：「李清照乃公孫大娘舞劍手。本朝非無能塡詞之人，未曾有一連下十四疊字者。」

南宋馬鈺，有《卜算子》詞，贈與師父道教全眞派始祖重陽子王嚞（一一一二—一一七〇）。「重陽」二字每句都有，一共重複了八次，詞曰：

師父重陽號，煉就重陽寶。紫詔重陽赴玉京，方顯重陽好。
我爲重陽到，庵爲重陽造。特爲重陽守服居，符合重陽道。

杭州西湖「花神廟」有一付對聯，全用疊字疊成，倒唸嘛也通：

翠翠紅紅，處處鶯鶯燕燕；
風風雨雨，年年暮暮朝朝。

以上所摘，當然還有遺珠（疊字「詩」更多，未列），但所引的都是傑作。（宋、張思巖《詞林紀事》卷十九）

一六八　娶醜妻不入洞房

三國時代的魏國，有位吏部郎許允，掌理全國官員升級降職的大權。當初他結婚時，新娘是阮伯彥（阮共）的女兒，聰慧有德，但像貌很醜。行過了交拜婚禮之後，許允不願進入洞房。

一會兒，前廳有客人來訪許允。新娘吩咐丫鬟前去探看，回說是大司農桓範（官列九卿）來了。新娘說：「這就好了，我猜桓郎會勸說新郎進入洞房。」

桓範果然勸許允說：「阮大人既然嫁來醜女給你，必定有某種意義在，你當用心去體察一番才是。」

許允聽了，才進入新房，一見到醜女新娘，就想轉身離去。新娘一想，此次如果出去，便很難再回房了。只好牽住許允的衣角，讓他止步。

許允心中不悅，問道：「古語說：婦有四德（即婦德、婦言、婦容、婦工，見周禮、天官），卿有幾德？」

新娘說：「我所欠缺的，只是容貌不好而已。請問郎君：士有百行（《詩經・衛風・氓》注曰：士有百行），郎君具有多少？」

許允即時回應道：「我都齊備！」

新娘說：「所謂百行，乃是以德爲首。郎君好色不好德（《論語・子罕》吾未見好德如好色者也），哪能誇說都齊備了呢？」

許允面露慚色，無話回答，見她談吐有深度，言語顯從容，不愧爲大家閨秀，就改而敬重她了。

後來，魏明帝誤信讒言，拘捕了許允，下獄問罪。虧得有妻子從容獻策，終於還他清白，解脫危難（此段請看拙著《古事今鑑》中冊二五一篇，本書不贅。「娶醜妻」取材自南宋、劉義慶《世說新語》賢媛第十九、許允婦）。

一六九　一個故事

很久以前——中外故事都是這樣開頭的——有一位大文豪，要寫一篇宏文。他殫思竭慮，仰首低頭；飲茶抽煙，咬筆吮指；起身徊步，搔髮踟躕；折騰了一整天，怎奈文思枯澀，稿紙上仍是一片空白，一點一撇都未寫出來，似乎焦灼極了。

在一旁的太太看到如此窘況，也不禁大爲難過，長歎一聲道：「你寫文章，就好比我們女人生孩子一樣的煎熬焦灼，太痛苦也太不好受了。」

豈料文豪先生很不以爲然，反駁道：「這怎麼可以相比？你們生孩子的，肚子裡早就有了貨；我們寫文章的，可憐肚子裡空空如也，半點貨色也沒有成孕，硬要無中生有，比你們生孩子難上十倍呀！」（民國、湖海散人《茶餘飯後集》）

一七〇　硬幣不久將廢掉

南宋的首都，是現在的杭州。雖是偏安江南，只要不打仗，人民倒也過得安樂。有一陣子，京都市上那種面額五十錢一枚的銅幣（就是硬幣。從前漢武帝鑄造過五銖錢，呂后也另鑄有八銖錢）忽然變得極爲稀少了。這對商業貿易進行和民間日用買賣都很不方便。街坊上的謠言也多了起來，人心惶惶，似乎要生大亂。

宰相秦檜（一〇九〇—一一五五）得知這種不正常的情況，他工於心計，也不說破，召來替他理髮的師傅，從容理髮。事畢後，秦丞相拿出五十錢的銅幣二枚，當作每枚五錢給他抵賞工資，並說：「這種五十錢的硬幣，質料與花紋都不佳，皇上有意廢掉，不久會有聖旨發佈停用。我今將它打折，一枚只當五錢付給你。你自有的五十錢硬幣，也不妨早日用掉，免得損失。」

理髮師將此消息轉告熟人，這是來自宰相府的情報，無人懷疑。不出三天，市面上這種五十錢的硬幣竟然紛紛出現，緊張的局面自動化解了。（明、馮夢龍《增廣智囊補》卷下、術智、權奇、出見錢）

一七一　閣下李先生

捷對基於急智，對仗要工，反應要快。清代李鴻章（一八二三—一九〇一，任國務大臣）遊園，隨興吟出一句：

「亭前花未發」（意謂花枝仍在含苞待放）

跟隨陪侍的僚臣秘書某甲，當即接口道：

「閣下李先生」（表面上是尊稱對方，與「台端李大人」之意類似。深一層之意則是指亭閣之下的李樹，李子果實已搶先一步生長出來了。）

李鴻章

語意雙關，堪稱妙對。（民國、吳俊升《理則學》第七章第四節）

另有一付雙關語對聯，利用字音相同，表面上說此而實際上卻是說彼。聯曰：

「兩舟並行，櫓速（魯肅）不如帆快（樊噲）；

八音齊奏，笛清（狄青）勝似簫和（蕭何）。」

字面上是說行船速度和樂器演奏，骨子裡卻是隱射四位文臣武將，主要的意義乃是暗寓文不如武，也顯巧思。（現代、吳積才《異體詩淺說》）

一七二　對大鏡山雞展翅

漢末三國時代，南方苗蠻酋長，獻來一隻體型威壯，羽毛美麗的山雞（學名鸐雉，鳥綱，鶉雞目，雉科），進貢給魏武帝曹操（一五五—二二〇），卻無法使牠拍翅啼叫。

曹操的兒子曹沖，聰明而有識見，那時他年紀尚幼，命侍從人員抬來一面立地大鏡子，架放在山雞之前，山雞看到鏡裡影像，認爲是同類相聚，就一再的的奮翅拍舞，高聲啼叫起來。（近代、湖海散人《茶餘飯後集》）

筆者按：南朝宋、劉敬叔《異苑．三》說山雞自愛牠的羽毛，每次看到水中的影子，就高興的展翅而舞。又徐陵《鴛鴦賦》也說：「山雞映水喜自得，孤鸞照鏡樂成雙。」曹沖懂得山雞之禽性，讓它面對大鏡，激發它的歡樂愉悅，轉而悅人，眞是聰慧極了。不但此也，曹沖還有「刻船稱象」的故事，請見拙撰《史苑采微》卷五第一九七篇。

山雞（雉）

一七三　讀書有甚麼用

元代許衡（一二〇九—一二八一），才識淵博，學者稱他爲魯齋先生，所以能爲元世祖忽必烈（一二一五—一二九四）訂定朝儀和官制。後來任左丞相，有著作傳世。

許衡幼有異質，七歲入學讀書。老師依那時的常規，教他背誦「章句」（古書的章節和句讀叫章句），卻不解釋意義。這種教授方法，枯燥乏味，許衡心生疑惑，問老師道：「讀書有甚麼用？」

老師說：「書讀通了，就可以考取科第（設科取士，叫做科舉。因分甲乙次第，故叫科第）做官呀！」

許衡再問：「讀書就只爲了考取科第而已嗎？」

老師覺得這個七歲幼童，遇事要尋根究柢，十分稱奇。

許衡對所授每段新書，總要追問其中的要旨和文義，時常弄得老師答不上來，最後只得辭掉教席不幹了。（清、全祖望《宋元學案》魯齋學案。又見《元史》卷一五八、）

筆者按：從前子路也提出過類似的問題問孔子說：「南山有竹，不必加工就很堅直，把它製成竹箭，可以射穿皮革。這樣看來，何必讀書呢？」孔子回應道：「如果把竹箭刨削光滑，使阻力減少；箭尾加裝羽毛，使射程穩定；箭頭配上利簇，使穿透力增強；豈不射得更深更遠嗎？爲甚麼不要求學讀書呢？」子路說：「我就受教讀書吧！」今日若來檢討。讀書有甚麼用？答案是讀書的目的在求學問。那學問又有甚麼用？如果說「學問爲濟世之本，」這口吻似乎太誇，讓那些大聖大賢的高人去匡濟世界吧！淺白的說，我們起碼得要活下去，活下去就要憑學問，學問是從書本中來的。如果不曾讀書，啥也不懂，就只可去當搬運工，靠體力去拼生活。如果讀了書，學問通了，就可以當醫生，救人性命，自己也覺得快樂。這便是讀書的益處。

一七四　半幅對聯五百兩

清代詩書畫三絕的鄭板橋（一六九三—一七六五。名燮），做過兩次縣長，後來在江蘇揚州賣畫維生，而且訂出了字畫的價格：

「畫竹多於買竹錢，紙高六尺價三千。」

江西龍虎山的張天師（道士張道陵之子孫，都叫張天師）奉聖旨入京晉見皇帝，回程路經揚州。揚州有位大富翁解某，想要請鄭板橋代寫一幅對聯，以便轉送張天師。特備妥上品宣紙，託人帶著銀兩，向鄭求字。

鄭板橋說：「潤格（潤筆的價格，就是酬金）本是三千，看在送給張天師的份上，減價爲一千兩好了。對聯詞句由我撰定，不要錢，算是白送。」

來人不敢囉唆，從懷中掏出全部五封紋銀，懇求說：「鄭爺，這裡一共只有五百兩銀子。我們解老闆說：『萬不得已時，才全部拿出來。』這是頂高的潤筆費了。」

鄭板橋沒有說話，提起巨筆，在宣紙上寫出上聯：

龍虎山中眞宰相

然後將筆擱下，說道：「五百兩算是上聯的價。如要下聯，再加五百。」

來人不敢怠慢，趕緊回去轉告。解老闆知道拗不過這位「揚州八怪」中脾氣最倔傲的鄭大師，急急如數補來。鄭板橋續筆一揮，下聯立見：

麒麟閣上活神仙

張天師收到後，滿心歡喜，而且贊佩不已。（近代、郁愚《鄭板橋外傳》）

筆者按：有關「三絕詩書畫」鄭板橋的品性，請參看本書第二及第二十五篇，當會增進了解。至於道教的創始人張道陵，修道於江西省貴溪縣龍虎山的天師府（教主是世襲制）。後因元世祖於至元十三年賜封其三十六代孫張宗演爲「輔漢天師」，故後世都被俗稱爲「張天師」，他們信奉「元始天尊」和「太上道君」。是中國本土產生的宗教。

一七五　推薦我做京官

唐代婁師德（六三〇—六九九），胸懷寬厚，氣度恢宏。「唾面自乾」便是他的故事。他總攬邊要，出將入相三十年。對事對人，一體容忍有恕。

狄仁傑（六三〇—七〇〇）原在外地做官，是婁師德推薦他入朝爲京官的，但狄仁傑並不知道，後來又做到了宰相。他卻始終排斥婁師德，好幾次故意迫使他到邊境任職，師德都坦然受命。

那時是則天皇帝武后當朝，因便問狄仁傑道：「你看婁師德賢良嗎？長於識人嗎？」

狄仁傑奏道：「他統兵作戰，能攻能守（史載與吐蕃作戰，八攻八克），確是難得。至於賢不賢，我尚不知。我與他一同在朝，卻還未聽說他能識別眞才和薦拔良士。」

武后又問道：「我之所以大大的起用你，你知道是甚麼原因嗎？」

武則天

狄仁傑回奏道：「微臣任事，尚能稱職；雖日理萬機，幸無隕越，以故陛下信任微臣，使我得以展開抱負。我想我並非庸碌之輩，或是借人事關係攀來高位……。」

武后說：「朕以前並不知道有你狄卿，你之所以能調爲京官，屢升高職，全然是婁師德極力保薦的，只是你不自知罷了。」說著，拿出婁師德的十來封推薦奏書，給狄仁傑翻看。

仁傑看了，羞愧交加。後來對別人表白道：「婁公德量，汪洋似海。我爲他所包容，卻一直不知。我還數度擠他，他卻全無慍色。我比他差遠了。」（《新唐書》卷一〇八、列傳三十三。又《舊唐書》卷九十三、列傳四十三。又《續世說》卷三、雅量）

一七六　曾國藩慈禧對話

清代曾國藩，剿滅太平天國之亂後，於同治七年七月，奉旨調爲直隸總督，要從金陵去北京面聖。同治八年正月十七日，曾國藩上朝，恭請御訓，慈禧太后（一八三五—一九〇八，又稱西太后，掌國政四十七年）召見於養心殿，由惠郡王帶領進殿引見。

曾國藩入殿跪奏稱：「臣曾國藩恭請聖安！」然後脫卸官帽叩頭，奏稱：「臣曾國藩叩謝天恩！」叩畢，起身，徐行數步，跪于錦墊上，君臣展開對話：

慈禧太后問：「汝定於何日起身出京？」

曾國藩奏對：「定二十日起程出京。」

問：「汝至直隸，辦何事爲急？」

對：「臣遵旨以練兵爲先，其次整頓吏治。」

問：「直隸地方也不乾淨，聞尚有些伏莽（潛伏莽林中的盜匪沒有肅清，會出來打家劫舍）？」

對：「直隸與山東交界地本有梟匪，又加降捻遊寇，處處皆有伏莽，總須練兵，乃能彈壓得住。」

慈禧太后

問：「近來外地督撫，也說及海防的事不？」

對：「近來因長毛捻匪鬧了多年，就把海防的事都看鬆了。」

問：「這是一件大事！」

對：「這是第一件大事。兵是必要練的，哪怕一百年不開仗，也須練兵防備（三國演義一百回說「養兵千日，用在一朝」）。兵雖練得好，卻斷不可先開釁。講和也要認眞，練兵也要認眞，二事不可偏廢，都要細心的辦（用平常語說出，卻是經典之言）。」

問：「直隸吏治也疲玩久了，你自然也都曉得。」

對：「我一路打聽，到京又問人，也就曉得些。屬員全無畏憚，臣到任後，不能不多參劾幾個人。」

問：「百姓也苦得很。」

對：「百姓也甚苦，年歲也不好。」

問對結束，慈禧太后側頭對引見的惠郡王說：「叫他跪安！」

曾國藩起身，退走數步，再跪下奏道：「臣曾國藩跪請聖安！」然後告退，轉身徐步出殿。他於二十日離別都城北京，二十七日南抵保定府，就是直隸總督府的所在。（《曾國藩年譜》卷四）

筆者按：同治八年，即西元一八六九年，距今僅一三五年，並不太遠。選錄本篇之用意，在了解清代覲見皇帝或太后的禮儀及對軍政國情的問答。應屬珍罕。

一七七　孟獲與秦檜

（一）

武官與文官同席看戲，臺上演「七擒孟獲」。武官有感而發，說道：「這孟獲如此野蠻，想不到孟子後代，竟有孟獲這種壞人！（孟子是鄒國、今山東省鄒縣人。孟獲是南蠻酋長，不是孟子後代）」文官回應道：「到底還是孔子後代的孔明（孔明姓諸葛，名亮）強多了。」

（見：邯鄲淳《笑話文學》解頤錄）

（二）

另一類似例子：山東濟南府尹張若霈故意說：「那暴君秦始皇的後代（秦是國號，秦始皇姓嬴名政），竟然會出了個秦檜！」（見：易宗夔《新世說》紕漏）

（三）

或人說：「成湯的後代，有個成吉斯汗，姓成的很光采呀！」（成湯是商朝開國之君。《史記殷本紀》說：「天乙立，是爲成湯。」成湯滅夏桀，國號商，故成湯又叫商湯。他姓「子」，名「天乙」。至於元朝開國之君元太祖，姓「奇渥溫」，名「鐵木眞」，即帝位後，蒙古諸王，共上尊號曰「成吉斯汗」，兩人都不姓成。見《史記》和《元史》）。

一七八　元宵御酒竊金杯

北宋年代的宋徽宗（一〇八二—一一三五）他通百藝，精書畫，喜歡享樂。他在宣和六年（一一二四）的正月十五，頒聖旨歡慶元宵節，京城裡大賞花燈，與萬民同樂。而且公告當夜在皇城端門之前，皇帝賜飲御酒，讓那群看燈的百姓，品嚐皇室美釀，一人一杯。只見男女老少，摩肩接踵，都來看燈領飲，好一片昇平景象。

有一個少婦，喝完御賜美酒之後，偷偷將金杯藏入懷中，被光祿寺（專管膳食飲宴的皇室機構）的執事人員拏住了。又有閤門舍人將偷竊金杯之事，奏報宋徽宗。聖旨頒下，查問竊杯原由。這少婦奏道：「賤妾同夫婿一路看燈，在鰲山下人擠人與丈夫相失。今蒙皇帝賜酒，賤妾面帶酒容，又未與夫同歸，爲怕公婆責怪，故拏取金杯作爲憑證。」這少婦又稟道：「臣妾有《鷓鴣天》詞一闋，奏釋竊杯原因。詞曰：

『月滿蓬壺粲爛燈，與郎攜手至端門；貪看鶴陣笙歌舉，
不覺鴛鴦失了群。　天漸曉，感皇恩，傳杯賜酒臉生
春，歸家恐受公婆責，留取金杯作照憑。』」

宋徽宗本也是詩詞高手，聽到這婦人訴來，歡喜她才華敏

宋徽宗

捷，就想要賜她金杯作憑證。但有那教坊大使曹元寵奏道：「這婦人之詞，恐怕是她丈夫事先做好，誑騙陛下的金杯的。必須當場出題面試才算。」

宋徽宗准奏。婦人請命題，就以「金盞」（盞就是酒杯）爲題，以《念奴嬌》爲調。少婦口占（由口唸出不用筆寫叫口占）曰：

「桂魄澄輝，禁城内，萬盞花燈羅列；
無限佳人穿繡徑，幾多妖豔奇絕。
鳳燭交光，銀燈相射，奏簫韶初歇。
鳴梢響處，萬民瞻仰宮闕。
妾自閨門給假，與夫攜手，共賞元宵節；
誤到玉皇金殿砌，賜酒金杯滿設。
量窄從來，紅凝粉面，尊見無憑說；
假王金盞，免公婆責罰臣妾。」

宋徽宗聽了此詞，大爲高興，就把金杯賞賜給她了，但宣稱後人不許援例。（宋、佚名《宣和遺事》亨集）

一七九　牧民猶於牧羊

西漢時代，有個牧羊人，名叫卜式，養羊發財了。漢武帝（公元前一五七—前八七）正討伐匈奴，軍事費用驟增，卜式捐出一半家財，補助國家財政。

武帝派侍臣問他：「你是想求官嗎？」

卜式說：「我從小只知牧羊，不想做官。」

侍臣又問：「你是受了欺壓，想要伸冤嗎？」

卜式說：「在本鄉裡，窮人我借錢給他謀生，壞人我勸他改過上進，全鄉人都與我和諧相處，哪會有冤仇？」

侍臣追問：「那你有甚麼願望？」

卜式說：「天子討伐匈奴，我認為有勇武的人應當為國效死。有資產的人應當為國輸財。這是我的願望，所以我就這樣做！」（這是「請你猜猜」第7題答案）

侍臣回報漢武，武帝想派他為郎（官名），卜式不願。武帝說：「我有一群御羊，養在上林苑（在長安西郊，司馬相如寫過《上林賦》），你替我去養牧好了。」

卜式受命，身著布衣，足蹬草鞋，飼牧御羊。一年下來，羊群又肥又壯，還生了許多小羊。武帝誇贊他，卜式說：「這不獨牧羊如此，治理百姓（牧民）也是一樣。

「如果政府能使人人都有工作，不愁失業，群體生活融洽，不耽心偷搶詐騙。壞的羊要宰掉，壞的百姓也要依法治罪，不就好了嗎？」（班固《前漢書》卷五八、列傳廿八。又魏徵《群書治要》卷十八）

筆者按：牧羊人卜式，只是一介草野粗民，幹嘛要爲國家捐出一半財產？而且一無所求。今日觀之，好像是傻蛋一個。此外，在卜式之前，還有個鄭國的傻蛋弦高，他是在國際間以販賣牛群爲業，也自動自發的獻出十二頭活牛去犒賞要偷襲鄭國的秦國大軍，因而保全了祖國（見《淮南子》人間訓）。慧能禪師《六祖壇經》說：「下下人有上上智。」芻蕘者之言行，看似平凡，實太高貴。

一八〇 數字順反寫情書

西漢四川才子司馬相如（前一七九—前一一八）在京都長安，官拜中郎將，自覺身價高了，乃有休妻之念。他給留居在四川的妻子卓文君（前一七九—前一一七）送去一信，心想如果難倒了她，便可說她文學程度太差，作爲離婚的藉口。

夫妻久別，思戀正深。卓文君拆信一看，函中無頭無尾，只寫著「一二三四五六七八九十百千萬」十三個字，不但沒有一句溫慰的話，而且意存刁難，這不是好兆頭。卓文君滿懷悲憤，就提筆寫成回信：

「一別之後，二地懸念。只說三四月，又誰知五六年。七弦琴無心彈，八行書未可達；九連珠從腰挫斷，十里長亭望眼欲穿。百夜思維，千宵繫念，萬般無賴把郎怨。」

「萬語千言說不盡，百無聊賴十依樣。重九登高看孤雁，八月中秋月未圓，七月半燒香秉燭問蒼天。六月伏天他人搖扇我心寒，五月石榴如火偏遇陣陣冷雨澆花間，四月枇杷未黃我欲對鏡心意亂。急匆匆，三月桃花隨水轉。飄零零，二月風箏線兒斷。郎啊郎，巴不得下一輩子你作女來我作男。」

這封有韻的信函，前段是從一到十百千萬的順數，後段是反過來從萬千百十到一的逆數，串成佳句。文詞委婉，想念殷切。雖然不是很好，但流露著綿綿情意，幽而不怨，仍是不錯的巧思。

司馬相如讀罷這封情書，驚歎文君夫人才華出衆，休妻之念不再有了。（清、朱秋雲《秋暉雲影錄》上卷）

又有一次，司馬相如打算聘茂陵人的女兒爲妾，卓文君寄了一首「白頭吟」以示意，相如看後感動，便打銷了娶妾的念頭。詞曰：

皚如山上雪，皎如雲間月，聞君有兩意，故來相決絕。
今日斗酒會，明旦溝水頭，躞蹀御溝上，溝水東西流。
淒淒復淒淒，嫁娶不須啼，願得一心人，白頭不相離。
竹竿何嫋嫋，魚尾何離簁，男兒重意氣，何用錢刀爲。

（西漢、劉歆《西京雜記・三》。及《古樂府・卷五》）

筆者按：司馬相如琴挑卓文君，卓文君夜奔司馬相如；以後相如作賦，陳皇后一字千金；文君當鑪，卓王孫萬般無奈；這些有關的典故，都請參看筆者所撰《古事今鑑》下冊第四二二篇「鳳求凰」及《文海拾貝》第一篇「一字千金」。這裡都不予重述。

一八一　穿井得一人

傳話失眞，意義會完全偏誤。《呂氏春秋》裡就有兩個故事，其一是《夔一足》（原意是：夔這個人很能幹，有他一人就足夠了。誤傳爲「夔只有一隻腳」），其二是《穿井得一人》。今譯介後者如下：

戰國時代的宋國，有一姓丁的人戶，家裡沒有水井，每天要派一人專往戶外遠處往返挑水。後來家裡鑿了井，往外挑水的人不須再出門了。丁家人對別人說：「我家鑿了井，得了一人。」這些聽話傳話的人就相告說：「丁家鑿井得了一人。」國人都如此傳告，讓宋國國君都聽聞了，覺得奇而且怪，派人查問究竟。丁家人解說道：「我家因開挖了水井而得了一個人回家供使喚，並不是鑿井而從井裡挖出了一個人呀！」《呂氏春秋》接著評論說：聽話傳話如果是這樣的錯聞誤傳，還不如沒有聽到的爲好！（見戰國秦、呂不韋《呂氏春秋》六論、察傳）

筆者按：誤聞誤傳，實例尚多：如杜拾遺（唐朝杜甫，曾任官左拾遺），有人誤會爲杜十姨。靜思錄，誤傳爲尋死錄。黃季陸，訛爲忘記囉。又低聲傳耳語遊戲，一句「王太太叫丫鬟去刷掉衣服的髒灰」，傳到後來變爲「文太太名叫亞帆，去殺掉姨父張飛。」難謂全無失眞之事。

一八二　三次藉口都錯了

欲加之罪，何患無詞？即使理屈，仍會撲殺，強者稱霸，絕不心軟。

從前有一隻餓狼，出洞去找吃的。在山坡下看到一隻小乳羊，長得幼肥鮮嫩的，正好抓來當晚餐。

餓狼這次決定不用殘暴的撕裂方法去撲殺它，那欠禮貌，也太霸道。應當改採文明的方式來說服小羊，讓它知道吃掉它的理由非常充分，而且自己確實有吃它的權利。

餓狼責怪小羊道：「小傢伙，你去年爲甚麼罵我？」

小羊抖抖顫顫地說：「狼伯伯，你搞錯了吧？去年我還在媽媽的肚子裡，尚未出生哪！」

狼一歪頭，找了第二個理由，質問道：「小鬼頭，你在我住的四周，啃吃了我家私地上的嫩草！」

小羊低聲答道：「不會的，狼伯伯，我到現在還沒有嚐過青草的味道呢。」

餓狼見兩次藉口都不成，停頓了一會，腦筋一轉，再厲聲喝道：「小崽仔，你爲何要偷喝我洞邊池裡的清水？」

小羊嚷嚷道：「我哪有？我從來還沒喝過水，我到如今還只是吃媽媽的奶汁呀！」

三次找碴都落了空，狼心一橫，不再花功夫去找理由了，縱身一撲，捉住小羊吃了。自言自語道：「我的藉口雖然都錯了，但我總不能餓著肚子來講道德說仁義呀！」（希臘、伊索《伊索寓言》狼和小羊）

筆者按：多次藉口都錯，另有類似的故事，主角是曹操。依《三國志・曹瞞傳》說：曹操與袁紹在官渡會戰，久久相持不下，曹操軍糧已盡，他寫信向後方催糧，這信被許攸截獲了。許攸正好去投奔曹操，問道：「明公軍糧尚存多少？」曹操謊言道：「可支持一年。」（一答）許攸笑道：「只怕未必！」曹操又騙道：「還可吃半年。」（二答）許攸就欲告辭，說：「我是誠心想來幫你，你卻騙我，那我辭別算了！」曹操留住他，說：「實話實講，還可支撐三個月。」（三答）許攸笑道：「別人都說你曹操是奸雄，這話果然不假。」曹操說：「豈不聞『兵不厭詐』的話嗎？」然後低聲回道：「只存一個月的糧了。」（四答）許攸卻大聲嚷道：「不須瞞我，已經糧盡了！」曹操愕然，回道：「話是對的，確實沒糧了，但你從何知道？」（五答）

一八三　開口便是俗人

元代末年，群雄並起，張士誠自稱誠王。他胞弟張士信，也作威作福。聽說倪瓚（一三〇一—一三七四）是元末四大畫家之一，便派人捧了絹緞及厚重金幣，去向倪瓚買畫。這位倪瓚，字元鎮，號雲林，自稱倪迂。生性高潔，爲詩畫名家。他不齒張士誠張士信之所爲，尤其認爲絹緞金幣形同收買，視自己爲畫匠，心中生忿，一口回絕道：「我倪元鎮不願也不屑於當一名王府的畫工。」隨手將絹緞都撕裂了，讓來人大受羞辱。

其後，有一天，張士信帶著友伴在太湖裡乘船遊湖，偶然聞到一股清馥的紫檀香味由鄰舟飄送過來，張士信說：「這鄰船中人，定非俗輩，必是一位名流高士。」命船靠攏，過去訪賢，一看卻正是倪瓚。張士信記起上次買畫被辱的前仇，一時怒起，便想殺人，旁人極力勸阻，最後仍被張士信狠狠地鞭打了一頓，才兩方分手。

倪瓚自始到終，緊閉嘴唇，未吐半個字。事後有人問他：「張士信這廝如此窘辱鞭笞於你，你卻一句話也不頂他，是何緣故？」

倪瓚回答道：「處此俗世，我避俗還來不及，那知遇此俗人。我如開口，自己豈不也降格成爲俗子了？」（清、張思巖《詞林紀事》卷二十二）

一八四　鳥之篤愛勝於人

大雁又稱鴻雁。鴻雁的篤愛，人類應感慚愧。

天津有位射鳥爲業的人，射到一隻鴻雁，一看是隻雌鳥，縛著帶回家來。豈知那隻雄鳥，也跟著一路飛來，在家屋上高低盤旋，哀鳴翱翔，到晚上才離去。

第二天，射鳥的人晨起出門，那隻雄雁早已在空中等候，一面哀叫，一面下飛，停在射鳥人的腳前，射鳥人便捉住牠，以爲抓到了一對。卻發現這隻雄鳥，伸著頸子一俯一仰，竟然從鳥嘴裡嘔出半條黃金來。

射鳥的人悟得鳥意，說：「你想要贖出你的愛妻是吧？」於是就把那隻雌雁放了。兩隻鴻雁互相依偎徘徊，顯得又悲又喜，盤旋了一陣，才雙雙飛去不見。

射鳥的人稱量金塊，計重爲二兩六錢（如以現在市價黃金條塊每兩一五、八〇〇台幣計算，共值四萬一千台幣，遠遠超過鳥價）。

撰書人清代蒲松齡（一六四〇—一七一五）評曰：「噫！禽鳥何知，而鍾情若此，吾輩豈不愧哉？」（清、蒲松齡《聊齋誌異》卷十六、鴻）

一八五　得其所哉

春秋時代的鄭國，有位大夫，名叫子產（元前？—前五二二），因居東里，故又稱東里子產。他接連作了四朝君王的宰相，使鄭國安定了數十年。《論語．憲問》孔子說：「為命，東里子產潤色之。」又說：「子產，惠人也。」是位很有修養的賢良君子。

有人送給子產一尾珍貴活魚，子產叫那管魚池的小吏拿去，吩咐蓄養在魚池裡。豈知那小吏私下將魚燒來吃了，卻謊對子產報告說：「我把魚放進水池裡，起初，這魚困困的、呆呆的，似乎還沒有舒轉過來，待一會兒，就搖著尾巴，活潑潑地游進水池深處去了。」

子產聽了很高興，說道：「這魚回到屬於它生活的世界中去了，這魚回到屬於它生活的世界中去了呀！」

小吏出來後，對別人說：「誰說子產大夫聰明？我已經把魚吃下肚了，他還說『這魚回到屬於它生活的世界中去了呀！』」

由此看來，賢德的正人君子，你可以找一些合情合理的解釋去誑騙他，但很難拿一些不合情理的藉口去蒙蔽他。（戰國、孟軻《孟子》萬章章句上）

一八六　待客無錢賣頭髮

偉人的背後，常有一位賢母：孟母三遷，歐母畫荻，岳母刺字，柳母和丸。有人不喜歡這些陳古老帳，說是過時了。但是，「望子成龍」這個原則，仍應是歷久常新的吧！

晉代陶侃（二五九—三三四）的母親湛氏，嫁與陶丹（爲揚武將軍）爲妾，生下陶侃。不久陶丹去世，陶侃成了孤兒。家境一直清貧，靠湛氏紡紗績麻，助陶侃去結交端士益友，求取上進。

鄱陽人孝廉范逵（後爲會稽太守），帶領若干隨從，因事順道過訪，且要在陶侃家中留宿一夜。那時正下大雪，倉卒間急需招待客人。寡母湛氏，便抽出床上所墊的新草薦（有似現在日式的榻榻米草墊），剃成一段段的草料，用來飼餵客人的馬匹。又將自己的長髮剪下來，賣給隔鄰店鋪，得錢換買酒米菜肴，使賓客盡歡，飲宴極爲快樂。連隨從們也感到比希望的款待還好。母親湛氏，包上頭巾，出入廳堂，招呼應對，很是得體。

後來范逵知道了這番底細，大爲感動。贊道：「非此母不生此子！」他說給廬江太守張夔知悉，張太守就召請陶侃爲縣令，後來成就了大事業。（唐、房玄齡《晉書》卷九十六、列傳六十六。又見：宋、劉義慶《世說新語．賢媛》。又見、彭正雄《歷代賢母事略》文史哲出版社）

一八七　煮粥燒了鬍鬚

唐代名臣李勣（五九四—六六九），字懋功，官居僕射，就是宰相。他純良友愛。老姐姐病了，親自替她熬稀飯。瓦罐柴爐，添水煽火，很是辛苦。

李勣年歲大了，煮粥又不在行，正當調整大火小火之時，一個不留神，風迴火烈。火舌兒竄出，竟然把他長長的鬍鬚都燒著了。

老姐姐躺在床上，看在眼裡，心頭大爲不忍，勸道：「算了啦！宰相府裡丫鬟侍女這麼多人，偏偏要自己來煮粥，笨手笨腳，何苦嘛！」

李勣答道：「姐姐老了，我也老了，想要幫你煮粥，還能幫得上幾回呢？」（一）歐陽修《新唐書》卷九十二、列傳十八。（二）又見：司馬光《資治通鑑》。（三）又見明、鄭瑄《昨非庵日纂》敦本。（四）又見宋、孔平仲《續世說》卷五、寵禮）

李懋功像

一八八　抓來當街打屁股

明代王愷，字用和。他通經史，善於謀斷。明太祖朱元璋（一三二八—一三九八）攻下衢州府（在今浙江省），就指定王愷去衢州府總制軍事民事政務。

明初開國大將常遇春（一三三〇—一三六九），所向無敵，自稱能帶十萬兵，縱橫天下，人稱「常十萬」。後封鄂國公，又封開平王，是明朝的元勳。

其時，常遇春統率部隊，屯軍在金華（在今浙江省中部）。部隊裡有個兵卒，仗著軍威，毆打老百姓，悍不講理，吃虧的老百姓都喧嘩起來，將要鬧成事變。王愷派衙役到金華將這悍兵腳鐐手銬起來，仆在大街之上，打了他一頓屁股。

常遇春知道了，責問王愷。王愷壯聲道：「民者、國之本也（《尚書・五子之歌》：民惟邦本，本固邦寧），處罰了一個小兵而使全民人心安定，想必也是將軍你所樂聞的吧？」

（清、張廷玉《明史》卷二八九、列傳一七七、忠義）

一八九　哪會不貪污

開支太大了，必會設法廣撈黑心錢才能維持。

仇泰然（仇悆字泰然，進士出身。後因對秦檜不滿，落職）守四明（爲四明太守，在浙江省）。愛一幕官（府中佐理文案職司書記的官員，今叫幕僚），欲薦之（向朝廷薦舉去任高職）。一日，仇泰然趁閒暇問道：「君家日用（每天開支）多少錢？」幕官對曰：「十口之家，日用千錢（宋代每天家用一千錢乃是巨數）。」泰然驚曰：「何用如許多錢？」對曰：「食具少肉（每餐都要吃肉）。」泰然自忖曰：「某爲太守，居恒不敢食肉（那時肉價太貴，薪水付不起），常食蔬菜，費不及此。今屬僚倍之，安得不貪（耗費超過俸祿，自然要找橫財）？」遂疏之（疏遠他），不薦。（《崇儉篇》窒欲章）

一九〇　爲何你了無長進

東晉時代，僧人支遁，字道林（三一四—三六六。《世說新語》稱支公、林公、支法師、林道人）。本姓關，陳留人。自幼聰明秀徹。家人歷代信佛，支遁於二十五歲出家。他講經時，常跳過一些章句不講。有人認爲不對，中書令謝安（三二〇—三八五）卻說：「這是略其淺顯，擇其精義，沒有錯。」

支道林在洛陽白馬寺（中國最古的佛寺）與劉系之等人（《世說新語．文學》則說是與馮懷）談論《莊子逍遙篇》之旨。劉系之解釋說：「我們若能各適其性，就叫逍遙。」支道林說：「不然。你看那夏桀暴君和盜跖強盜，都是以殘殺取樂爲性。如果適性就是逍遙，那桀跖難道也算逍遙嗎？」

王羲之（三〇三—三六一）在會稽，久聞支道林的名聲，卻不太相信。後來兩人相見，王羲之問道：「《逍遙篇》的內容，可以談一談嗎？」支道林便滔滔的說了許多創見，都是標揭新理，才藻超絕，王羲之才信服。

支道林精通《維摩經》（是文字氣氛最濃厚的佛門要典）。晚年開講，他是法師，許詢是都講。兩人互相問難辯駁，使義理反覆，不盡不竭。

晉哀帝時，支道林轉往洛陽東安寺，舊朋友王濛（哀靖皇后之父，官任太尉）從太原來會故友，早就寫好了辨理的文章，以爲支道林無法反駁。

豈知支道林徐徐回答說：「貧道和你，分別多年，爲何你的言論思維，了無長進？」王濛羞慚而退。

支道林善寫草書隸書，到晉廢帝太和初年，這位晉代高僧，才在洛陽逝世。（梁、沙門、慧皎《高僧傳》初集、卷四。又見：南宋、劉義慶《世說新語》文學第四）

筆者按：我們每天活著，總得要吸收一點新知，多少要增加一點識見，才不會讓時日空過。否則，恐怕對不起那三餐飯菜吧？不是嗎？由於日有長進，別人看來，便覺得今日的我，已勝過昨日的我了。《三國志・呂蒙傳》說：吳國大將軍呂蒙，帶兵很行，文學差勁。他推說軍中事忙，哪有時間讀書？吳大帝孫權勸道：「你比我還忙嗎？我都經常讀書，每天都有長進。」呂蒙才努力向學。其後，魯肅見到他，兩人談古論今，魯肅大驚說：「你今天的才器，已非吳下阿蒙（你已不是當年蘇皖鄉下的粗人阿蒙了）。」呂蒙答道：「士別三日，當刮目相看。」這是說如果每天讀書，三天後的長進就大不相同。「吳下阿蒙」「刮目相看」也同可參閱《資治通鑑》卷六十六。

一九一　學成詭辯拒交學費

天下事理的是非對錯，憑公認的法則來判斷，應可推定。劉邦說：「殺人者死，傷人及盜抵罪。」這約法三章，竟然安定了西漢初期的秩序，確是簡單明白而中肯。可是社會變複雜了，人心變詭詐了，觀念都混亂了。如果殺人者自願抵命，欠債者主動還錢，那末所有的法院都可關門，而律師全會失業。但為何事實上全然相反呢？近代學者吳俊升述說了一個故事：

有位學生，投身於著名的詭辯大師門下學習詭辯。有關學費的收取方式，在入學「合約」中是這樣簽定的：

「學成了詭辯之後，幫人打贏了官司，就須付清學費。」

這位學生，巧辯之術已經學成，但一直不肯替他人打官司，以致許多年賴著未交一文學費。老師不甘長期受損，嚥不住氣，便向法院自訴學生。他的勝算理由是：

「如果我贏了，按照法院的判決，你該付我學費。

如果我輸了，按照合約的規定，你也該付我學費。

所以無論我是贏是輸，你都要付我學費才對。」

這位高明精敏的學生，不但已盡得詭辯老師的眞傳，而且更青出於藍。他信心十足，理由充分，順勢以四兩撥千斤的妙術，技巧地辯解道：

「如果官司我贏了，依照法院的判決，我當然不必付你學費。

如果官司我輸了，依照合約的規定，我也不必付你學費。

因此，無論我是贏是輸，我都不必付你學費呀！」

這故事沒說下文，究竟誰謬誰正？誰輸誰贏？請讀者權宜充當庭外仲裁官，作個合理而正確的評斷吧！（近代、吳俊升《理則學》演繹推理下、正中書局出版）

筆者按：世情多詭異，要懂誠不易；

勤讀好篇章，才會添識見。

一九二　賊死送屍到賊家

某家大戶新婚之夜，有個強盜挖開後房墻壁，半夜摸黑進入屋裡，想盜取財物。不料脚下絆到一根横躺在地留作棟樑的大粗木圓柱，摔倒了，腦袋碰到鋸木機鐵桌桌角，竟然頭顱破裂，一命嗚呼，死了。

家人們聽到聲響，點起蠟燭尋來一看，原來死者就是隔鄰不遠的熟人。一時大家心裡發毛，害怕這樁死人疑案會惹來凶禍，不知如何是好。

唯有那新娘子轉爲鎭定，只說「無妨，我有個辦法處置！」她叫衆家人幫忙，騰空一口陪嫁的大衣箱，將強盜的屍體塞入箱內，趁夜抬到隔鄰不遠的強盜之家，放在大門口，敲了三下門，就轉身離開了。

強盜妻子那夜並未睡著，在靜候好消息。聽到敲門聲，出外一看，只見一口新衣箱，猜想是丈夫盜來的財物，先送回家，又返身再去搬運其他財物去了。妻子高興的把衣箱拖回家裡；但隔日等候了一整天，不見丈夫回來。啓開衣箱一看，駭然是丈夫屍體，不知何故死的？盜賊妻子心虛，不敢聲張，趕緊秘密埋下，即時搬家走了。（明、馮夢龍《增廣智囊補》卷下、閨智、雄略、新婦處盜）

一九三　你儂我儂

「你儂我儂」是一首流行的國語歌曲，由李抱忱作曲，歌詞則是借用宋末元初的才女管道昇的原詞略加增飾而成的。

那管道昇（一二六二—一三一九），字仲姬，元末吳興人，善詞章，工書畫，世稱「管夫人」。嫁給趙孟頫爲妻，被封爲魏國夫人，是位才女。

趙孟頫（一二五四—一三二二）字子昂，號松雪，本是宋太祖的後裔，但在元朝做官，任翰林學士承旨，他工書善畫，書法世稱趙體，《元史》有傳。

趙子昂官場得意，便想娶妾，但恐妻子反對，便以詞先作試探：

「我爲學士，爾作夫人。豈不聞王學士（王獻之）有桃葉桃根，蘇學士（蘇東坡）有朝雲暮雲。我便多娶幾個吳姬越女無過分。爾年已過四旬，只管占玉堂春。」

那管仲姬也用一首詞來作覆，深情款款，輕易的化解了娶妾之議：

「你儂我儂，忒煞情多／情多處，熱似火／把一塊泥，捻一個你，塑一個我／將咱兩個，一齊打破，用水調和／再捻一個你，再塑一個我／我泥中有你，你泥中有我／我與你，生同一個衾，死同一個槨。」（清、徐釚《詞苑叢談》卷十一）

一九四　理氣性命爭同異

明代進士呂坤，字叔簡（一五三六—一六一八），曾任山西巡撫、刑部侍郎等職。他留意風教，潔身持正。講學孜孜不倦，以明道為己任。

明熹宗追贈他為刑部尚書，清道光帝將他入祀孔廟。他反對唱高調以博虛名，主張力行實踐。今引譯他的著作《呻吟語》中的一段對話：

他有一位學生，多次向他請教「無極」與「太極」（無極是無窮無盡之意。太極是原始混沌的元氣，見易經繫辭上），「理」與「氣」的同異（理是事物的義理，氣是氣質，即表現於外的精神），和「性」與「命」的精粗（天命之謂性，性是自然的稟賦。命是註定的窮通得失）。這是歷代一直沒有弄清楚的問題。

呂坤開示道：「對這些抽象名詞的解釋，我本來能夠照抄若干前代賢哲儒師現成的學說，加上我自己的一些不算正確的陋見，就又會寫成一本書了（書籍太多的原因）。但是，這並不是你今天所要追求和了解的急務。即算現今懂得了性與命的精粗，透悉了理與氣的同異，也只是在『性理叢書』中多了一段『某某人士』的『話錄』，在『講學課堂』中添了一宗『某某人士』的『案卷』，讓後代那些窮究空理喜歡抬槓的人，信奉這一派，駁斥那一派；服膺甲之說，反對乙之說；一百年後，這些無用之書，堆滿一屋子。卻不知道對國家的存亡，百姓的饑飽，有絲毫幫助沒有（說得痛快）？我今只有一個笨法子教你，你僅須對處事接物，治國齊家這些務實面，事事關心，身體力行，而且都做得不錯了，到那時，再來探究這些深奧的問題，還不會遲呀！」

學生問道：「老師如此說來，那些理氣性命之學，難道就不可以討論嗎？」

呂坤回答說：「當然可以討論。我上段所講的，其實就是把理氣性命轉化作明顯務實的表白和實踐。把這些弄通了，也就符合性命的眞諦了。」（明、呂坤《呻吟語》卷之一、內篇、談道）

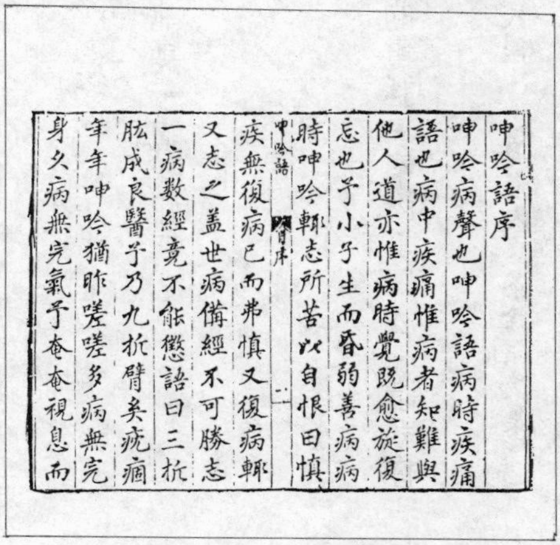

呻吟語序

呻吟病聲也呻吟語病時疾痛語也病中疾痛惟病者知難與他人道亦惟病時覺既愈旋復忘也予小子生而昏弱善病病時呻吟輒志所苦以自恨曰慎疾無復病已而弗慎又復病輒又志之蓋世病備經不可勝志一病數經竟不能懲語曰三折肱成良醫予乃九折臂矣疢痛年年呻吟猶昨嗟嗟多病無完身久病無完氣予奄奄視息而

呂坤著〈呻吟語〉

一九五　鄉音難改

鄉音未改，可能製造笑料。

（一）

黃季陸（前內政部長、國史館長）打電話給蔣彥士（前教育部長）：「喂！教育部嗎？請問『部長』在不在？」

「我就是『不講』（部長的諧音）。請問你是哪位？」

「我啊，我『忘記囉』（黃季陸的諧音）。請找『部長』講話好嗎？」

「我就是『不講』嘛，你是哪一位？」

「我『忘記囉』，我『忘記囉』，……」

（二）

秦孝儀（前故宮博物院長）接到費驊（前財政部長）的電話，秦說：「我『請教你』（秦孝儀的諧音），你是哪位？」

「『廢話』（費驊的諧音），你是哪位？……」（民國、湖海散人《茶餘飯後集》）

一九六　陰間買命送金釧

有錢可賄通鬼吏？可向陰間買命？眞的金錢萬能嗎？恐怕是藉此影射人世間官場貪腐的惡行醜態吧！請看陶淵明講的鬼故事：

湖北襄陽郡，有個李昌除，得病死了。他的妻子，悲哀的坐在屍體旁邊守護。到了半夜，屍體忽然坐了起來，用兩手匆急的剝取妻子手臂上的金釧（黃金打造的臂環），妻子也就幫著他解脫了下來。李昌除手裡拿到金釧後，就又倒下死了過去。妻子仍然守著，不敢離開床邊。到天亮時，李昌除竟然慢慢的手足蠕動，漸漸地活過來了。

他說：「我死後，我的靈魂，悠悠的被陰間的鬼吏押帶著往前走，一起被帶的人（鬼魂）很多。我看到前面有人用金錢行賄就得到釋放，我便向鬼吏請求，約定答應送金釧給他。鬼吏就放我回來，因此我醒來急於向你拿金釧，回去再送把鬼吏。他就放走我重回人世活過來了。我也看見鬼吏收下我的金釧押著其他的人走了。」（晉、陶潛《搜神後記》）

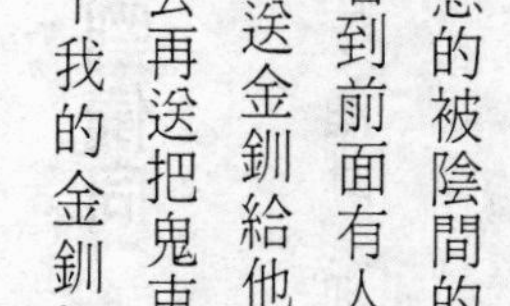

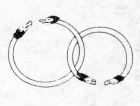

釧圖（三才圖會）

一九七　劉儀同要訪劉儀同

糊塗蟲做出糊塗事，簡直是《易經・渙卦》裡所說的「匪夷所思」。

且看唐朝魏徵記述的一則趣事：

隋代初年，有位劉臻，隋文帝時，官任儀同三司（指與三公的儀制相同，是高官）。他只專注書本，尤其對兩漢書（指《漢書》和《後漢書》）最爲精熟，當時被稱爲「漢聖」。他整天都專與文史爲伴，以致對常情世務，很少操心，而且屢多恍惚。

當時另有一位劉納，也任儀同三司，兩人交情密好。劉臻住在城南，劉納住在城東。有一天，劉臻駕車外出，事情辦完後，偶然起意，想要造訪劉納，便向駕車的說：「你知道劉儀同的家嗎？」

駕車的未曾想到是要前去城東劉納儀同的家，只直覺的認爲要回劉臻儀同自己的家。隨口答道：「當然知曉。」於是引車直回自己的家門口停下。

架車的下車前去扣門。劉臻竟然未曾發覺這是自己的家，只認爲已到劉納儀同的家門口。他在車上抓著馬繮，大聲喊道：「劉納儀同可以出來見客啦！」

他兒子開門迎了上來，劉臻意外的問道：「你也到劉納儀同的家裡來了嗎？」

兒子回答道：「這是父親大人你的家呀！」

劉臻左顧右盼的看了好一陣，才恍然大悟眞是自己的家。回頭對那位駕車的罵道：「你爲何這樣大意？我要去看劉納儀同，你卻不曾搞清楚，逕自折回到我劉臻儀同的家，你眞是糊塗透頂了。」（唐、魏徵《隋書》卷七十六、列傳第四十一）

筆者按：糊塗趣聞，中外都有。愛因斯坦坐火車，列車長例行前來查票，愛大師搜遍口袋，就是找不到。列車長說：「愛叟，我認識你。你一定是買了票才上車的，暫時找不到也就罷了。」愛因斯坦卻說：「那可不行。如果找不到車票，我都不曉得該在哪一站下車哩！」何以故？想必是他一心只記得相對論，而忘卻其他一切瑣事吧？

一九八　蒙娜麗莎的微笑

十五世紀末，文藝復興期間，意大利出生了一位偉大的藝術家達・文西（Leonardo da Vinci 1452-1519），又叫達・芬奇。他聰明健壯，尤其喜歡美術，父親便命他跟一位擅長繪畫且甚有名的老師維羅克秋（Andrea del Verrocchio 1435-1488）學習，他進步很快。

有一次，維羅老師受人之請，要繪一幅很多天使的畫。限期到了，還剩一個天使未畫，就叫學生達文西代繪。完成後，那人取去高掛大廳，請來許多美術家來賞評，大家認爲只有一個天使畫來最優最美，那就是達文西畫的。

達文西既已出名，意大利米蘭（Milan）大公（Grand Duke）就請他去擔任宮廷畫家。他最有名的畫是「（耶穌和其使徒）最後的晚餐」（Last Supper 見二一七篇），畫了三年才完成，可見他落筆的愼重。原畫現藏於意大利美術館，但複製品全世界都賣出不衰。

「蒙娜麗莎」（Mona Liza）是達文西爲女友畫的像。這幅畫并不大，只有三尺高，二尺寬，費時四年才繪就。

嚮往飛翔畫家一達芬奇

爲甚麼耗時這麼久呢？因爲達文西對畫中各個部份的描繪方式，都是煞費苦心去思索安排的。例如坐姿的斜度，眼珠的方向，雙手的位置，嘴角的弧彎，都怕因差之毫釐的失誤而得考慮好久好久，時間不算虛耗，才愼重的描成這千古不朽的偉大藝術品。

這幅不朽的名畫，典藏在法國巴黎羅浮宮國家藝術博物館（Louvre National Art Museum in Paris），與「最後的晚餐」並稱世界之寶，而「蒙娜麗莎」尤爲特出，每年吸引數百萬觀光遊客瞻仰。你必然會歎佩她的容貌是何等嫻靜，眼神是何等優雅，微笑是何等神秘。你站在任何角度瞧去，她的目光也總是對著你瞧來。而她那

蒙娜麗莎　哪裡變了？

法國羅浮宮管理人員二〇〇四年四月廿六日宣布，畫家達文西的名作「蒙娜麗莎」出現令人憂心的變形跡象，將進行科學檢查。圖爲義大利藝術雜誌 arte'dell giornal I1 在一九九八年九月二日爲「蒙娜麗沙」所做的虛擬修復，圖左爲修復前，圖右爲修復後。（法新社）

一抹淡淡的微笑，更是世界聞名，被譽爲「蒙娜麗莎的微笑」（Mona Liza's Smile）。

據台北聯合報二〇〇四、四、廿七、根據法新社巴黎的報導：目前蒙娜麗莎這幅畫是掛在玻璃罩之後，但已顯出歲月的痕跡，有扭曲變形跡象。而氣候的變化和鎂光燈的閃鑠，對脆弱的她都有影響。該畫於一五〇三到一五〇六年完成，至今已有五百歲了。羅浮宮將進行某些科學檢查，以求保護。（近代、秦祥瑞《世界名人傳》第三）

筆者按：達文西是文藝復興時期意大利最傑出的畫家，他和米開藍基羅（Buonarroti Michelangelo 145-1564，他的代表作是「最後的審判」）、拉斐爾（Rapheal; Raffaello Sanzio 1483-1520，他的代表作是「基督升天」），三位都是意大利人，併稱爲文藝復興三傑。

一九九　玄奘訪印一三〇國

一千四百年前，一個孤身的窮和尚，單憑一念之堅，遠出玉門關，橫越大戈壁，跋涉萬千里，途經西域三十多國，留學印度十七年，訪遊印度一百卅國，滿載佛經歸來。民間稱之爲「唐僧取經」，確是空前奇蹟。這唐僧就是玄奘，敬稱爲「三藏法師」。

唐朝玄奘（五九六—六六四），俗名陳禕，河南偃師縣人。十三歲在洛陽淨土寺出家，繼往成都空慧寺學佛，又到長安向法常、僧辯兩位高僧請益。他博覽群經，認爲佛經從印度梵文翻譯而來，有許多章節詞不達意，且有殘闕錯漏之處，是大遺憾，因而想去那佛教發源地—天竺尋根。

唐太宗貞觀三年（六二九），長安發生大蟲災，朝廷准許災民離境。玄奘趁此西行，經蘭州，過武威、張掖、敦煌、酒泉，越玉門關，穿過八百里流沙，到達伊吾國（今哈密）。又經高昌、阿耆民、屈支、跋鹿加、素葉（今俄國吉爾吉斯國）等西域二十多國，萬苦萬難，到了天竺（印度）。

入境印度，他從健陀羅國，沿恒河，經迦釋彌羅國、磔迦國、納樸底國、闍爛達那國，最後抵達中天竺的摩揭陀國首都最崇偉的那爛陀寺住下。該寺有僧侶一萬多人，住持是戒賢大師，特為他講了十五個月的法相宗瑜珈經。他四十四歲時，續去印度東西南境訪遊了一百三十個國家，遍晤當時各國著名的佛家高僧及學者，討論經義。

摩揭陀國君戒日王，特在曲女城（Kanyakudja梵名羯若鞠闍，是北印大城）召開盛大的佛學會，請玄奘為壇主，講解大乘教義。出席者有國王十八位，各國高僧四千餘，婆羅門教徒四千，外道二千，共萬人。玄奘講了十八天。他又把他的梵文講稿「眞唯識量頌」張貼在會場門外，歡迎婆羅門教及小乘佛教教友的指正。並宣佈說：「如有一字不合理義，願斬頭相謝！」一連十八天，未有任何責難。這似乎是中國學術界人，在國際間獲到的空前絕後的殊榮。

貞觀十八年（六四四），玄奘領著廿四健馬，滿載六五七部梵文佛經歸國。經新疆的瞿薩旦那國、鄯善國、羅布泊，到敦煌。唐太宗派宰相房玄齡迎接。貞觀十九年（六四五）返抵長安，玄奘此時正五十歲。

唐太宗尊禮他，讓他駐錫弘福寺。他撰了《大唐西域記》，詳述他歷經印度一百三十個國家的全部事蹟。他著手翻譯佛經時，唐太宗寫了《大唐三藏聖教序》。他一共譯經七十五部，都一千二百卷（玄奘應是中國翻譯界的第一人）。公元六六四年在玉華寺逝世，享壽六十九歲。

他的舍利子（舍利子是梵語Sariputra的音譯，是佛身火化後所結成的珠狀物，擊之不壞，焚亦不燋，謂之舍利）分為三處珍存：一為南京玄武湖五洲公園，一存北京，一存台灣南投縣日

月潭的玄奘寺，至今供萬人頂禮膜拜。（近代、譚慧生《歷代偉人傳記》上冊、唐代、七）

筆者按：這裡引述有關的兩本書：㈠《大唐西域記》，簡稱爲《西域記》，十二卷。是玄奘經歷十七年從西域到印度各國的風土人文記錄。爲中國印度文化交流的重要典籍，且有英文法文翻譯本。㈡《大唐三藏取經詩話》，三卷、十七章。宋代不詳人士所寫。敘述玄奘西域取經之事。因爲每章都有詩，故稱詩話。

玄奘法師像

二〇〇 明朝大將滅明朝

（一）

明朝末年的施琅（一六二一—一六九六），原是福建平國公鄭芝龍（一六〇四—一六六一，鄭成功之父）的部將。後來跟隨鄭芝龍投降清朝。

施琅在福州把鄭成功（一六二四—一六六二）打敗，升官爲同安副將。後來又升任水師提督，統兵於清康熙二十二年（一六八三）攻下了台灣，以功封爲靖海侯。有人恨他漢人效忠滿清，立一大石碑刻字曰：

「明施琅滅明於此。」

（二）

又之前的宋朝張宏範，投降元朝，他滅了宋朝，立下大功，好不得意，便在廣東新會縣的崖山，豎碑刻石道：

「張宏範滅宋於此。」

時光飛逝，到了明朝，新會縣的陳白沙路過崖山，見到此碑，氣憤於張的不忠，逕在碑文上加刻一個字曰：

「宋張宏範滅宋於此。」（現代、林明峪《歷代名流趣談》明朝）

二〇一　背書不錯一字

下面這個故事，是韓愈說的，我們能不能見賢思齊呢？

有于嵩者，少依於巡（唐朝有位于嵩，年少時就依附張巡為佐吏）。好學，無所不讀。云（于嵩說）：「巡長（張巡身高）七尺餘，鬚髯若神。嘗見嵩讀漢書，謂嵩曰：『阿為久讀此（為什麼讀這麼久）？』因誦嵩所讀書，盡卷（當即背誦于嵩所讀的書，背完到終篇），不錯一字。嵩驚，以為巡偶熟此卷（認為張巡碰巧對這本書熟習）。亂抽他帙以試（胡亂抽取其他書本來試），無不盡然。嵩又取架上諸書，試以問巡。巡應口誦無疑（張巡即時回應，照背無誤）。嵩從巡久（于嵩跟隨張巡很久了），亦不見巡常讀書也。（張巡）為文章，操紙筆立書，未嘗起草（不要打草稿）。初、守睢陽時（安祿山反唐，張巡與許遠堅守睢陽城），士卒萬人，城中居人戶亦且數萬。巡因一見問姓名（士兵及百姓，張巡初見時問及姓名），其後無不識者。巡就戮時（張巡士兵只一萬，賊兵有十萬，守了數月，食盡。甚至捕鳥雀、煮牛皮鎧弩充饑，終於城破被捉見殺），顏色不亂，陽陽（和平自得之狀，詩．王風說：君子陽陽）如平常。死時年四十九。（唐、韓愈《韓昌黎集》張中丞傳後敘）

張巡

二〇二 文思各有遲和速

會寫文章但又不太通順的人太多了，所以清代紀曉嵐在《閱微草堂筆記·第六》裡譏為「禍棗災梨」。不過，高手能人畢竟不同，有兩種人，我們趕不上。

第一種是倚馬可待的人：例如㈠晉代袁宏，倚在馬前不停筆寫了七篇文告，這便叫倚馬可待（《世說新語文學》）。㈡晉代王勃寫《滕王閣序》，臨時參加宴會，當場揮毫，一氣呵成。都督閻伯嶼贊曰：「此眞天才也」（《唐摭言》卷五）。㈢南朝梁武帝要裴子野寫詔書，他打算明天再寫；不料五更時皇帝急著要看，他臨時提筆，天沒亮交卷。他說：「人皆成之於手，我獨成之於心」（《南史》列傳廿三）。這是我們趕不上的。

第二種是構思推敲甚久的人：例如㈠東漢張衡寫《二京賦》，他「精思傳會，十年乃成」（《後漢書》張衡傳）。㈡西晉左思作《三都賦》，朝夕縈思，字斟句酌，費時十載完成，一時洛陽紙貴（《晉書》卷九二）。㈢宋歐陽修寫就了《晝錦堂記》，文章早已送給宰相了。隔了許久，歐陽又送一新文稿代替。兩相比對，只是起首兩句各加一「而」字，變成「仕宦而至將相，富貴而歸故鄉」，使氣勢舒暢而有力多了（《宋史》歐陽修傳）。

這更是我們趕不上的。但是，雖不能至，心嚮往之，仍不妨朝此目標去努力。

二〇三 庭釘掛景春

從前有一位半通不通的文人，一心想學作詩。老師傳授他要領說：「詩的文字，以簡練爲貴。」

他領教後，苦思數夜，寫成五言絕句一首：

「庭釘掛景春　園竹實我心
况指扳瑪假　肉耳掛金眞」（嚴格來說：此詩已失韻，即出了韻）

這首嘔心之作的詩，學生謄寫端正後，興沖沖的獻給老師。老師看不懂，問他何意？學生解釋說：

「第一句是說客庭牆上釘了釘子，釘子上掛的那幅畫，畫的是春天的風景。

第二句是說在後花園裡栽竹，實在是出於我的心意。

第三句况字分開是二兄，這是說我二哥手上戴的扳指是假的瑪瑙。

第四句肉字分開是內人二字，這是說我內人耳朵上掛的黃金耳環那才是眞的。」（近代、湖海散人《茶餘飯後集》）

筆者按：此篇不宜純然視爲趣談。現代文人寫的詩，比之這篇，高明多少？

二〇四　彭郎奪得小姑回

清代咸同年間的彭玉麟（一八一六—一八九〇）字雪琴，湖南衡陽人。少時由方志遠老師授以經書。老師有一獨女名方梅仙，與他年齡相若，是師兄妹，兩人情感極洽，後來終於在衡陽結婚了。

道光末年，大股土匪入侵衡陽，彭玉麟組訓鄉勇對抗，活捉匪酋李沅發，衡陽官民捧為英雄。咸豐二年，太平天國軍隊三千多人進攻衡陽，彭率鄉團突擊，打敗敵軍解了圍。曾國藩聞其英勇，便邀他出來創辦水師，共剿太平天國。

在江西彭澤縣北的長江急流中，有座小孤山，扼長江之咽喉，四面環水，形勢險惡，是太平軍死守之地，也是湘軍必爭之地。彭玉麟親率水師戰船三百艘，圍攻小孤山。他親冒矢石，攀爬絕壁而上。士卒也人人奮勇，一場激戰，竟把小孤山攻下佔領了。

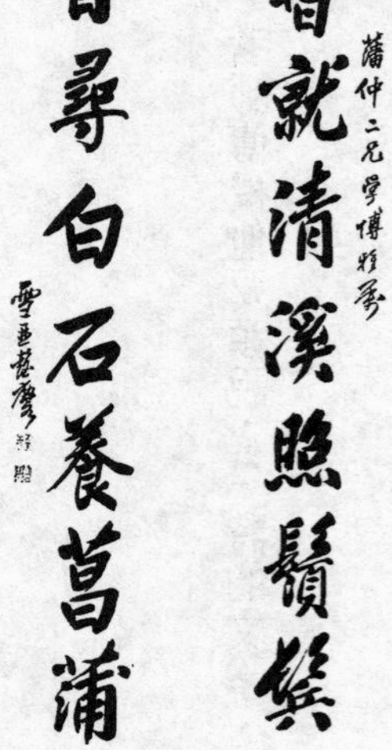

彭玉麟遺墨

戰爭結束，彭玉麟傲立山頂，縱目四望，江西安徽湖北，三省的邊境都在眼下，好不得意，乃賦詩曰：

「書生笑率戰船來，江上旌旗耀日開；

十萬貔貅齊奏凱，彭郎奪得小姑回！」

（近代、譚慧生《歷代偉人傳記》下冊、清代上）

筆者按：鄱陽湖中有大孤山，故這裡叫小孤山。但北宋歐陽修《歸田錄．二》則說：「世俗訛稱爲小姑山」云云。既名小姑，那就可以解釋爲彭玉麟搶到一位少女回來了。說來有趣，這本是一時高興的詩作，卻很快傳遍軍民各界，也傳到衡陽家裡方梅仙的耳中。方梅仙不相信丈夫會有越軌行動，但傳言太盛，不信也難。後來彭玉麟接到方梅仙的家信，信末有一附筆說：「請代致候小姑！」小姑是誰？彭百思不解。因作戰太忙，也無暇去追問。直到戰爭結束，回家後，偶一談及此事，才知道小孤小姑鬧了一場誤會。

二〇五　彭玉麟辭漕運總督

清代彭玉麟勇奪小孤山(見上篇)，立了大功，皇帝下詔，加按察使銜。後來他打下了九江，又加布政使銜。咸豐十年五月，又因屢建奇功，任他爲安徽巡撫，他都懇辭不受。同治四年，清廷以彭玉麟功勳最高，又任命他爲漕運總督。

按水路運輸叫漕運。那時鐵路未建，海運未通，只有水運安全費低而便利。主事者宋代叫漕司，清代設總督，掌管山東河南江蘇安徽江西湖北湖南浙江諸省漕政。當時這是天下第一肥缺，多少大官求之不得，彭玉麟卻堅決不就任，上奏懇辭。

這封書稟，擲地有聲，應該廣爲流傳。但如譯爲語體，就會把原有的精湛煅煉，抑揚音韻這些優點，都將稀釋而不見了，那是侮慢了彭大人。因此，今將「原文」照錄供賞，乃可窺見他的文武全才：

「臣本寒儒，傭書養母，咸豐三年母氏物故，曾國藩強之入營。初次臣見曾國藩，誓必不受朝廷之官職，國藩見臣語誠實，許之。顧十餘年來，任知府，擢巡撫，由提督，補侍郎，未嘗一日居其任。應領收之俸給及一切銀兩，從未領納絲毫，誠以朝恩實授，官猶虛也。臣素無室家之樂，安逸之志，治軍十餘年，未嘗營一瓦之覆，一畝之殖。受傷積勞，未嘗請一日之假。終年于風濤矢石之中，未嘗移居岸上，以求一人之安。誠以親喪未歸，出從戎旅也，既難免不孝之罪，又豈敢爲一己之圖乎?臣嘗聞士大夫出處進退，關于風俗之盛衰，臣既從軍，志在滅賊，賊既滅而不歸，近于貪位。夫天下之亂，不徒在盜賊之不平，而在士大夫之進無禮，退無義。中興大業，宜扶樹名教，振起人心，臣以寒士來，願以寒士歸也。」

辭呈送到北京，大小官員無不詫異。天上降下這等優渥的肥缺高職，竟然辭掉，豈不是超級大傻瓜?古今罕見。（近代、譚慧生《歷代偉人傳記》下册、十七）

撰《湘軍志》的湘潭文豪王闓運，素來不輕易褒揚別人，他評曰：「雪琴（玉麟之字）辭官，使京城王公，知天下竟有那不能以官祿誘動之人，爲益於末俗甚大，高於曾左遠矣。」（優厚待遇不動心，對末世頽敗風俗，匡益極大，比曾國藩左宗棠都超過遠多了）這話說得十分中肯。

二〇六　代宰相教訓姪兒

清代彭玉麟（一八一六—一八九〇）號雪琴，指揮鄂贛皖蘇長江水師，每年要沿著水路到各埠巡閱，官至兵部尚書。他剛正威烈，嫉惡如仇。

有一次，他到安徽巡視，得知國務大臣李鴻章（一八二三—一九〇一，安徽合肥人）的姪兒在安徽家鄉是當地一霸，魚肉鄉里，強奪民妻，無惡不作。彭玉麟便發帖，要李某來府一見。李某仗著叔父是當朝宰相，逕在彭公及執事官員之前，直認自己霸佔民妻諸惡行不諱，以爲彭玉麟奈何他不得。

那知彭玉麟在公堂上喝一聲拏下，當場痛打了幾十大板，收押禁見。驚動地方群官都來求情，甚至巡撫大人也到了，要求看在他叔父的金面，放他一馬。豈知衆多官員剛剛在大廳上建言，劊子手將李某的頭顱傳送上來，已被斬首了。示告週知，人心稱快。

李鴻章

彭玉麟隨即備妥文書，快遞稟告在首都北京的李鴻章說：「尊姪敗壞您的名譽，我已代您教訓他了。」李鴻章也不好說甚麼，還官樣文章的回覆一聲謝了。（清、湘潭、易宗夔《新世說》紕漏）

二〇七　滅胡先結親

《古文觀止》是清代吳楚材編的（共有二二二篇宏文，本書篇數亦同，但純係巧合）。其首篇《鄭伯克段于鄢》的第一句就說「初、鄭武公娶于申。」這個鄭武公，意志豪，手段辣。當春秋初期時代，鄭國是個強國。《史記・鄭世家》有記載。

鄭武公亟欲擴充國土，向北方發展，內心暗想去消滅胡國。但他避免直接逕用武力攻奪，轉而採取迂迴方法，欲擒故縱。先挑選一位公主，嫁給胡國國君。這是第一步，結成了親眷，表面來看，似乎成爲一家人了。

有一天，鄭武公在朝廷中問臣子們道：「我想要征伐外國，有哪個國家可作爲我鄭國出兵的對象？」

直爽的大夫關其思說：「可以去攻打胡國，把它滅掉，最是有利！」

鄭武公怒道：「胡君與我鄭國結了親，有如自家的兄弟一樣。你怎敢主張出兵侵吞，這不是有意挑撥胡鄭兩國的親密邦交？是何道理？」竟然下令把關其思殺了。這是第二步，爲了遠大的圖謀，犧牲大臣之性命，來證明胡國不是目標。

胡國國君知道了，十分感動。認爲鄭武公偏愛胡國，在國防上便不須注意，邊防漸漸鬆懈了。

隔不多久，鄭武公派出強兵，突襲胡國（甚麼結親？哪能勝得過擴張領土的莫大欲望？），把它吞下，併入鄭國了。（戰國、韓非《韓非子》說難第十二）

筆者按：鄭武公野心的實現，就是採用《老子》一書第卅六章說的「將欲奪之，必固（固是姑且暫且之意）與之」的方法：給你先嚐一兩次甜頭，讓你寬心，討你歡心，贏取你的向心，鬆弛你的戒心。然後翻臉絕情，一口吞下你。這段故事說明了人心狡詐到這種地步，我們這些直腸子的人，哪會懂得？怎麼辨？恐怕只有廣泛吸收知識，才可認清奸謀，看穿詭計而避免受害，或可印證本書封底的打油詩吧。

二〇八　水師閱兵胡吐血

清朝咸豐同治年間，太平天國佔了南京，曾國藩率領湘軍平亂。歷經多年爭戰，太平軍力轉弱，湘軍在陸上及水面都佔了優勢，戰局已呈審慎的樂觀情況。

曾國藩見大局已穩，一時高興，在後方的安徽，要表彰水師的兵威。特令彭玉麟調集各路水師，集中安慶市長江段，舉行湘軍水師盛大閱兵典禮，並邀請英國來華海軍司令蒞臨參觀。屆時曾國藩（一八一一—一八七二）胡林翼（一八一二—一八六二）彭玉麟（一八一六—一八九〇）及楊載福（水師第二營營官）等首長，都端坐在安慶城外江邊的大觀樓上，等候英國海軍司令光臨。

洋人都是守時的，英國軍艦準時而至。曾國藩等人祇見那艘不滿二千噸的兵艦，國旗高豎，黑煙直沖，速度極快，捲起一股股大浪，直衝戰陣而來，把湘軍的戰船，顛簸得七搖八擺，隊形大亂。更有少數經驗不足的士兵，被掀起的激浪打落水中，場面很不好看。

樓上各人都見到了，無不十分駭愧。胡林翼更是驚得口吐鮮血。彭玉麟身爲水師統帥，感慨萬千，開口歎道：「今後之事，非吾輩所能得知也！」（近代、譚慧生《歷代偉人傳記》下冊、清代下）

二〇九　請愛因斯坦做總統

物理學大師愛因斯坦（Albert Einstein 1879-1955）出生於德國谷騰堡的烏爾穆（the city of Ulm, Germeny）。畢業於瑞士蘇黎世科技學校（Zurich Polytechnic School）。在蘇黎世大學（University of Zurich）獲得博士學位，第二年起在該校任教。到一九三三年，因逃避納粹政權的迫害，他告別歐洲，受聘到美國普林斯頓大學（University of Princeton）研究院研究，一直到一九五五年逝世。

一九二一年，他的光電效應理論（Photoelectric theory）獲得諾貝爾獎（Nobel Prize）。愛因斯坦在普林斯頓過得很快樂，因爲這裡十分寧靜，生活與研究都不受干擾。

他是唯一的被另外一個國家—以色列（Israel）邀請他擔任總統的美國公民（因爲他是猶太後裔，而以色列正是由猶太人建立的國家）。但他謙虛的婉覆說：「我不適合擔任這種牽涉到人類關係的職務，我最好還是繼續對物質世界去多作一些了解。」他沒有興趣去當總統。

愛因斯坦

在他二十六歲時，提出「相對論」（Relativity theory），送給一家德國物理學學刊（Annalen der physick）發表，用他最有名的公式$E=mc^2$來表示他的理論。粗淺的說，就是：「能」等於物體的量，乘以光速的平方。這個公式也是說：半磅任何物質的「能」，如果釋放出來，就會等於七百萬噸黃色炸藥的威力。

當時很少物理學家能夠了解這個開啓原子世紀（the atomic age）公式的重要性，而且大家還爲了這個公式而爭論不休，直到一九四五年八月六日，美國將第一顆原子彈投擲於日本廣島（Hiroshima），由此而結束了第二次世界大戰，才由這一事實而證明其理論的正確。他也被公認是最偉大的數學家和物理學家。（近代、秦瑞祥《世界名人傳》第四。暨近代、陳輝岳《美國名人故事》英文版）

二〇〇一年筆者參觀美國紐澤西州普林斯頓市愛因斯坦紀念館

筆者按：二〇〇五年八月，是第一顆原子彈投擲廣島六十週年之期。科學幫忙製造了殺人武器，眞是不幸。如今必須弭止恐怖的核彈競賽，以保障人類的和平。

二一〇 假間諜廢了皇帝

南宋時代，北方金國攻下了濟南，劉豫投降。金國扶植他爲「大齊皇帝」，幫助金國攻打南宋，實行以漢制漢策略，南宋頗受威脅。

岳飛抗金，屢與金兀朮交鋒，知悉金兀朮厭惡劉豫，大可施用反間計剷除他。

恰巧岳飛部下抓到一名金兀朮的間諜，押到岳飛軍帳。岳飛假裝酒醉，認錯了人，喝道：「你不是我方的張斌嗎？前月派你去大齊國見劉豫，約他誘騙謀殺金兀朮，你竟然久久不回。我只好再派人去落實，劉豫已經允諾了，約定今年冬天合攻長江時，引誘金兀朮到清江府來送死。你爲何今天才到？」

間諜只望免殺，正好將錯就錯，詭認就是張斌，只因戰亂路阻，以致歸期耽誤了。

岳飛親自寫就一小片簡信，揉成小團，外面再用蠟封防水，說的是約同謀殺密計。再對這間諜說：「今天暫不追究你，命你帶罪立功，再去確問劉豫舉事日期，回來見我。」命人割開他的臀肉，塞入小蠟丸，貼上大

岳鵬舉像

膏藥，裝成生了瘤瘡，警告他不可洩密。

這間諜回見金兀朮，呈上蠟書，兀朮一看大驚，罵道：「狗賊劉豫，竟敢私通岳飛，不除何待？」馬上報告父王金太宗，把劉豫皇帝廢爲平民了。（明、馮夢龍《增廣智囊補》卷下、兵智、詭道、用間。又見《宋史》卷三六五）

筆者按：另一間諜計：依據《史記周本紀》說：春秋末期，周朝有個西周桓公，另又有個東周惠公，成爲東西二周。又據《戰國策・東周》說：西周大臣昌他，叛逃到東周，把西周的實情，詳告東周。西周大臣馮旦說：「我能用反間計殺掉昌他。」馮旦派一間諜，帶著黃金三十斤，和一封密函，潛往東周。信中說：「昌他密閱：如大事可成，就請努力完成。如不可成，就須趕快逃回。等待太久，必會洩密，不要白送性命。」馮旦又叫人密告東周邊界的檢查哨說：「今晚會有奸細偷渡。」哨官果然捉到間諜、密函及黃金，東周君便把昌他斬了。

二一　邊孝先但欲眠

東漢時代的經師邊韶，字孝先，以文學著名。漢桓帝時做過尚書令，後來在「陳」霸先的朝廷當過宰相。他才思敏捷，也有著作。《後漢書》將他列入「文苑傳」中，意思是認爲他的文才特別捷妙。

先前，他以教書爲業，學生有幾百人。他也長於辯才。有一回，邊孝先白天假寐（就是不脱衣裳小睡），頑皮的學生們看到了，大家即興湊成一首歌詞來諷嘲他，歌曰：

「邊孝先，腹便便；（便讀二聲，肚子肥肥壯壯叫腹便便）
懶讀書，但欲眠！」

邊孝先醒來了，聽到學生們正在反覆同聲齊唱這首新詞，他即時也回應道：

「邊爲姓，孝先字；（字是別號，從前對人都稱對方的字號，以示尊敬有禮貌）
腹便便，五經笥；（笥是貯物的竹器。我肚腹大因爲裝進了許多經書）
但欲眠，思經事。（躺臥之際，思索的全是經書內容）
寐與周公通夢，靜與孔子同意；（小睡時和周公心靈互通，沉思時與孔子思想一致）
師而可嘲，出何典記？」（學生能諷嘲老師嗎？古書上何處可找到典例？）

這是趣談，卻證明邊大師文思之快敏，反應之便捷，這只是一則小例而已。（南朝宋、范曄《後漢書》卷一百十、文苑、列傳第七十）

筆者按：邊老師大腹便便，定然很胖。胖子午睡，多是腹部朝天，睡姿不雅，故惹來學生嘲笑。而邊老師的解嘲之詞，所謂寐通周公，靜同孔子，似乎有點誇大吧？說起文人自嘲，筆者因想到明朝末年，有位張岱（一五九七—一六八四），當他八十一歲時，自嘲曰：「功名耶落空，富貴耶做夢。忠臣耶怕痛，鋤頭耶怕重。著書三十年耶而僅堪覆甕，之人耶有用沒用？」十分風趣。他著有《琅嬛文集》《陶庵夢憶》《西湖尋夢》《石匱書》等，稱爲晚明大家之一。至於現代人，則有中國書法家協會主席啓功，當他晚年時，撰銘自嘲曰：「中學生，副教授。博不精，專不透。名雖揚，實不夠。高不成，低不就。文趨左，派曾右。面微圓，皮欠厚。妻已亡，尚無後。喪猶新，病照舊。六十六，非不壽。八寶山，漸相湊。計平生，謚曰陋。身與名，一齊臭。」也深寓自我諷嘲之意。

二二一　射石沒簇

漢代李廣（元前？—元前一一九），隴西人。漢武帝時任右北平太守，匈奴畏懼他，不敢過來騷擾。李廣很會射箭，與匈奴作戰七十多次，每役都能獲勝，他矯捷快速，故此匈奴敬稱他爲「飛將軍」。

某次，李廣與堂弟李蔡到冥山（今河南省信陽縣東南）北面去打獵。他發現葦草叢裡蹲踞著一隻老虎，李廣彎弓射去，一箭便把老虎射死了，拖回來變成戰利品。

又一次，仍舊到冥山，改向山南去打獵，又發現遠處蘆草叢裡露出一隻躺臥的虎。李廣抽弓搭箭射去，用力極猛，眼見箭頭鐵簇射進去了，但老虎毫無反應。走近一看，原來只是一塊苔蘚斑爛的巨石，半陷在泥土中，遠遠看來，其形狀顏色條紋都極似虎。李廣再退後十多步，抽箭再射，但是巨石太堅，反將金屬箭簇撞裂開了，箭桿也折斷了，那巨石就是射不進去，誠爲奇事。

（梁、吳均《西京雜記》）

筆者按：同樣的故事，除李廣外，還有㈠清、趙翼《陔

李廣

餘叢考・卅九》說養由基射虎，中石。㈡漢、韓嬰《韓詩外傳》及漢、劉向《新序》都說楚國熊渠子夜行，見石，以爲伏虎而射之。㈢唐、李延壽《北史》說李遠出獵，有石，疑爲虎，射之。此後，凡遇功力精湛或用心至誠，每用此典故以作比喻。今引述劉向《新序》卷四、雜事第四「射石飲羽」原文，以供對照如下：「勇士一呼，三軍皆辟，士之誠也。昔者、楚熊渠子夜行，見寢石，以爲伏虎，關弓射之，滅矢飲羽。下視，知石也。卻復射之，矢摧無跡。熊渠子秉其誠心而金石爲之開，況人心乎？（以下孔子之評語及詩經之引句皆從略）」

二一三　罵人誰會受傷

別人贊美我，別人咒罵我，我是否要跟著高興？我是否要跟著發怒呢？

佛陀釋迦牟尼，在印度舍衛國對弟子們說法之後，就外出托鉢。在途中，遇到一位婆羅門教徒。（婆羅門教 Brahmanism 是古老的印度宗教，當時很興盛）。

那時節，婆羅門教勢大人多，排斥佛教。這位婆羅門教徒，一見佛陀，就破口大罵。佛陀卻若無其事。待他罵完了，佛陀問道：「如果有朋友來看你，你準備了一份素菜款待他；但朋友並沒有吃，這菜該給誰吃呢？」

婆羅門教徒說：「如果朋友不吃，那就我自己吃了吧。」

佛陀又問：「如果你有禮物要送人，但是人家不收呢？」

對方答道：「別人如果不肯收，我就自己留下。」

釋迦牟尼

佛陀說：「是啊！你罵別人時，別人不肯收——就像你剛才罵我，我並不曾收下你的辱罵一樣。其實，你罵我時，這份怒氣對我並沒有任何損傷，可是對你的品德，其損傷卻大得很呀！」

那位婆羅門教徒眞該想一想：我在生氣、發火、罵人，弄得我血脈奮張，心跳加速。對方卻那麼平和、安詳，到底是誰受了損傷呢？

我聞佛言：「惡人害賢者，猶仰天而唾。唾不至天，還從己墮（壞人害好人，猶如我們恨天，向天吐痰。痰不會升得很高，達不到天庭。最後會落下來，掉到自己頭上）。」（東漢、迦葉摩騰譯：《四十二章經》）

筆者按：別人罵我，避免生氣的方法大約有：㈠轉移—去釣魚、下棋，把它忘記。㈡釋放—找好朋友改談別的問題，把不愉快稀釋掉。㈢升華—愈罵我我愈會好好的幹。㈣控制—忍一時風平浪靜，退一步海闊天空。

二一四　皇帝生子我無功

晉朝由司馬炎建國，稱爲晉武帝。傳到晉元帝司馬睿，廟號中宗（在位年代爲三一七—三二二），那時已是東晉了。晉元帝生了個男嬰，這是皇太子，將來要繼位爲皇帝的。晉元帝十分高興，就對全體朝臣，大賜犒賞，以示慶賀。

朝中有位大臣殷羨，字洪喬（我們托人帶書信，沒有帶到，叫「洪喬之誤」，就是他的故事），官任光祿卿。爲了表示對皇上賞賜的謝意，就啓奏道：「皇上太子降生，理該普天同慶。只是小臣德薄，未出絲毫功力。今卻領受厚賞，實在愧不敢當。」

晉元帝聽了，笑著回示道：「皇后深宮受孕，懷胎十月，順利誕生皇子，這都是我的事呀，哪裡可以讓你來幫忙出力呢？」（南宋、劉慶義《世說新語》排調第二十五）

筆者按：明、李暉吉《龍文鞭影》載：南唐時，宮中嘗賜洗兒果（唐代、韓偓《金鑾密記》說：皇帝生下太子三天，要賜洗兒果子）。有近臣謝表云：「猥蒙寵賜，深愧無功。」南唐李主曰：「此事卿安得有功耶？」同是失言。

二一五　季子平安否

好朋友極力相助，一首《金縷衣》曲，義重情深，把充軍關外的逐臣赦免回到江南。今天我們讀來，仍會十分感動。

清代詩人吳兆騫，字漢槎（一六三一—一六八四），吳江人，是吳晉錫的第三子，所以詞中稱他爲「季子」。他詩風壯麗，被譽爲江左三鳳凰。卻因罪嫌牽連而放逐到東北的寧古塔。在塞外二十餘年，不克回歸江南。

他有位摯友兼詞友顧貞觀，字梁汾（一六三七—一七一四），是滿州正黃旗人，官內閣中書，愛才好客，也是詩詞大家的納蘭性德（一六五四—一六八五）的至交，兩人友情極爲深厚。他關切吳兆騫受苦的窘況，寫了感人至深的《金縷曲》（詞牌又名金縷衣、賀新郎）詞二闋，要寄給吳兆騫。詞曰：

季子平安否／便歸來，生平萬事，那堪回首／行路悠悠誰慰藉？母老家貧子幼／記不起、從前杯酒／魑魅搏人應見慣，總輸他、覆雨翻雲手／冰與雪，周旋久／　淚痕莫滴牛衣透／數天涯，依然骨肉，幾家能夠／比似紅顏多命薄，更不如今還有／只絕塞，苦寒難受／廿載包胥承一諾，盼烏頭馬角總相救／置此札，君懷袖。

我亦飄零久／十年來，深恩負盡，死生師友／宿昔齊名非忝竊，只看杜陵消瘦／曾不減、夜郎僝僽／薄命長辭知己別，問人生、到此淒涼否／千萬恨，爲君剖／兄生辛未吾丁丑／共些時，冰霜摧折，早衰蒲柳／詞賦從今須少作，留取心魂相守／但願得、河清人壽／歸日急翻行戍稿，把空名料理傳身後／言不盡，觀頓首。

這兩首詞，寫出對吳兆騫的極度關心。同情他塞外酷寒（冰與雪，苦寒難受），娘老子幼。用詞賦體裁，代替書信，深致問候之意（季子平安否）。又說曾經承諾相救（包胥承諾），只恨力薄，愧對老友。但心魂相通，必有歸日。詞不盡言，貞觀頓首。

納蘭性德讀了這詞，覺得字字都是從肺腑流出，句句都顯至情篤誼，不覺掉淚，對顧貞觀說：「河梁生別之詩，山陽死友之傳，得此而三矣。此事弟當徐圖之（就是答應慢慢救他）。」顧貞觀請求說：「人壽幾何，請以三五載爲期。」於是納蘭性德稟告他在朝爲吏部尚書的父親納蘭明珠慨施幫助，吳兆騫便在康熙二十年獲赦入關。

吳兆騫平安歸來，首先就到納蘭府上拜謝。忽見書齋壁上，大書「顧梁汾（顧貞觀別號）爲吳漢槎（吳兆騫別號）屈膝處（跪拜求助之處）」，不禁感激悲慟的哭出聲來。（近代、鄭惠文《中國文學家故事》五二）

筆者按：本篇《金縷曲》纏綿悱惻，好朋友拼力相助，情義感人。文雖稍長，仍予選譯。至於納蘭性德「河梁生別」之句，河梁是橋。《吳越春秋．勾踐伐吳外傳》說：越軍作《河梁》詩，有「渡河梁兮渡河梁」之句。又《文選．李陵別蘇武》詩也說「攜手上河梁，游子暮何之」之句。河梁就是好友送別，生前分手的地方。再則「山陽死友」句，依據南朝梁．任昉《答陸倕感知己賦》有：「存異山陽之居，沒非要離之側」的話，那個俠士要離，受到春秋時吳國公子光之敦請，去刺死了慶忌，要離也自殺了（見《呂氏春秋．忠廉》）。這些深奧難懂的話，乃是因爲從前的讀書人，喜歡「掉文」，以示淵博，這關乎風氣，卻也難怪。此外，用詩代替信函的，另有唐代白居易寫的《問劉十九》五絕云：「綠螘（音義同蟻，綠螘是一種好酒）新醅酒，紅泥小火爐；晚來天欲雪，能飲一杯無（無就是「否」或是「嗎？」例如歐陽修詞「去來窗下笑相扶，愛道畫眉深淺入時無？」。見《唐詩三百首》）」。白居易這二十字是一封「請柬」，卻用詩體寫出。那綠紅火雪，天寒酒暖，誘惑力太大。不問你肯不肯來，只問你想不想喝，妙絕了。

二一六　陳平脫衣免死

上了賊船，行到江心；起意殺我，必死無生。
如何自保，我且寬衣；身無財寶，化解危機。

西漢陳平（前？—前一七八，後爲丞相），原先投效項羽，任爲都尉。幹得沒有意思，便不辭而別。他將公家財物及印信都封好，託人轉給項羽，獨自一人，仗著寶劍，避開大道，專抄小路，向西急行。

走了一程，前面遇到大河，擋住了去路。這是一處野渡，兩岸不見渡船。他尋到了一艘小漁舟，請求船夫幫忙渡他過河，船夫答應了。於是陳平登船，開始擺渡。

漁船很小，船上只他一人。船到江心時，船夫一面慢划，一面打量陳平。見他身材岸偉，儀表不俗，爲何單身一人匆忙獨行，準是犯案逃亡的將軍，懷中定有金銀珠寶。眼光盯著他瞧來瞧去，準備在河中急流處溺殺他劫財。

陳平素來機智，察覺到船夫心懷不軌，已臨險境。在搖晃的小舟上，無可施爲，心中著實焦急。就在急中冒出一計，他從容的脫下衣服，只穿內衣內褲，拿起一根篙子幫著船夫撐船，表面上是要讓小船快點划到對岸。

這個舉動很尋常，船夫眼見他身無長物，就打消歹念了。陳平到了修武，見到漢王劉邦，以後輔佐漢王，平定了天下。（漢、司馬遷《史記》卷五十六、陳丞相世家）

筆者按：明代馮夢龍《增廣智囊補》卷下「捷智」篇中，敘述有一士人丘琥，乘船經過丹陽，有人趁搭便船，這人在船上甲板四處走動，屢次在窗户外偷看丘琥的寢室。丘琥發覺此人實是盜匪，想要殺人劫財。丘琥故意掉落一根髮簪，他解開所有衣物來尋找，實際上是顯示自己的行囊中並無珍貴物品，打劫不會有收獲。第二天，船靠岸時，此人就登岸走了。與陳平解危相似。

二一七　最後的晚餐

這天，耶穌（Jesus Christ，三民《大辭典》說祂實際生卒於西元前6—後30。中華《辭海》則說爲西元前8至4—後31或32）對門徒說：「過兩天是踰越節（Passover 是猶太人的節）了。」門徒們便準備會餐之事。

那時候，當權的異教祭司們商議，要擒住耶穌殺掉他。在耶穌的十二門徒中，有個猶大（Judas Iscariot），打算出賣耶穌。便去私見祭司長說：「我把耶穌交給你們，你們願意給我多少錢？」他們就給猶大三十銀幣。

踰越節的晚宴，耶穌和十二門徒一同坐在一張長型餐桌吃飯（共十三人。此後一直認爲十三不吉）。耶穌預知會要受害，他對門徒們說：「人子必要去世。」他又拿起餅來擘開分給門徒說：「吃吧！這是我的身體。」又拿起杯來說：「喝吧！這是我的血。」（這便是 the Last

最後的晚餐（意大利名畫家達文西繪）

Supper，最後的晚餐）

餐畢，他們去禱告。這時，祭司長帶了許多人來了。門徒猶大，故意走到耶穌面前去親吻耶穌，這是個雙方事先約定了的暗號。那些人就拿住了耶穌，綁起來交給總督彼拉多（Pontius Pilate）審判。

衆異教徒都喊著要處死耶穌，因爲他在猶太區遍地傳道，煽惑百姓。於是把他釘死在十字架（Cross）上。從此十字架就成爲基督教的主要象徵。

行刑的兵士們還拈鬮來瓜分了耶穌的衣服。

這便是耶穌殉難的經過。㈠新約《馬太福音》第二十六、二十七章。㈡《馬可福音》第十四章。㈢《路加福音》第二十二章。㈣《約翰福音》第十八章）

筆者按：這幅「最後的晚餐」，是達文西在一四九五—一四九七年間精心繪成的，是耶穌殉難之前在耶路撒冷與十二門徒聚餐。這一聚餐，就成爲後來的「聖餐禮」（Eucharist）。

二一八　閱微草堂記討債

清代文豪紀昀，字曉嵐（一七二四—一八〇五），乾隆進士，諡文達。官任大學士。他博覽群籍，旁通百家。擔任《四庫全書》總纂。四庫全書分爲經史子集四部，三、五〇三種書籍，七九、三三〇卷，全是手抄，歷經十年才完成。

你可知道這「總纂」是怎樣當的？紀昀要對數千部書親自寫出一篇「提要」，印在該書前面，有時還要評斷書中的對錯。這如果沒有像海一樣深的學問和識見，怎可動筆？又怎可對每部書都動筆？平凡的我們，敢嗎？眞要嚇煞了。

紀曉嵐自述：「我四歲到現在，沒有一天離開筆硯。」他六十以後，關門在家寫作消遣，把書齋命名爲「閱微草堂」，寫的書叫《閱微草堂筆記》。

甚麼叫閱？閱者觀察也。甚麼叫微？微者精妙也。唯有紀大學士才敢於自稱能觀其精邃，察其細密也。這册書包含「如是我聞」等五種，今譯介「灤陽消夏錄」中一短文：

紀曉嵐

世間稱兒子早死是討債鬼。朱元亭有一兒，病很重。呻吟中喃喃自語說：「至今仍欠我十九兩銀子。」父親為了急救病兒，請來醫生，開出高價人蔘配方，由藥房快速檢齊各味藥材及藥引，只可惜還在煎藥時，兒子就死了。計算藥價，正好值十九兩。

旁人說：「天下之大，早夭的兒童很多，哪能都是投胎討債？」紀昀的結論是：「君子寧可信其有。這故事應可發人深省也。」（清、紀曉嵐《閱微草堂筆記》卷五、《灤陽消夏錄》、五）

筆者按：另有一富翁，夢見一陌生人進房來質問他：「你欠下的四十千銀錢，該奉還了！」說罷急奔內室不見。此時家人報喜說：「太太生一男嬰。」富人心知是那陌生人投胎來討債的。他隨即準備了四十千錢作專款專用，凡是嬰兒所需，都取自這專款。如此過了三年，只剩七百了，正好奶媽抱著兒子來玩，富翁提醒兒子說：「四十千快完了，你該走了呀！」那小孩突然抽筋，死了，七百正好治喪。見《聊齋志異》卷十三、四十千。

二一九　後來居上

漢武帝時，有位大臣汲黯（前?—前一一二）字長孺。是朝廷九卿之一，漢武帝說他是社稷之臣，敢於講直話，大臣們都怕他也敬他。

東越（國名，在今閩浙一帶。《史記》有東越傳）相攻，武帝派汲黯去視察。他行到江蘇吳縣就折回，奏報武帝說：「越國人自己攻鬥，這是他們國內的常事，不足以驚動上國天子去過問，有失體統，故我半途回來了。」

河南大火，派他去查勘。他還報說：「民居失火，有地方官處理，中央不宜插手。但我看到一萬多家百姓，遭受水災，又是旱災，甚至餓到人吃人。我主動開了官倉，發米糧賑救災民。請罰我擅自開倉之罪。」漢武帝沒有追究他。

當初，汲黯任九卿時，公孫弘（前二〇〇—前一二一）張湯（前?—前一一五，是酷吏）都是小官小吏。後來公孫弘升到丞相，張湯升到御史大夫，比汲黯尊貴太多了。汲黯對漢武帝說：「陛下任官，正好比堆儲柴薪，後來的總是擺放在最上面（眞意是說用人不當，新人官位在舊人之上）。」皇帝自認理屈，無法回駁他。（司馬遷《史記》卷一百二十）

此外，《文子》上德篇（唐時又稱爲《通玄眞經》）也說：「聖人常後而不先，譬若積薪，後者處上。」與前段同一意義。

二三〇　受苦難萬里尋兄

本篇是《明史．孝義傳》所記，應屬可信。

有位黃璽，字廷璽，浙江餘姚人。胞兄黃伯震，經商在外，十年杳無音訊。黃廷璽手足情深，立志萬里尋兄，他跋涉了數千里，但還未發現胞兄的蹤影。

他記得胞兄是獨自前往長江中遊一帶去作貿易，便從浙江出發，往西尋找。他輾轉經安徽、江西，過湖北，迂迴到了湖南。沿途在各商業重鎮查訪打聽，都無胞兄消息。就又南行進入衡州府（即今衡陽市，是水陸商埠），投宿在客棧裡。

他由於思兄情切，晚上入夢，夢見一位神人，反覆提示他兩句詩說：「纏綿盜賊際，狼狽江漢行。」天亮前就醒來了。

黃廷璽記住了這兩句詩，但不知是甚麼含意。他四處請教旁人，有位老儒告訴他說：「這是杜甫《春陵行》五言長詩中的兩句。春陵就是如今湖南道州（今叫道縣，在湖南省西南邊區，鄰廣西省）。你何不前往道州？或許會找到一些線索吧！」

黃廷璽本就沒有確定的目標，便依這位老儒人的意見去找一找也無妨。於是又南行走了六七百里，到了道州。州府街市也算繁榮，但各方訪尋，仍舊一點訊息也沒有。

這一天，黃廷璽在道州市區漫步，希望發現奇蹟。不料內急了，匆忙找到僻靜路旁的公共廁所如廁。他將隨身攜帶的一柄雨傘，擱在門外，自己進去方便。

黃伯震眞的來到此地道州販貨暫住。恰巧他這時也路過此處，行人並不多，他看到一柄油紙雨傘擱立在路旁墻邊，心中一動，暗說道：「這種紙傘的做工材料和形狀，只有我的家鄉浙江餘姚縣才能製造出來的呀！」

黃伯震好久沒有看到故鄉之物了，一見倍感親切，忍不住停下步來，拿起紙傘端詳把玩，先看傘尖，果然是家鄉模式，再循傘身，一直看到傘柄，愈看愈眼熟，赫然還發現傘柄上有一行字，定睛一看，原來是用紅漆寫的「餘姚黃廷璽記」六個字。這可使黃伯震大爲疑駭，極度震驚，黃廷璽是他胞弟，應在餘姚，爲甚麼這柄雨傘會在道州此地出現呢？

正在猶疑不解，廷璽走了出來。弟兄十年離別，不期異地重逢，應是至誠感天，兩人又喜又泣。於是一同束裝，回浙團圓去了。（清、張廷玉《明史》卷二百九十七、列傳一百八十五、孝義二）

二三一　益友有益損友有損

晉代思想家傅玄（二一七—二七八）《太子少傅箴》說：「近朱者赤，近墨者黑。」我們常會受環境的薰染而改變人生觀。

孔子（元前五五一—元前四七九）說：「我死之後，弟子子夏（前五〇七—前四〇〇？）的學問將會天天長進，但子貢（前五二〇—前？）卻會天天退損。」

曾子（前五〇五—前四三五）問道：「老師您憑甚麼這樣判斷呢？」

孔子解釋道：「子夏喜歡與賢於自己的人交朋友，子貢卻喜歡與不如自己的人交朋友。常言道：『不知道某某是好人或是壞人，只要看他所交的朋友就知道了。』因而可以推斷：與善人交往，好像是進入了芝蘭芳草的香花房，日子長了，你已聞不到蘭香，因爲你已經和雅香同化了。反之，與不好的人交往，好像你是進入了鹽漬鮑魚的作業坊，日子久了，你也聞不出死鮑的惡臭，因爲你已被臭味同化了。由此看來，讀書人必須要愼選所交的是益友還是損友呀。」

孔子圖（三才圖會）

按《孔子家語・六本》說：「與善人居，如入芝蘭之室，久而不聞其香，即與之化矣。」千年之後，北齊顏之推（五三一－五九〇）《顏氏家訓・慕賢》同樣地說：「是以與善人居，如入芝蘭之室，久而自芳也。」可不警乎？（魏、王肅《孔子家語》卷四、六本第十五。又見漢、劉向《說苑》卷十七。又見明、蕭良友《龍文鞭影》初集卷上、商化芝蘭）

筆者按：《大戴禮記・曾子制言》也說：「蓬生麻中，不扶自直。白沙在泥，與之皆黑。」同是比喻交友之損益利弊。今者尚有另一番探討：「朋友」本是五倫之一，但李國鼎先生認爲五倫還不夠，他主張要增加「群己」關係爲第六倫。因爲五倫都是一對一，而國人只顧自己，忽視群眾，缺少的就是個人對團體大我倫常的關愛，人人都自私以損公，自利以傷公，這是大缺憾。

二三三　多情自古傷離別

北宋著名的詞人柳永（約一〇〇四—一〇五四），原名柳三變，又叫柳耆卿。做過屯田員外郎。他精通音律，創作了大量適合於歌唱的詞牌，受到廣大市民的歡迎。宋代葉夢得《避暑錄話》說：「有井水處（有人住的地方）都歌柳詞。」盛名可想而知了。

但他官運不佳。宋代吳曾《能改齋漫錄》說：由於他寫了一首《鶴沖天》詞（又叫喜遷鶯），末兩句云：「忍把浮名，換了淺吟低唱。」宋仁宗見了說：「且去淺吟低唱罷，何必還要浮名？」以致他一生落寞而失意。（「請你猜猜」第4題答案在此）

柳永的詞，情感率眞，刻畫入微。例如他的《蝶戀花》詞有云「衣帶漸寬終不悔，爲伊消得人憔悴」兩句，清代賀裳《皺水軒詞筌》就評曰：「詞意十分委婉精妙。」

宋代陳振孫《直齋書錄題解》說：「柳詞音律諧婉，語意妥貼，形容曲致，尤工於羈旅行役。」

他的代表作「秋別」調寄《雨霖鈴》（舒夢蘭《白香詞譜》依據北宋樂史《楊太眞外傳》作雨淋鈴）便膾炙人口，全首詞共一〇三字，刻繪出秋天與愛人分別的離情，這個詞調仄聲拗句很多，別人很難寫好。今錄其下闋六句如左：

多情自古傷離別，（白香詞譜解釋這句是上四下三）

更那堪、冷落清秋節；（次句八字，上三下五，於第三字略頓）

今宵酒醒何處？（第三句六字，不用韻）

楊柳岸、曉風殘月。（第四句七字，上三下四，於第三字略頓）以上參見（明、毛晉《宋六十名家詞》。現代、唐圭璋《全宋詞》及柳永《樂章集》）。

這幾句詞的寫作技巧高明，也非常自然，有如行雲流水，用白描手法，表達情意，確是極爲生動的有名雅詞，算得上是古今俊句，值得我們懋賞。

筆者按：吾友文學禹君，以習畫爲樂。他有與摘取柳永此詞的末三句計十三字：「今宵酒醒何處？楊柳岸、曉風殘月。」繪成一幅國畫。他體察詞意，勾勒出那晨風曉月，淺岸斜楊，醉叟篷舟，春江曠野之景，寥寥數筆，余頗喜之。因戲將柳永這十三字嵌而詠之，湊爲五絕題曰：「楊柳春風岸，殘觴曉月天，今宵何處酒？醒看一舟牽。」算是巴人俚語，續貂博笑吧。此外，唐代詞家溫庭筠，字飛卿。他有《更漏子》詞曰：「星斗稀，鐘鼓歇，簾外曉鶯殘月……」這末句與柳永的「楊柳岸曉風殘月」相似。但柳永添換兩三字，意境就高下不同了。文章本天成，妙手偶得之。柳詞未必是學自溫詞的吧？這是最後一篇，請你慢慢欣賞。

請你猜猜

《上好短篇選》，「閱後受益多」。你已瀏覽過了，其中若干小小文，是否尚有可取之處？今摘少數小題目，如有閒趣請猜猜，若都答對上上好，聊添結尾之餘興。

一、「飲酒不得過量」（以前因醉酒而誤了大事）這個遵從先母遺訓自我設限的戒條，是(A)晉代陶侃(B)宋代文天祥(C)清代左宗棠自訂的。

二、「各爲其主，我不追究」是(A)漢代司馬相如(B)唐代契苾何力(C)元代耶律楚材主張化敵爲友說的。

三、「拔釘大會是(A)三國時南蠻孟獲(B)漢代貧士韓信(C)清代乞丐鮑超的故事。

四、「且去淺吟低唱罷！」此話是(A)唐明皇對白居易(B)宋仁宗對柳三變(C)明世宗對毛伯溫說的。

五、宋代趙普和李沆，先後都是宰相，都複讀《論語》。請問《論語》共有(A)十篇(B)十九篇(C)二十篇？

六、「縱使長條似舊垂」這句詞，是(A)唐代韓翃(B)宋代李清照(C)陳後主陳叔寶寫下寄給戀人的。

七、牧羊人卜式，捐家財一半給國家。他是想(A)做官(B)伸冤(C)單純的報效國家。

八、「剪髮換來銀錢，買酒米肉魚待客」，是(A)晉代陶侃的母親(B)宋代歐陽修的母親(C)清代胡林翼的母親之事。

九、「寧可使別人叛我，不可使我法不行」。這種堅毅的話，是(A)唐太宗李世民(B)宋太祖趙匡胤(C)明太祖朱元璋的豪語。

十、「蘇小小」是誰？是(A)蘇東坡的妹子(B)錢塘歌妓(C)清代乾隆皇帝的宮妃。

十一、「單箭易折，衆箭難摧」故事，是(A)元世祖成吉斯汗(B)匈奴王冒頓單于(C)吐谷渾國王阿豺，以實例告誡下一代接班人的臨終遺訓。

十二、「當了宰相，每天看公文都看不完，哪有時間去想國家未來的發展？」這段話，乃是出自(A)《史記》(B)《資治通鑑》(C)《貞觀政要》裡的警語。

十三、「老百姓沒有飯吃，為甚麼不改吃肉糜呢？」這話是(A)蜀漢後主劉禪(B)晉惠帝(C)隋煬帝問的。

十四、「我一輩子玩弓弄箭，箭法很準，我憑弓箭取得天下，但是我對弓的特性仍然懂得不多。我收集的良弓，弓匠卻說它紋理不正。這證明我對弓箭的認知猶且不足，那末我對治國必然更疏了，何得不遇事謹慎呢？」這段話無論對政府首長、企業領導人、或公司負責人，都該深思領受。這話是(A)唐太宗李世民(B)宋太祖趙匡胤(C)明太祖朱元璋說的自警之語。（答案請見第十四篇文末，本書第32頁）

篇末短語

壯年時節，喜歡捉筆爲文，懵然不知天高地厚。偶然交了狗運，也是碰上蜀中無大將，竟僥倖獲得鰲頭虛譽，登臺由老蔣總統親掛獎章，（那程序是：在中樞新年元旦百官慶祝大典中，團拜完畢，麥克風報告授獎、宣示受獎者姓名、登台、齊步、換正步、近講台、碎步趨前、敬禮、挺胸受掛獎章、攝影師照相。由於身體接近，我臉上可感受到老總統安祥的鼻息。而蔣夫人則安坐在講台右後方的圈椅上微笑觀禮。受獎畢、退後一步、敬禮、向後轉、齊步至台口、下台歸座。先一天經過預演，指導官認爲我已臻熟練方休。）就更親近文字了。還出刊了若干本淺陋的書冊，似乎是樂此而不疲吧？

年歲愈大，自省愈慚；問學愈疏，膽量愈小。只要到中央圖書館去瀏覽一下，或者看一看第八篇「再讀三十年書」一文，就會羞愧於自己的淺薄。

天下如此之大，往古來今，震撼於上通天文、下明地理的高人哲士如此衆多，筆者算是老幾，豈可放肆？因此只敢摘抄前賢佳作中的精華，留作個人之私賞。

繼而一想，似乎不妨供之於同好，容或會對進德修業有些許裨益。因此就刊印出來，偶或還加上一點自我的淺見作按語，算是狗尾續貂，湊成本書，敬請高明指教。

中華民國九十三（二〇〇四）年荷月朱培庚完稿於臺北

圖表索引（數字代表篇章）

書名索引（數字代表篇章）

廿一畫及以上

十　八　畫

十　九　畫

二　十　畫

十六畫

十七畫

十五畫

十　三　畫

十　四　畫

十二畫

十一畫

九畫

五　畫

人名索引（數字代表篇章）

國家圖書館出版品預行編目資料

上好短篇選 / 朱培庚撰譯. -- 初版. -- 臺北
市：文史哲，民 93
面； 公分. -- (文史典故; 5)
含索引
ISBN 957-549-570-5 (平裝)

856.9 93015579

文 史 典 故 ⑤

上好短篇選

著　者：朱　培　庚
出版者：文　史　哲　出　版　社
http://www.lapen.com.tw
登記證字號：行政院新聞局版臺業字五三三七號
發行人：彭　正　雄
發行所：文　史　哲　出　版　社
印刷者：文　史　哲　出　版　社
臺北市羅斯福路一段七十二巷四號
郵政劃撥帳號：一六一八〇一七五
電話886-2-23511028・傳真886-2-23965656

實價新臺幣四〇〇元

中華民國九十三年（2004）九月初版

ISBN 957-549-570-5